Ralf Spiller ist Professor für Kommunikationsmanagement/Public Relations an der Macromedia Hochschule für Medien und Kommunikation in Köln. Studium der Rechts- und Politikwissenschaften, Promotion über Kommunikationsprozesse in Verhandlungen, Besuch der Georg von Holtzbrinck-Schule für Wirtschaftsjournalisten, Redakteur beim »Handelsblatt«, Produkt- und Projektmanager im Verlagswesen, Unternehmensberater mit den Schwerpunkten Marketing und PR.

Christina Vaih-Baur ist Professorin für PR und Kommunikationsmanagement an der Macromedia Hochschule für Medien und Kommunikation in Stuttgart. Studium der Gesellschafts- und Wirtschaftskommunikation an der Universität der Künste Berlin, Mitarbeiterin in der Unternehmenskommunikation eines internationalen Konzerns sowie bei einer führenden, global agierenden Kommunikationsagentur, wissenschaftliche Angestellte an der Universität der Künste Berlin und Promotion im Bereich »Multisensuelle Produkt- und Markengestaltung«.

Hans Scheurer ist Professor für Public Relations/Kommunikationsmanagement an der Macromedia Hochschule für Medien und Kommunikation in Köln. Studium der Medienwissenschaft und Germanistik, Promotion über die »Industrialisierung des Blicks«, journalistische Tätigkeit (Kölner Stadt-Anzeiger, WDR), Geschäftsführender Gesellschafter der PR-Agentur »Scheben Scheurer & Partner«.

Ralf Spiller
Christina Vaih-Baur
Hans Scheurer (Hg.)

PR-Kampagnen

UVK Verlagsgesellschaft mbH

PR Praxis
Band 24

Bibliografische Information der Deutschen Nationalbibliothek
Die Deutsche Nationalbibliothek verzeichnet diese Publikation in der
Deutschen Nationalbibliografie; detaillierte bibliografische Daten sind
im Internet über http://dnb.d-nb.de abrufbar.

ISSN 1863-8988
ISBN 978-3-86764-293-4

Das Werk einschließlich aller seiner Teile ist urheberrechtlich geschützt.
Jede Verwertung außerhalb der engen Grenzen des Urheberrechtsgesetzes ist ohne Zustimmung des Verlages unzulässig und strafbar. Das gilt insbesondere für Vervielfältigungen, Übersetzungen, Mikroverfilmungen und die Einspeicherung und Verarbeitung in elektronischen Systemen.

© UVK Verlagsgesellschaft mbH, Konstanz 2011

Einbandgestaltung: Susanne Fuellhaas, Konstanz
Titelfoto: Istockphoto Inc.
Satz und Lektorat: Klose Textmanagement, Berlin
Druck: fgb freiburger graphische betriebe, Freiburg

UVK Verlagsgesellschaft mbH
Schützenstr. 24 · 78462 Konstanz · Deutschland
Tel.: 07531-9053-0 · Fax: 07531-9053-98
www.uvk.de

Inhalt

Vorwort 9

Teil 1 – Theorie

1 Definitionen und Merkmale von PR-Kampagnen 13
   Jan Lies

2 Zum Management von Kampagnen auf Basis von Theorien
   der Öffentlichkeit und öffentlichen Meinung 25
   Michael Bürker

3 Wirkungsforschung zu Kampagnen – was funktioniert? 59
   Ralf Spiller

Teil 2 – Praxis

4 Konzeption, Durchführung und Bewertung von Kampagnen –
   ein Praxisleitfaden 71
   Karl-Ernst Schäfers

5 Kampagnen von Unternehmen
   Fall 1: Siemens – der »grüne Infrastrukturpionier« 85
   Marc Langendorf und Monika Langendorf

Inhalt

Fall 2: Die Präventionskampagne »Aktion sicherer Auftritt«
der gewerblichen Berufsgenossenschaften 105
Michael Ehring und Hans Scheurer

Fall 3: Horst Schlämmer fährt Golf im Social Web –
»Ich mach jetzt Führerschein« 121
Sonja Kastner

Fall 4: Der Qualität auf der Spur – die McDonald's
Transparenzkampagne 2004 bis 2009 131
Christine Walther

6 Kampagnen von politischen Institutionen

Fall 5: Mit Emotion zur Prävention –
die nationale Verkehrssicherheitskampagne »Runter vom Gas!« 143
Nadine Remus

Fall 6: »Studieren mit Meerwert« – die erste integrierte
Hochschulmarketingkampagne auf Landesebene 163
Petra Friedlaender und Christine Harcks

7 Kampagnen von Nichtregierungsorganisationen

Fall 7: Gegen Zwangsprostitution und Menschenhandel –
eine Kampagne des Diakonischen Werkes der Evangelischen Kirche
in Deutschland 179
Michael Handrick

Fall 8: Begeisterung für politische Themen wecken –
die Kampagne »Gold für Menschenrechte« von Amnesty International   197
Jessica Schallock

Teil 3 – Ausblick

8 PR-Kampagnen und Social Media 219
   Günther Suchy

9 Kampagnen in den USA 229
   Bradley E. Wiggins, Mary Beth Leidman und Matthew McKeague

10 Kampagnen in Religion und Politik 241
   Wolfgang Kreuter

11 PR-Kampagnen und ihre gesellschaftspolitische Relevanz 255
   Thomas Döbler und Anna-Maria Wahl

Autoren 269

Index 274

Vorwort

Kampagnen haben in den letzten Jahren an Bedeutung gewonnen. Dies liegt zum einen an der immer stärkeren Nutzung des Internets und der sozialen Onlinenetzwerke, mit deren Hilfe auch bei geringen Budgets schon wirkungsvolle Kampagnen initiiert werden können. Zum anderen werden mittlerweile höhere Erwartungen an das gesellschaftspolitische Engagement von Organisationen gestellt. Große Unternehmen und Konzerne setzen daher PR-Kampagnen oftmals im Zusammenhang mit ausgeklügelten Corporate-Social-Responsibility-Strategien um.

Schließlich haben einige Kampagnen der jüngeren Vergangenheit, wie z. B. der Präsidentschaftswahlkampf von Barack Obama oder die Greenpeace-Kampagne gegen Nestlé, gezeigt, dass durch geschickte Inszenierung und Mobilisierung von Zielgruppen auch mächtige Institutionen – wie regierende politische Parteien oder Weltkonzerne – empfindliche Niederlagen einstecken müssen.

Obwohl das Thema in der Praxis einen hohen Stellenwert einnimmt, sind wissenschaftliche Werke zu PR-Kampagnen selten. Es gibt relativ viele Publikationen zum politischen Wahlkampf und zu Marketingkampagnen. Literatur zu PR-Kampagnen, wissenschaftlich fundiert, aber mit engem Bezug zur Praxis, ist dagegen Mangelware.

Diese Lücke soll das vorliegende Buch schließen. Dabei wird in diesem Werk ein breites Verständnis von Public Relations zugrunde gelegt, d. h., es geht zunächst einmal um Erzeugung öffentlicher Aufmerksamkeit für ein bestimmtes Thema. Warum ein Thema in den Fokus der Öffentlichkeit geraten soll, kann unterschiedliche Gründe haben. Infrage kommen z. B. der Schutz des Einzelnen (öffentliche Gesundheitskampagnen), die Einhaltung von Grundrechten (Menschenrechtskampagnen) oder die Ankurbelung des Absatzes (Vertriebskampagnen). Die vorliegende Publikation behandelt entsprechend dieses breiten Ansatzes sowohl Kampagnen von Unternehmen als auch von politischen Institutionen und Nichtregierungsorganisationen.

Das dreiteilige Werk gliedert sich in Theorie (I), Praxis (II) und Ausblick (III).

Im ersten Block finden sich drei Aufsätze, die in das Thema einführen. Im ersten Beitrag wird der Kampagnenbegriff erläutert und von anderen Formen der Kommunikation abgegrenzt. Es folgt ein Aufsatz zum Management von Kommunikationskampagnen auf Basis der Theorien der Öffentlichkeit und öffentlichen Meinung. Schließlich skizziert der letzte Beitrag die Ergebnisse der Medienwirkungsforschung zu Kampagnen.

Vorwort

Der zweite Block beginnt mit einem Beitrag, der als Leitfaden für eine Kampagnenkonzeption genutzt werden kann. Erläutert wird Schritt für Schritt, wie eine Kampagne in idealer Weise geplant, inszeniert und evaluiert werden sollte. Anschließend folgen acht Fälle aus der Kampagnenpraxis, vier aus dem Unternehmensumfeld sowie jeweils zwei von politischen Institutionen und Nichtregierungsorganisationen.

Alle Fälle sind nach einem einheitlichen Raster bearbeitet worden, das ihren Vergleich erleichtert. Dabei wurde besonders viel Wert auf die Abschnitte *Aufgetretene Probleme* und *Evaluation* gelegt. Probleme, die vor, während und nach der Kampagne aufgetreten sind, sollten von den Autoren explizit angesprochen werden. Die Beiträge sollen helfen, den einen oder anderen Fallstrick in der Praxis zu vermeiden. Gleichzeitig grenzt sich das Buch auf diese Weise von anderen Werken mit Case-Studies ab, bei denen in der Regel vornehmlich Erfolgsgeschichten ohne Darlegung der Hindernisse und Probleme präsentiert werden.

Wie oben erwähnt, wurden ausschließlich Fälle ausgewählt, die evaluiert worden sind. Da sich bisher kein einheitlicher Standard für die Kampagnenevaluation herausgebildet hat und in der Praxis häufig aus Kostengründen nur rudimentär oder gar nicht evaluiert wird, konnten jedoch an die Evaluationsergebnisse nicht zu hohe Anforderungen gestellt werden. Letztlich war es jedoch nur durch die durchgeführten Evaluationen möglich, den Erfolg oder Misserfolg einer Kampagne zu beurteilen.

Der letzte Block mit vier Beiträgen soll einen Blick in die Zukunft werfen. Dort wird sowohl das Thema Social Media für die Kampagnenpraxis genauer unter die Lupe genommen als auch der Blick in die USA gerichtet, um von dortigen Tendenzen und Entwicklungen in der Kampagnenpraxis zu erfahren.

Die letzten beiden Beiträge beschäftigen sich mit Religion und Politik als Inhalte von Kampagnen und mit der gesellschaftspolitischen Relevanz von Kommunikationskampagnen. Insbesondere der letzte Beitrag zeigt auf, dass Kampagnenmacher zukünftig dem Dialog mit ihren Zielgruppen deutlich mehr Gewicht beimessen müssen, um nicht von den geringen oder auch konträren Wirkungen ihrer Kampagnen überrascht zu werden.

Wir danken allen Autoren herzlich für ihr Engagement, ohne das diese Publikation nicht entstanden wäre.

Köln und Stuttgart, Juli 2011
                                                   Ralf Spiller
Christina Vaih-Baur
Hans Scheurer

Teil 1

Theorie

1 Definitionen und Merkmale von PR-Kampagnen

Jan Lies

»Wie viele Begriffe und Praktiken der Public Relations ist auch der von der PR verwendete Kampagnen-Begriff nicht eindeutig definiert. Insbesondere eine Abgrenzung von Werbe-, Marketing- und PR-Kampagne ist in der Praxis kaum möglich« (Röttger 2009: 9). Dieses Eingangszitat signalisiert, dass die Analyse und Bestimmung des Kampagnenbegriffs nicht nur die Abgrenzungsdiskussion unterschiedlicher Kommunikationsdisziplinen wie Werbung, Marketing und Public Relations (PR) reflektiert. Er führt darüber hinaus zu der Frage, was Kampagnen mit integrierter Kommunikation, mit Konzepten und mit Strategien verbindet bzw. trennt.

Eine erste begriffliche Annäherung
Bei der Erklärung des Kampagnenbegriffs wird oft auf seine militärischen Ursprünge verwiesen, die viele Spuren im Management hinterlassen haben. Die campagna (hergeleitet von lateinisch »campus«: Feld) bezeichnete die Zeitspanne, die ein Heer im Feld verbrachte, also die Dauer von Feldzügen. Der Kampagnenbegriff bezeichnet heute über die Kommunikation hinaus eine zielgerichtete, zeitlich zusammenhängende und befristete Handlungsserie. In der Landwirtschaft ist hiermit etwa der Saisonbetrieb einer von der Erntezeit abhängigen Produktionsweise gemeint. In der Metallerzeugung meint der Kampagnenbegriff die Zeit, in der der Hochofen in Betrieb ist. Mit Blick auf den unten erklärten *Campaigning-Begriff* ist auch zu erwähnen, dass Campaigns im 17. Jahrhundert die Sitzungsperioden des englischen Parlaments bezeichneten (vgl. Althaus 2005: 114 f.; Baringhorst 1998: 67; Röttger 2009: 9 ff.). Überträgt man diese Aspekte auf die Organisationskommunikation könnte man in einer ersten Annäherung Kommunikationskampagnen wie folgt definieren (Bonfadelli/Friemel 2006: 15):
- »Die Konzeption, Durchführung und Kontrolle von
- systematischen und zielgerichteten
- Kommunikationsaktivitäten zur
- Förderung von Problembewusstsein und Beeinflussung von Einstellungen und Verhaltensweisen gewisser
- Zielgruppen in Bezug auf

- soziale Ideen, Aufgaben oder Praktiken, und zwar im
- positiven, d. h. gesellschaftlich erwünschten Sinne.«

Diese soweit sicher zunächst zustimmungsfähigen Merkmale von Kampagnen ...
a) führen zu der Problematik, dass eigentlich *jede* Form von konzeptioneller und/oder strategischer Kommunikation Kampagnen wären. An diese Problematik wird unten mit der Frage angeknüpft, was Kampagnen eigentlich methodisch-instrumentell kennzeichnet.
b) dokumentieren mit der Betonung sozialer Ideen und gesellschaftlich gewünschten Inhalten die US-amerikanische Tradition des Kampagnenbegriffs. »Öffentliche Kampagnen sind ein vertrauter und wesentlicher Teil der amerikanischen bürgerschaftlichen Kultur« (Paisley 2001: 3).

Die Trennung von öffentlichen und unternehmerischen Kampagnen macht sie auch zu einem Kristallisationspunkt der unterschiedlich verlaufenden Debatten von Kommunikation als (normativer) gesellschaftlicher Institution sowie von Kommunikation als Funktion und Managementinstrument. Diese Debatte wird unten mit dem Begriff der Sozialkampagne nur angedeutet, da in der Praxis der Unterschied dieser Kampagnenformen vielleicht in den Auftraggebern und ihren Zielen, aber methodisch nicht in den Vorgehensweisen und Instrumenten besteht.

Kampagnen – nichts als angewendete strategische Kommunikation?

Was also kennzeichnet Kampagnen methodisch? Lässt sich eine kennzeichnungsstarke Verbindung und Unterscheidung zur strategischen und/oder integrierten Kommunikation herausarbeiten?

Metzinger geht mit dem Ansatz des *Business Campaigning* über die kommunikations- oder disziplinenbezogene Kampagnenanwendung hinaus und setzt die Begriffe »Unternehmen« und »Kampagne« synonym, da jede Kampagne ein Unternehmen (als Vorhaben) sei (vgl. Metzinger 2004: 4). Er betont den überbauartigen Charakter von Kampagnen, der Fachdisziplinen der Kommunikation und Unternehmensführung mithilfe einer »Leitidee« verbindet und die nötige Feldarbeit für die Umsetzung integriert. Als eine Facette des Business Campaigning wird das Element der *Intervention* von Kampagnen hervorgehoben, die als direkter Eingriff in Prozesse und Zustände auf ein bestimmtes Ziel hin definiert wird. Als Beispiele nennt er Preissenkungen oder Reorganisationen (vgl. Metzinger 2004: 34 f.), so dass mit diesen Beispielen das *Business Campaigning* im ideen- und prinzipiengesteuerten (strategischen) Management untergeht (zur Definition von Strategie mehr unten).

Röttger betont die Charaktereigenschaft der *Doppelstrategie* von Kampagnen (Röttger 2009: 10): Einerseits sind sie demnach darauf ausgerichtet, Aufmerksamkeit aufzubauen; andererseits sind sie von ihrer Medienorientierung gekennzeichnet, um möglichst Medienresonanz zu erreichen. Dabei richten sich Kampagnen nicht nur nach Routinen der Medien, sondern sollen eine Eigendynamik der Medien entfachen, indem sie das Thema eigeninitiativ aufgreifen und weiterentwickeln. Hier wird also eine *systemisch-instrumentelle* Eigenschaft (selbststeuernd, eigendynamisch) von durch Kampagnen angestoßenen Kommunikationsprozessen hervorgehoben. Wenn aber mental-kognitive Phänomene wie Image und Reputation die Ziele von Organisationskommunikation an sich sind, ist diese Doppelstrategie ein *generelles* Charakteristikum von gruppenbezogener Kommunikation. Reputation ist z. B. ein gruppenabhängiges Phänomen, das das Ergebnis eines mediengestützten Prozesses sein kann. Das heißt, dass das Merkmal der »*Doppelstrategie*« zwar ein normatives Kennzeichen von Kampagnen ist. Es unterscheidet sie aber nicht von anderen Disziplinen der Organisationskommunikation, sondern qualifiziert die Kampagne als fokussierte Methodik, deren Charakteristika noch zu benennen sind.

Zudem ist der Kampagnenbegriff schwerlich notwendig an Medien (hier: Zeitungen, Fernsehen, Hörfunk, Internet) zu binden. Besonders deutlich wird dies in der Debatte um die Frage nach Auslösern von Eigendynamik etwa bei viraler Kommunikation (Viruskommunikation). Anders als bei herkömmlichen Image- und Reputationsbildungsprozessen basiert diese Eigendynamik auf Ansteckungseffekten, die weder die klassischen Medien unbedingt benötigen, noch auf Vertrauen auf der Basis von Erfahrungswissen basieren. Dass Medien ein wichtiger Hebel für den Kampagnenerfolg sein können, ist sicher unstrittig. Wenn man aber an Mitarbeiterkampagnen, Aktionen für Fangemeinschaften oder Flashmobs denkt, ist die Eigendynamik sozialer Vernetzung auch durch entfernte persönliche Bekanntschaft bereits hinreichend für den Kampagnenerfolg, so dass ihre Ausrichtung an Medien nicht unbedingt notwendig ist.

Althaus betont im Anschluss an den militärischen Kampagnenbegriff das Terrain und den Gegner als zentrale Elemente politischer Kampagnen. »Wie ihr militärisches Pendant geht es bei einer politischen Kampagne um Terrain, das innerhalb einer Zeitspanne von mehreren Monaten zu verteidigen oder zu erobern ist, und einen Gegner, der niederzuhalten, zu schlagen und zu vertreiben ist« (Althaus 2005: 115). Dieser martialische Aspekt ist übertragend jedoch für den Spezialfall *unterschiedlicher Interessenlagen* bezüglich des Kampagnenziels vorbehalten, der vorliegen kann, aber nicht vorliegen muss, wenn man etwa an Positionierungs- oder Imagekampagnen für bestimmte Produkte denkt.

Die Charakteristika von Kampagnen als Unternehmen, als Doppelstrategie, als Medienkommunikation oder als Instrument des »Terraingewinns« sind Kannbestimmungen, aber nicht notwendig, um sie zu kennzeichnen. Was also ist das *kennzeichnende* Merkmal von Kampagnen?

Theorie

Zentrale Kennzeichen einer Kampagne
Hier wird als Kennzeichnung von Kampagnen herausgehoben, dass es das *dramaturgische Element* ist, das unterschiedliche Kommunikationsmaßnahmen/-instrumente und/oder -disziplinen einer Kampagne prozessual innerhalb einer bestimmten Frist in Bezug auf ein bestimmtes Ziel vereint: »Unter PR-Kampagnen werden hier dramaturgisch angelegte, thematisch begrenzte, zeitlich befristete kommunikative Strategien zur Erzeugung öffentlicher Aufmerksamkeit verstanden, die auf ein Set unterschiedlicher kommunikativer Instrumente und Techniken – werbliche Mittel, marketing-spezifische Instrumente und klassische PR-Maßnahmen – zurückgreifen« (Röttger 2009: 9). Die Kampagne als dramaturgische Kommunikationsmethodik dient dazu, angesichts des Überangebots an Informationen mehr Aufmerksamkeit für ein bestimmtes Organisationsziel zu erhalten, als singuläre oder integrierte Kommunikation (inhaltliche, sachliche, zeitliche, instrumentelle Abstimmung) ohne dramaturgischen Rahmen dies leisten könnte.

Kritisch zu hinterfragen sind in dieser Definition die Merkmale »strategisch« und »öffentlich«:

- **Das Strategiemerkmal von Kampagnen:** Vermutlich ist das Merkmal der Strategie nicht per se als Kampagnenmerkmal zulässig, auch wenn das in der Literatur immer wieder behauptet wird (vgl. Avenarius 2000: 198 f.; Leipziger 2009: 19). Der Begriff »Strategie« stammt – wie auch der Kampagnenbegriff – aus dem Militär. Er lässt sich auf die griechischen Begriffe »stratos« (Heer) und »agein« (führen) zurückführen. Der Strategiebegriff wird heute so vielfältig verwendet, dass er inhaltlich verwässert ist. Besonders deutlich wird dies bei Übersichtsbüchern wie der »Strategy Safari« von Mintzberg et al.: Strategie kann demnach Vorgehensplan und -funktion, Verhaltensweisen sowie Entwicklungsmethodik und -prozess hierfür sein, und zwar als »Eintopf« (vgl. Mintzberg et al. 2007: 22 f., 413). Das trägt nicht unbedingt zu mehr Klarheit bei, so dass hier vereinfachend auf das so genannte St. Galler Managementmodell als eine wichtige Leitlinie für die strategische Unternehmensführung verwiesen wird. Dabei kennzeichnet das strategische Management den Aufbau, die Pflege und Nutzung von Erfolgspotenzialen, die den *langfristigen* und *nachhaltigen* Organisationserfolg sichern (vgl. Bleicher 2002: 7). Das mag man als zu einfach kritisieren, macht aber sofort klar, dass damit *nicht* jede Kampagne strategisch wäre. Der Beitrag zum Aufbau und zum Erhalt von Erfolgspotenzialen im Sinne des managementorientierten Strategiebegriffs ist im Fall von Image- oder Produkteinführungskampagnen sicher oft erfüllt. Im Kundenmanagement können Kampagnen eher den Charakter einer intensiv-aktionistischen Vertriebsinitiative haben, die eher operativ als strategisch ist. Auch eine Werbekampagne für ein kleineres Produkt in einem größeren Sortiment wäre eine unechte Strategie, wenn sie methodisch zum Beispiel mithilfe des Managementkreislaufs entwickelt wurde. Dies ist methodisch hilf-

reich. Deswegen sichern sie jedoch nicht unbedingt langfristig kritische Erfolgspotenziale einer Organisation (vgl. Lies 2008a: 227).
- **Das Öffentlichkeitsmerkmal von Kampagnen:** Der Öffentlichkeitsbegriff ist bei der Definition des Kampagnenbegriffs mit Vorsicht zu verwenden. In der kommunikationswissenschaftlichen Debatte wechselt er zwischen einem gesamtgesellschaftlichen Anspruch, dem Gruppenaspekt, der im Gegensatz zu einer räumlich definierten Öffentlichkeit (alles was außerhalb der eigenen vier Wände passiert) durch eine gemeinsame Idee oder ein gemeinsames Interesse verbunden ist, und dem Zielgruppenaspekt, also der Ansprache bestimmter Bezugsgruppen. Das heißt, der Öffentlichkeitsbegriff ist adressaten- oder wahrnehmungsspezifisch zu interpretieren, was etwa der *Arena-Begriff* in der Kampagnendebatte ausdrückt. »Arena ist die Chiffre für die Rahmenbedingungen öffentlicher Kommunikation […]. Der Begriff beschreibt bildhaft die Vieldimensionalität und die Dynamik, die den öffentlichen Raum prägen […]. Er beinhaltet die Aggressivität, die Schaulust, aber auch die Lust, im Scheinwerferlicht zu stehen. […] Er steht für die spezifische Atmosphäre des Unberechenbaren, der Überraschungen und gelungener Coups. Und die Arena steht für den intensiven Wettbewerb um die Aufmerksamkeit zwischen allen Akteuren – und nicht nur um den eigenen Markt« (Behrent/Mentner 2001: 21). Im Rahmen der internen Kommunikation sind z. B. Mitarbeiter oder Führungskräfte die Adressaten von Kampagnen und bei der Vertriebskommunikation steht etwa nur die Händlerkommunikation im Fokus, also weder »die Medien« noch »die Öffentlichkeit«, und dennoch ist die dramaturgisch-integrierte Kommunikation als Kampagnenmerkmal erfüllt.

Aufgrund dieser Kritikpunkte wird hier nicht nur sowohl auf das Strategiemerkmal als auch auf den erklärungsbedürftigen Öffentlichkeitsaspekt von Kampagnen verzichtet, sondern es werden auch die Merkmale der *Zielorientierung, der prozessbestimmenden Story/Idee, der Dramaturgie und Inszenierung mit einer gemeinsamen kommunikativen Klammer zur Wiedererkennbarkeit* festgehalten. Dass Kampagnen mit dem Kommunikationsbegriff als Mitteilungshandlung unzureichend charakterisiert sind und an sich mit dem reputationsrelevanten Verhalten als *Wahrnehmungsmanagement* zu kennzeichnen wäre, gilt für die gesamte PR-Diskussion und wird hier nicht weiter vertieft (vgl. Lies 2010b: 215 ff.).

Kampagnenmerkmal: Zielorientierung
- Die Zielorientierung von Kampagnen kann – muss aber nicht – mithilfe von Konzepten als strukturierende Planungsmethodik hergeleitet werden.
- Das Konzept beschreibt die (Soll-)Positionierung (verdichtet Kommunikationsinhalte und Kernbotschaften in Abgrenzung zu Wettbewerbern), den Kommuni-

kationsansatz (Idee mit Weg zum Ziel, Phasen, Dramaturgie), der strategisch sein kann, die Maßnahmen, die Evaluierung (Messung) sowie die Kosten.

Kampagnenmerkmal: Prozessbestimmende Story und Idee
- Die Story konkretisiert die Idee der Kampagne, den Kampagnenansatz.
- Sie fokussiert den prozessbestimmenden Kampagnenansatz mit Aussagen zu Zielen, Aufgaben, Prioritäten und Meilensteinen.
- Fischoeder spricht von der Kampagnen-DNS in Anlehnung an die Desoxyribonukleinsäure (DNS) als Trägerin der Erbinformation (vgl. Fischoeder 2003, zit. n. Mast et al. 2005: 280).
- Die DNS wird hier mit der Story gleichgesetzt. In der Story ist damit die Leitidee enthalten, ein ggf. kreativer Ansatz, um sich aufmerksamkeitsbezogen aus der Vielfalt von Wahrnehmungsangeboten herauszuheben.
- Die Story oder Kampagnen-DNS ist ein Hybridinstrument, da sie nicht nur die Idee enthält, indem sie sich wie ein roter Faden durch den Kampagnenverlauf zieht und Aufbereitung und Umsetzung der Kampagnenidee deutlich macht, sondern auch ein Aspekt des Wissensmanagements ist, indem durch sie eine Informationsveränderung mit dem didaktischen Prinzip der Erzählstruktur vereinfacht gelingen soll. Sie gibt damit die notwendigen Teilkommunikationsziele (informative, edukative, emotionale Teilziele) vor.
- Die Story bildet die inhaltliche Klammer für den Kampagnenzeitraum, gibt Hinweise zur Dramaturgie, zur Inszenierung und ggf. zur Phasenbildung der Kampagne und findet sich in Form von Kernbotschaften in allen Maßnahmen der Kampagne wieder.

Kampagnenmerkmal: Dramaturgie und Inszenierung
- An den griechischen Ursprungsbegriff angelehnt, geht es bei der Dramaturgie um die innere Struktur des Dramas – wobei Drama im Sinne des griechischen Begriffs »Handlung« meint (vgl. Herbst 2003:167 ff.). Die Dramaturgie beinhaltet im Theater auch die Erzählstruktur und formt damit die Szenen und das »Bühnenbild der Arena«.
- Die Dramaturgie bezeichnet auf der Bühne den Aufbau eines Spannungsbogens. Auf die Kampagne übertragen und aus Kommunikationssicht interpretiert, geht es wie im Theater um Handlungsaufbau: Abgeleitet aus der Story wird festgelegt, ob und welche Teilziele innerhalb bestimmter Kampagnenphasen zu verfolgen sind.
- Der Begriff Inszenierung, aus der Bedeutung des Theaters abgeleitet, meint die Vorbereitung, Gestaltung und Umsetzung einer Handlung innerhalb eines gegebenen Rahmens als Bühnenstück. Inszenierung ist die Umsetzung eines Dreh-

buchs als bewusste Gestaltung von Begegnungssequenzen, Szenarien und Handlungsabläufen, ist also eng mit der Dramaturgie verwoben.
- Insgesamt integriert die dramatische Denkweise künstlerische, kommunikative, didaktische und auch management-logische Aspekte in psychologisch wirksame Abläufe (vgl. Gundlach 2007: 85).
- Denkbar – aber zielabhängig – ist, sich didaktisch dem Kommunikationsziel zu nähern, so dass z. B. zuerst Informations-, dann Edukations- und schließlich Emotionsziele verfolgt werden, die aufeinander aufbauen könnten und in Phasen akzentuiert werden. Diese Phasen werden geprägt durch Teilziele der Kommunikation, sind also durch die dort eingesetzten Instrumente in Kombination mit deren Zielbeiträgen abgrenzbar.

Kampagnenmerkmal: kommunikative Klammer zur Wiedererkennbarkeit
- Kampagnen beanspruchen Zeit, um ihre Ziele zu erreichen. Zudem können sie aus einer Vielzahl von Teilprojekten bestehen, die für die Adressaten allein über die inhaltlichen Botschaften im Informationswettbewerb nicht sichtbar sind.
- Beides führt dazu, dass Kampagnen kommunikative Klammern benötigen, um die Wiedererkennbarkeit inhaltlich, prozessual und auch visuell zu gewährleisten. Daher brauchen Kampagnen instrumentenübergreifende visuelle und verbale Elemente wie Logo, Claim, Bilderwelten und Wording, um die inhaltliche Botschaft besser zu transportieren.

Die eingangs erwähnte disziplinäre Abgrenzungsdiskussion von Kampagnen erweist sich hier als unfruchtbar, weil die Kampagnenidee gerade in der Kombination unterschiedlicher Verfahren und Instrumente aus Werbung und Marketing liegen kann. Hier muss der Gedanke der integrierten Kommunikation als Methodik der Kampagne betont werden: »Erfolgreiche Kampagnenkommunikation ist zugleich integrierte Kommunikation« (Röttger 2007: 382). Wenn man an Werbe- oder Eventkampagnen denkt, zeigt sich jedoch, dass dies optionale Kampagnenkriterien sind.

Theorie

Merkmale von Kampagnen
Quelle: eigene Darstellung

> **Definition: Kampagnen und Campaigning**
> Erfolgreiche Kampagnen sind dramaturgisch angelegte und zeitlich geschlossene Kommunikationsprozesse, die durch eine gemeinsame Idee zu einem bestimmten Ziel beitragen, indem sie Resonanz in mindestens definierten Teilöffentlichkeiten bewirken.

Resonanz (von lateinisch resonare, »widerhallen«) meint hier, abgeleitet vom physikalischen »Mitschwingen«, die gemeinsam bewirkte Aufmerksamkeit einer erreichten Teilöffentlichkeit, die durch gemeinsame Wahrnehmung gekennzeichnet ist. Zu diskutieren wäre, ob darüber hinaus auch eine handlungsbezogene Resonanz gemeint sein müsste. Fehlt diese zumindest wahrnehmungsbezogene Resonanz, kann trotzdem eine Kampagne stattgefunden haben, aber eben nicht erfolgreich. Campaigning als Anwendung von Kampagnenkommunikation ist damit ein Instrument der integrierten Kommunikation, die durch die inhaltliche, prozessuale, instrumentelle und zeitliche Abstimmung und oft von der Anwendung unterschiedlicher Kanäle gekennzeichnet ist (vgl. Lies 2008c: 117).

Definitionen und Merkmale von PR-Kampagnen

Typologisierung und Kennzeichen von Kampagnen

Typen von Kampagnen

- Initiator
  - Sozialkampagne
  - politische Kampagne
  - kommerzielle Kampagne

- Bezugsobjekt
  - Corporate kampagne
  - Produktkampagne
- Zielgruppen
  - Händlerkampagne
  - Kundenkampagne
- Anlaß
  - Markteinführung
  - Krise

- Methodik
  - Informationskampagne
  - Ethisierungskampagne
  - Partizipationskampagne
  - Mobilisierungskampagne
- Disziplin(en)
  - PR-Kampagne
  - Werbekampagne
  - Image-Kampagne
  - Markenkampagne

- Instrument(e)
  - Medien-Kampagne
  - Online-Kampagne
  - Eventkampagne
  - Crossmedia-Kampagne
  - Multikanal-Kampagne
- integrierte Kampagne

- ziel- und methodenkritisches Kampagnenumfeld
  - Kampagne ohne Gegner
  - Kampagne mit Gegner

Beispielhafte Typologisierung von Kampagnen
Quelle: in Anlehnung an Mast et al. 2005: 272

Die in der Praxis und in diesem Buch beispielhaft dokumentierten Kampagnen sind ebenso vielfältig, wie es Kommunikationsanlässe, -ziele, -instrumente, -strategien und -ideen gibt. Unterschieden werden Kampagnen unter anderem nach
- Absendern (politische Kampagnen, Sozialkampagnen),
- Zielgruppen (Mitarbeiterkampagne, Händlerkampagne),
- Anlässen (Markteinführungskampagnen, Relaunchkampagnen),

- Zielen (Wählerstimmenanteil, Rechtsfahren),
- Methodik (Mobilisierungskampagne, Emotionalisierungskampagnen),
- Inhalten (X-Hilfskampagne, Y-Unterstützungskampagne),
- Instrumenten (Eventkampagne, Onlinekampagne)
- und auch nach Ideen oder Motto (»Du bist Deutschland«-Kampagne, »Mach's-Mit«-Kampagne).

Entwicklung 1: Stakeholdergesellschaft und Sozialkampagnen

Die oben angedeutete Problematisierung des Öffentlichkeitsbegriffs verweist auf kampagnenrelevante gesellschaftliche Veränderungen, die mit Begriffen wie der Entwicklung der so genannten »Stakeholdergesellschaft« skizziert werden. Demnach werden Bürger kritischer gegenüber Institutionen und Themen und können gleichzeitig Mitglied unterschiedlicher Stakeholdergruppen sein, auch wenn diese logisch widerstreitenden Interessen folgen. So ist der Begriffe der Sozialkampagne für sich heute diskussionsbedürftig: Sozialkampagnen werden zum Teil so bezeichnet, weil ihre Initiatoren aus dem Bereich »Soziales« (gemeinnützige Institutionen wie Vereine, Verbände oder die öffentliche Hand) stammen und/oder weil ihr Ziel in Verhaltensänderungen mit mehr Gemeinwohlorientierung (Spendenaufrufe, Einforderung ethischer oder ökologischer Verhaltensweisen) bestehen. Hier ist jedoch zwischen Absender und Ziel der Kampagne klar zu differenzieren, da die gleichen Absender auch andere Ziele oder andere Institutionen die gleichen Ziele verfolgen können. An unternehmerischen Positionierungszielen wie der Corporate Social Responsibility – also die Sollwahrnehmung von Unternehmen als gesellschaftlich verantwortlich Handelnde – zeigt sich, dass Kampagnen kommerzieller Absender auch ethisch-gesellschaftliche Inhalte prägen können. Umgekehrt nimmt die Zahl von Stiftungen zu, die von Unternehmen gegründet werden und sicher nicht immer vollständig autark von den Stiftern arbeiten, die zugleich auch unternehmerische Interessen verfolgen.

Entwicklung 2: Findet eine Professionalisierung politischer Kampagnen statt?

Mit Blick auf die Prominenz des politischen Kampagnenbegriffs ist auf die Entwicklung der so genannten Professionalisierung der hiesigen politischen Kommunikation hinzuweisen. Hiermit ist oftmals die Amerikanisierung der Wahlkämpfe in Deutschland seit etwa der 1990er-Jahre gemeint, die vor allem mit der Übernahme von Wahlkampfmitteln, -instrumenten und -technologien erklärt wird. Hiermit ist aber auch die Trivialisierung der Kommunikation von Parteien verbunden, was die Kampagnenkommunikation vor dem Hintergrund des Reputationsmanagements in einem auch kritischen Licht erscheinen lässt (vgl. Kuhn 2007: 22; Lies 2008b: 394). Das führt zu einer hier nur kurz angedeuteten Anwendung der aktualisierten Kampagnendefinition zurück: Kampagnenkommunikation vor allem in Zeiten politischer Wahlkämpfe ist heute wohl als Standard zu bezeichnen. Professionalität ergibt sich aber nicht nur durch die instrumentelle Anwendung, sondern vor allem durch die strategische Zielerreichung. Ist aber die Reputation als strategisches Erfolgspotenzial der Politik seit dieser so genannten Professionalisierung gestiegen oder sollte die Politikverdrossenheit vielleicht sogar beschleunigt worden sein, weil eben nur taktisch die kurzfristigen Wählerstimmen maximiert wurden, statt am Erfolgsfaktor Reputation zu arbeiten? Hier zeigt sich, wie hilfreich der radikal vereinfachte strategische und damit auch zielbezogene Kampagnenbegriff in der Bewertung von erfolgreicher Kommunikation ist.

Fazit: Kampagnen als integrierte Kommunikation mit zeitlicher, inhaltlicher und dramaturgischer Dimension
Kampagnen arbeiten dramaturgisch und zeitlich befristet. Ihre Phasen und Instrumente durchzieht eine Story, die als roter Faden die inhaltliche Dimension ausfüllt. Das dramaturgische Element macht die Kampagnenziele besser wahrnehmbar gegenüber singulärer oder nur zeitlich-sachlich integrierter Kommunikation. Die Story mit Dramaturgie und Inszenierung qualifiziert Kampagnen als einen Teil des nach innen oder außen gerichteten Wissensmanagements. Kampagnen sind angewendete integrierte Kommunikation und stehen idealerweise für die Nutzung von Synergieeffekten, wenn sie disziplinenübergreifend arbeiten. »Disziplinenübergreifend« heißt nicht nur, dass Kampagnen unterschiedliche Kommunikationsinstrumente und -disziplinen vereinen können, sondern auch idealerweise wahrnehmbares Verhalten einbeziehen – also über Kommunikation als Mitteilungshandlung hinausgehen. Es gibt auch disziplinengebundene Kampagnen wie Werbekampagnen, die z. B. »nur« als Werbung in Tageszeitungen stattfinden. Ein sequenziell geplantes Aneinanderreihen von Werbeschaltungen allein reicht nicht aus, um eine Kampagne zu kennzeichnen, da weder die gemeinsame Idee noch die dramaturgische Dimension als Definition von Kampagne erfüllt sind. Kampagnen können strategisch, aber auch »nur« unechte Strategien sein.

Literatur
Althaus, M. (2005): »Kampagne/Campaigning«, in: Althaus, M. et al. (Hrsg.): Handlexikon Public Affairs, Münster, S. 114–199.
Avenarius, H. (2000): Public Relations. Die Grundform der gesellschaftlichen Kommunikation, Darmstadt.
Baringhorst, S. (1998): Politik als Kampagne. Zur medialen Erzeugung von Solidarität, Opladen/Wiesbaden.
Behrent, M./Mentner, P. (2001): Campaigning. Werbung in den Arenen der Öffentlichkeit, Münster.

Bentele, G. (2004): »Kampagne«, in: Sjurts, Insa (Hrsg.) (2004): Gabler Lexikon Medienwirtschaft, Wiesbaden, S. 307–309.
Bleicher, K. (2004): Das Konzept Integriertes Management. Visionen, Missionen, Programme, Frankfurt.
Bonfadelli, H./Friemel, T. (2006): Kommunikationskampagnen im Gesundheitsbereich. Grundlagen und Anwendungen, Konstanz.
Fischoeder, C. (2003): E-Campaigning, veröffentlicht im Online-Magazin von ECC Kohtes Klewes, http://magazin.ecc-online-relations.com (24.9.2010).
Gundlach, A. (2007): »Gelungene Geschichten – Grundzüge der Eventdramaturgie«, in: Nickel, O. (Hrsg.): Eventmarketing. Grundzüge und Erfolgsbeispiele, München, S. 81–96.
Herbst, D. (2003): Unternehmenskommunikation. Praxishandbuch, Berlin.
Kuhn, Y. (2007): Professionalisierung deutscher Wahlkämpfe? Wahlkampagnen seit 1953, Wiesbaden.
Leipziger, J. (2009): Konzepte entwickeln. Handfeste Anleitungen für bessere Kommunikation, Frankfurt.
Lies, J. (2008a): »Kommunikationsstrategie«, in: Lies, J. (Hrsg.): Public Relations. Ein Handbuch, Konstanz, S. 225–236.
Lies, J. (2008b): »Politische Kommunikation – politisches Marketing«, in: Lies, J. (Hrsg.): Public Relations. Ein Handbuch, Konstanz, S. 225–236.
Lies, J. (2008c): »Kampagne«, in: Lies, J. (Hrsg.): Public Relations. Ein Handbuch, Konstanz, S. 195–205.
Lies, J. (2010): »Public Relations als Kommunikations- und Verhaltensmanagement«, in: wisu, Nr. 2/2010, S. 215–219.
Mast, C. et al. (2005): Kundenkommunikation, Stuttgart.
Metzinger, P. (2004): Business Campaigning. Was Unternehmen von Greenpeace und amerikanischen Wahlkämpfern lernen können, Berlin u. a. O.
Mintzberg, H. et al. (2007): Strategy Safari. Eine Reise durch die Wildnis des strategischen Managements, München.
Paisley, W. J. (2001): »Public Communication Campaigns, the American Experience«, in: Rice, R. E./Atkin, C. K. (Hrsg.): Public Communication Campaigns, Thousand Oaks u. a. O., S. 3–21.
Röttger, U. (2009): »Campaigns for a better world?«, in: Röttger (Hrsg.): PR-Kampagnen. Über die Inszenierung von Öffentlichkeit, Wiesbaden, S. 9–24.
Röttger, U. (2007): »Kampagnen planen und steuern. Inszenierung in der Öffentlichkeit«, in: Piwinger, M./Zerfaß, A. (Hrsg.): Handbuch Unternehmenskommunikation, Wiesbaden, S. 381–396.

2   Zum Management von Kampagnen auf Basis von Theorien der Öffentlichkeit und öffentlichen Meinung

Michael Bürker

Wann ist eine Kampagne eine Kampagne?

Die Sarrazin-Debatte über Migration und Integration in Deutschland, die Verlängerung der AKW-Laufzeiten, die Sozialstaatsdiskussion über Hartz-IV-Leistungen, der Boykottaufruf gegen Nestlé oder der Rücktritt des Bundespräsidenten Horst Köhler: Debatten, zumal öffentliche und politische, tragen, gewollt oder nicht, in zunehmendem Maße Züge von Kampagnen. Damit ist nicht nur gemeint, dass der Kampf um die zunehmend knappe Ressource ›öffentliche Aufmerksamkeit‹ immer härter wird (Röttger 2006a: 9–11), dass öffentliche Legitimation zu einer conditio sine qua non für die »licence to operate« geworden ist, dass der Druck zu mehr Effektivität und Effizienz zu immer ausgefeilteren Techniken der Kommunikation im Themen- und Meinungswettbewerb geführt hat (Donges 2006: 126 f.). Auch wo unter Umständen keine Planer am Werk sind, werden sie vermutet oder ggf. »konstruiert«[1]. Frei nach dem Motto: Es ist eine Kampagne, wenn sie danach aussieht, und sei es auch nur im Nachhinein.[2]

So sieht wahlweise die Anti-Atomkraft-Bewegung eine Kampagne der Energieversorger am Werk, wenn es um die Verlängerung der Laufzeiten von Atomkraftwerken geht; Die Linke erkennt in der Diskussion um Hartz-IV eine Kampagne der FDP; die wiederum sieht einen der Gründe für sinkende Umfragewerte in einer persönlichen Diffamierungskampagne gegen ihren Vorsitzenden; und die Gegner von »Stuttgart 21« befürchten, dass die Befürworter »Astroturfing« betreiben, also die Inszenierung einer Bewegung von unten als Gegenentwurf zu einer Kampagne von oben.[3] An solche vermeintlichen oder tatsächlichen Kampagnentechniken hängen sich unverzüglich »Kampagnen« an, die dies kritisieren und öffentlich machen. Ein Beispiel dafür ist die »Initiative Neue Soziale Marktwirtschaft« (www.insm.de) – Nuernbergk spricht von einer »Imitation von ›Protest-Strategien‹ sozialer Bewegungen« (Nuernbergk 2006: 167). Deren Akteure und Aktivitäten werden von einem »eigenen« Watchblog (http://insmwatchblog.wordpress.com) »begleitet«.[4]

Allein die Unterstellung genügt, um Kampagnen »real« werden zu lassen.[5] Und zunächst ist nicht immer ganz klar, ob dabei wirklich eine Kampagne vorliegt. So betont Zerfaß, dass sich Kommunikationskampagnen überhaupt »erst im Umsetzungsprozess herausbilden und laufend verändern« (Zerfaß 2010: 413). Er sieht darin den wesentlichen Unterschied zu herkömmlichen Kommunikationsprogrammen und hebt die besondere Bedeutung der dramaturgischen Integration – auch von Gegenstimmen und -argumenten – im Ablauf von Kampagnen als »konsequente Abstimmung aller Kommunikationshandlungen im Hinblick auf die Wirkung« hervor.[6] Er verweist darauf, dass dies auch die Antizipation und Berücksichtigung der (möglichen) Reaktionen von Gegnern, Massenmedien, Rezipienten, Entscheidern und Meinungsführern bereits in der Kampagnenplanung einschließt. Ergänzend muss hinzugefügt werden, dass Unternehmen bei öffentlichen Kampagnen mitunter gar nicht die Ersten sind, die über ein bestimmtes Thema reden. Sie geraten vielmehr erst als Zielscheibe von Anspruchsgruppen ins Fadenkreuz medialer Berichterstattung und öffentlicher Meinungsbildung.

Kampagnen verfolgen dann vielfach eine »kommunikative Doppelstrategie« (Röttger 2006a: 10): Sie streben Mobilisierung durch direkte Publikumskontakte an (›Publikumsorientierung‹), und zeitgleich suchen sie nach einer indirekten Verstärkung durch möglichst hohe Medienresonanz (›Medienorientierung‹), wobei im wechselseitigen Aufschaukeln zugleich die Gefahr der Verselbstständigung besteht. Dies kann zusätzlichen Auftrieb dadurch erhalten, dass im Verlauf öffentlicher Auseinandersetzungen das zu Beginn nur mäßig interessierte und weitgehend unbeteiligte Publikum in zunehmendem Maße an der Diskussion teilnimmt. Oftmals erfährt es überhaupt erst durch die Akteure von einer Sache, um sich dann deren Positionen anzuschließen oder ggf. eine eigene Meinung zu bilden. Dies geschieht in einer zunehmend komplexen Welt immer seltener auf der Grundlage eigener Erfahrungen oder erworbener Kompetenz, sondern auf Basis von in der öffentlichen Auseinandersetzung bekannt gewordenen Sachverhalten, Informationen, Positionen und Argumenten. Daraus resultieren wiederum Strategien, die dies ins Kalkül ziehen und auf Meinungsführer in der Öffentlichkeit und Meinungsbildner im sozialen Umfeld (Familie, Freunde, Bekannte, Arbeitskollegen, Nachbarn usw.) setzen.

Nichtöffentlichkeit und Geheimnismanagement als Kampagnenmerkmale

Doch auch der umgekehrte Fall kann eintreten: Die Akteure inszenieren sich und ihr Thema als Nichtinszenierung, als Authentizität. Oder sie treten gar nicht erst in Erscheinung und erblicken nie das Licht der Öffentlichkeit. Dazu zählt auch das so genannte »negative campaigning« bzw. die »schwarze PR«, die vor allem auf den öffentlichen Gegner und die Schädigung von dessen Reputation abzielt.[7] Das ist, wenn man so will, die Antimaterie öffentlicher Kommunikation oder Öffentlichkeitsarbeit als »Geheimnismanagement«. So bezeichnet Westerbarkey Geheimnisse als »Schattenseite von Öffentlichkeit« (Westerbarkey 1993: 88–92), und Szyszka sieht die zentrale Aufgabe des Kommunikationsmanagements gerade darin, »die Funktionsfähigkeit des geheimen Raumes durch Kontrolle des öffentlichen und privaten Raumes sicherzustellen« (Szyszka 1993: 208). An anderer Stelle hat er herausgearbeitet, dass Organisationen ›funktionale Transparenz‹ nur anstreben, wenn Zugewinn versprochen, Schaden abgewandt oder eingegrenzt bzw. behoben werden soll (Szyszka 2004: 157). Entsprechend unterscheidet er Öffentlichkeit und Nichtöffentlichkeit durch den Ein- bzw. Ausschluss von Beobachtungen, wobei er Letzteres – gegen normative Aussagen der Berufspraxis – organisationspolitisch als »strategisch anzustrebende Ausgangsbedingung« einstuft (ebd.: 155 f.).

Auffällig ist in diesem Zusammenhang, dass der Begriff ›Kampagne‹ seine Bedeutung in den letzten hundert Jahren signifikant verändert hat: Verstanden Bauern darunter noch das Einholen der Ernte und Militärs den dann nur noch metaphorischen »Feldzug«, so ist die Kampagne bei den britischen Abgeordneten nur noch die Sitzungsperiode (vgl. Leggewie 2006: 106 f.; Röttger 2007: 382). Im 20. Jahrhundert verliert der Begriff dann zusehends seine handlungsbezogene Bedeutung und verlagert sie mehr und mehr auf die der gewünschten Handlung vorgelagerte Kommunikation. Nicht mehr die gemeinsame Aktion, sondern die kommunikative Überredung bzw. Überzeugung zu einer möglichst kooperativen bzw. gemeinsamen Handlungsweise steht im Mittelpunkt.[8] Mit der dadurch entstehenden raumzeitlichen Trennung von Kommunikation und Aktion eröffnet sich erst jener Spielraum, der Freiräume schafft für Inszenierungen, aber auch Täuschungs- und Ablenkungsmanöver sowie Vernebelungs- und Vertuschungstaktiken.

Binnendynamik und Reflexivität als Kennzeichen von Kampagnen

Mit Blick auf die Komplexität öffentlicher Kommunikationsphänomene und -dynamiken wird deutlich, dass herkömmliche Kampagnenbegriffe nur noch wenig tragfähig erscheinen, um sie beschreiben und verstehen zu können. Die Definition von Kampagnen als »dramaturgisch angelegte, thematisch begrenzte, zeitlich befristete kommunikative Strategien zur Erzeugung öffentlicher Aufmerksamkeit« (Röttger 2006a: 9) lässt außer Acht, dass die Kommunikation über Kampagnen längst zu einem zentralen Moment von Kampagnen geworden ist. Erst die »Mund-zu-Mund-Propaganda«, die öffentliche Kritik an Inhalten und immer häufiger am Stil von Äußerungen, verschafft ihnen jene Aufmerksamkeit im öffentlichen Raum, die sie dann auch ins öffentliche Bewusstsein tragen. So haben die »Kitkat«-Kampagne von Greenpeace gegen Nestlé und die Kritik an den Äußerungen des ehemaligen Bundespräsidenten Horst Köhler, die dann zu seinem Rücktritt geführt hat, erst dann in größerem Ausmaß in die klassischen Medien Eingang gefunden, nachdem die Kritik nicht mehr »in der Sache« festgemacht wurde, sondern an der Kommunikation.

Theorie

Auch bei der Schlichtung um das Bahnhofsprojekt ›Stuttgart 21‹ durch Heiner Geißler wurde viel schneller und häufiger über Begriffe und unterschiedliche Wahrnehmungen »diskutiert«, als über die Faktenlage oder gar ein besseres Lösungskonzept.

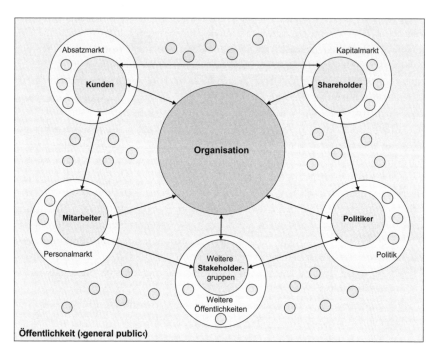

Abb. 1: Netzwerk und Resonanzraum direkter und indirekter Kommunikation in der Öffentlichkeit
Quelle: eigene Darstellung

Doch Kommunikation über Kommunikation erfordert eine zeitliche Differenz zwischen vorherigen Kommunikationsereignissen und ihrer nachträglichen Thematisierung. Erst die Rückbezüglichkeit im Verlauf der öffentlichen Auseinandersetzung ermöglicht jene Dynamik, die die öffentliche Meinungsbildung vorantreibt.[9] ›Reflexivität‹ tritt im Anschluss an Luhmann in der Gesellschaft vor allem dann auf, wenn Leistungssteigerungen notwendig sind: in der Sachdimension in Form von Meinungen als »Aussagen über Aussagen«, in der Sozialdimension als Nachahmung auf der Basis der Beobachtung anderer und in der Zeitdimension durch Wiederholungen von Aussagen (Merten 2009: 11). Wenn Kommunikation also mehr leisten soll als »einfache« Kommunikation, dann wird sie zur Kampagne. Als reflexivitätsorientierte Wirkungsmodelle führt Merten die Theorie des Meinungsführer/Two-Step-Flow, die Theorie der Schweigespirale und den Third-Person-Effekt an (ebd.: 10–19). Solche systemischen Medienwirkungen bezeichnet er an anderer Stelle als »Öffentlichkeitseffekte« und schreibt ihnen im Vergleich mit den »direkten, ›eigentlichen‹ Wirkungen der Medien« eine stärkere Konsenswirkung zu (Merten 1994: 308). Dementsprechend ist es kein Zufall, wenn sich in der Instrumentalisierung zugleich spezifische Kampagnentechniken erkennen lassen.

Anschlüsse an Medientheorien und Kommunikationsmodelle

Mit diesen einleitenden Überlegungen sind sechs Aspekte benannt, die über bisherige Kampagnenbegriffe hinausgehen:
a) die Reduktion von Kampagnen auf Kommunikationsereignisse und -prozesse,
b) der Prozesscharakter öffentlicher Auseinandersetzungen und Meinungsbildung mit seiner Binnendynamik,
c) die Vereinnahmung und sukzessive Beteiligung des in der Sache häufig nicht verständigen Laienpublikums,
d) dessen ersatzweise Orientierung an den Meinungen anderer Dritter im sozialen und öffentlichen Umfeld,
e) Metakommunikation als Katalysator für Aufmerksamkeit in öffentlichen Auseinandersetzungen und
f) die Rückwirkung dieser Aspekte auf die Akteure und deren Kommunikationsverhalten in der Öffentlichkeit.

Daraus ergeben sich Ansatzpunkte für die Kampagnenführung, die sie von der Planung und Umsetzung von Einzelmaßnahmen unterscheiden und zugleich über sie hinausgehen. Diese Aspekte treten seltener bei kommunikativ einseitig gerichteten Werbe-, Informations- und Aufklärungskampagnen auf, werden aber auch dort im Rahmen von ›viralem Marketing‹ und ›Mund-zu-Mund-Propaganda‹ zunehmend reflektiert, um Zielgruppen als Multiplikatoren einzusetzen, Budgets zu schonen und die Effizienz von Kampagnen zu steigern. Anders ist es bei Mobilisierungskampagnen, die gezielt Entscheidungen und Verhalten anderer beeinflussen wollen, deswegen deren Eigendynamik in Rechnung stellen müssen und spätestens dann in zweiseitige Kommunikation münden.[10]

Welche Konsequenzen hat dies für die Analyse, Planung, Evaluation und Steuerung von Kommunikationskampagnen? Wo liegen ihre realistischen Wirkungspotenziale und Funktionen? Wonach ist im Rahmen der Analyse differenzierter zu fragen? Welche zusätzlichen Aspekte sind bei der Planung zu berücksichtigen? Welche bislang ausgeblendeten Faktoren machen Messungen und Bewertungen von Kommunikationskampagnen aussagekräftiger? Und mithilfe welcher Größen lassen sich Kampagnen zielgenauer steuern?

Um diese Fragen zu beantworten, lassen sich theoretische Anschlüsse finden bei den ›Arena‹- und ›Spiegel‹-Modellen der Öffentlichkeit und öffentlichen Meinung, beim ›doppelten Meinungsklima‹ in der Theorie der Schweigespirale, beim Koorientierungsansatz sowie Verzerrungen im Meinungsklima durch ›pluralistic ignorance‹, ›looking glass perception‹ und den ›third-person effect‹. Für das Kampagnenmanagement lassen sich Verbindungen knüpfen mit Wirkungsstufen-Modellen für Kommunikation, Communication Scorecards, zu Ansätzen zur Reputationsanalyse und zum Koorientierungsmodell für Kommunikationsbeziehungen.

Ziel und Anspruch der folgenden Ausführungen ist es, der gestiegenen gesellschaftlichen und medialen Komplexität Rechnung zu tragen, Konsequenzen für die Kampagnenführung aufzuzeigen und der Kampagnenforschung neue Perspektiven zu eröffnen. Dazu soll vor allem ein verändertes Verständnis von Öffentlichkeit und öffentlicher Meinung vor dem Hintergrund veränderter Medienlandschaft und Mediennutzung beitragen. Daraus sollen verfeinerte Methoden und Instrumente zur Analyse, Planung, Evaluation und Steuerung von Kommunikationskampagnen abgeleitet werden. Sie sollen schließlich helfen, realistische Zielsetzungen zu entwickeln und verlässlichere Aussagen über Kampagneneffekte und Beiträge zur Erreichung übergeordneter Organisationsziele zu ermöglichen.[11] Dafür wird der Gegenstandsbereich wie folgt präzisiert und eingeschränkt:

a) Der Kampagnenbegriff von Röttger wird ergänzt um die im zeitlichen Verlauf der öffentlichen Thematisierung erfolgende *Abstimmung* von Kampagnenaktivitäten auf eigene und fremde Kommunikationsaktivitäten. Die Antizipation von Wahrnehmungen, Meinungen, Argumenten und Aktivitäten der (vermeintlichen) Gegenseite sowie deren vermutete Wirkung in der Öffentlichkeit wirken dann auf die eigene Kampagnenplanung und -steuerung zurück.

b) Reflektiert werden *öffentliche* Kommunikationskampagnen von Organisationen und deren Stakeholdergruppen zur Themensetzung (»agenda setting«) und Meinungsbildung zugunsten spezifischer Unterstützungs- und Organisationsziele, ganz gleich, ob die Kommunikationsaktivitäten und -maßnahmen in Kleingruppen, auf Veranstaltungs- oder Organisationsebene, in der massenmedialen Berichterstattung oder auf den Plattformen und in den Foren des Internets stattfinden.

c) Der Fokus liegt auf Öffentlichkeiten, die von *gegensätzlichen* Interessen, Wahrnehmungen, Meinungen und Verhaltensweisen geprägt sind. Die Stakeholdergruppen sind im Gegensatz zu klassischen Marken- und Werbekampagnen gekennzeichnet durch einen höheren Grad an Betroffenheit, Bewusstsein, Aktivität und Organisation.

Wenn man diese Prämissen zugrunde legt, wird deutlich, dass a) der Einfluss von Öffentlichkeit, b) interpersonelle Beziehungen zwischen Akteuren und ihrem Publikum sowie c) die Vernetzung und Einbettung von Akteuren und Publikum in ihrem jeweiligen sozialen Umfeld stärker in den Mittelpunkt der Betrachtung von Analyse, Planung und Evaluation und Steuerung rücken als bei anderen, weniger komplexen Kampagnen- und öffentlichen Kommunikationsformen.

In der Öffentlichkeit verhalten sich Individuen sowie Organisationen kommunikativ anders, insbesondere wenn von dieser Öffentlichkeit das Erreichen der eigenen Ziele abhängt. Und ausschließlich absenderzentrierte oder zielgruppenorientierte Ansätze greifen zu kurz: Durch Kommunikation erzielte Veränderungen einseitig an der Organisation oder an den Stakeholdergruppen festzumachen, verkürzt das Verständnis von Kampagnen auf die Angebotsseite der Kommunikation. Damit würde ›doppelte Kontingenz‹[12] als Möglichkeit des Andersseins auf beiden Seiten der Kommunikation ausgeblendet. Die Konsequenzen von »systematischer Einäugigkeit« lassen sich an der Auseinandersetzung über das Bahnhofsprojekt ›Stuttgart 21‹ erkennen: Trotz ordnungsgemäßer Planfeststellungsverfahren gerät nicht nur das Projekt, sondern eine ganze Landesregierung ins Wanken.

Gerade die wechselseitige Antizipation von Vorstellungen, Meinungen, Erwartungen, Absichten, Plänen und Verhaltensweisen in der Kommunikation macht es unmöglich, Kommunikation auf einen der Beteiligten zu reduzieren. Nicht zuletzt auch deswegen, weil sich Kampagnenführende ansonsten der Möglichkeit berauben würden, eigene Positionen und Ziele zu verlassen und sich zum Vorteil der eigenen Organisation – häufiger aber zur Abwehr größerer Nachteile – überzeugen zu lassen. Dies kann aber nicht mehr glaubwürdig gelingen, wenn von Beginn an »felsenfest« auf einer Position bestanden wird, die konsequent »durchgezogen« werden soll. Damit ist allerdings nicht impliziert, von Beginn an »ergebnisoffen« in eine Auseinandersetzung gehen zu müssen, wie dies die »Verständigungsorientierte Öffentlichkeitsarbeit« von Burkart in der Tradition der Theorie des kommunikativen Handelns von Habermas vorsieht (Burkhart 1993). Ziele sind vielmehr für alle Akteure notwendig, um überhaupt Selbststeuerungsmöglichkeiten und ausreichend Binnenmotivation für die je eigene Organisationen entwickeln zu können. Das Ergebnis der öffentlichen Auseinandersetzung ist schließlich Resultat eines alle Beteiligten umfassenden Prozesses, der sich nach den evolutionären Prinzipien Variation (Veränderung), Selektion (Aus-/Abwahl) und Retention (Stabilisierung/Verstärkung) selbst steuert und gerade deswegen nicht von einer Seite allein bestimmt werden kann – es sei denn, die Anderen lassen dies zu.[13] Aber selbst dann sind beide Seiten beteiligt.

Theorie

Öffentlichkeit und öffentliche Meinung als Resonanzräume von Kampagnen

Öffentlichkeit und öffentliche Meinung sind immer wieder als zentrale Ziele und Merkmale von Kampagnen bestimmt worden.[14] So macht Vowe die »Eroberung« der öffentlichen Meinung zum zentralen Kriterium für Erfolg oder Misserfolg von Kampagnen (Vowe 2006: 75). Er entwickelt ein Modell, das von der Binnenkommunikation eines Akteurs über die Konfliktkommunikation zwischen Akteuren und die Einbeziehung der Medien zur Anschlusskommunikation bei Bürgern und politischen Organisationen führt. Er zeigt am Beispiel der öffentlichen Diskussion um die Ölplattform »Brent Spar«, dass für den Ölkonzern Shell nicht die öffentliche Meinung, sondern »bis zum Schluss ökonomische und rechtliche Faktoren von ausschlaggebender Bedeutung waren« (ebd.: 80). Vowe sieht gerade in der Balance zwischen der Planung von Zielen und Mitteln einerseits sowie andererseits in der Flexibilität, veränderte Situationen und Reaktionen des Gegners zu berücksichtigen, die Professionalität der Kampagnenführung von Greenpeace (ebd.: 81). Umgekehrt habe die rigide Planung von Shell im Fall der »Brent Spar« die eigene Niederlage herbeigeführt. Und man möchte anfügen: Ähnlich wie dies der Deutschen Bahn und der baden-württembergischen Landesregierung im Fall von ›Stuttgart 21‹ droht. Vowe sieht in der Rückkopplung, im Aufschaukeln der Kommunikation von Ebene zu Ebene, in der sich selbst verstärkenden (oder abschwächenden) Kommunikation die eigentliche Struktur von Kampagnen (ebd.: 90). Sie setze eine »Redespirale« in Gang, die zu einem »selbsttragenden Aufschwung« »mit andauernder Präsenz auf der gesellschaftlichen Tagesordnung und konsentierenden Positionen der Akteure« führt (ebd.: 91).

Dennoch sind die Begriffe ›Öffentlichkeit‹ und ›öffentliche Meinung‹ im Kampagnenmanagement weitgehend unbestimmt geblieben. Wie sind sie zu verstehen? Welchen Erkenntnisgewinn könnte ihre Berücksichtigung bringen? Drei gängige Modelle skizziert Theis-Berglmair (2008) und bringt sie in einen Zusammenhang mit Public Relations: das normativ-verständigungsorientierte ›Diskurs-Modell‹ nach Habermas, das ›Arena-Modell‹ nach Gerhards/Neidhardt, das Öffentlichkeit als intermediäres Kommunikationssystem begreift, und schließlich das ›Spiegel-Modell‹ nach Luhmann, wonach nur noch Öffentlichkeit einer überkomplex gewordenen Gesellschaft Selbstbeobachtung ermöglicht. In der Diskussion dieser drei Modelle plädiert Saxer (2006: 29) mit Blick auf die Verarbeitungskapazität des inputorientierten ›Spiegel-Modells‹ und des auf Through- und Output ausgerichteten ›Diskurs-Modells‹ eindeutig für die Systemtheorie, während er dem Diskurs-Modell die Widerlegung durch »unzählige empirische Befunde« entgegenhält.

›Arena-Modell‹ (Gerhards/Neidhardt)

Gerhards/Neidhardt kritisieren am Diskurs-Modell dessen normative Reduktion von Verständigung auf das bessere Argument (Gerhards/Neidhardt 1990: 5). Sie rekonstruieren Öffentlichkeit als »ausdifferenziertes Kommunikationssystem«, das sich von anderen Sozialsystemen abgrenzt durch allgemeinverständliche, sprachliche Kommunikation und Diskussion, die »nicht an externe Zugangsbedingungen sozialer Teilnahme geknüpft« ist sowie eine daran anknüpfende Laienorientierung (ebd.: 15–17). Seine Funktion besteht darin, »zwischen den Meinungen und Interessen der Bürger und der kollektiven Akteure einer Gesellschaft einerseits und dem politischen System andererseits zu vermitteln«.

Bedeutsam für die weitere Auseinandersetzung war die Differenzierung von drei Ebenen von Öffentlichkeit: ›Encounters‹ als einfache Interaktionssysteme, entsprechend dem ›Episoden-Modell‹ nach Luhmann, ›öffentliche Veranstaltungen‹ als thematisch zentrierte Interaktionssysteme im Sinne des ›Seminar-Modells‹ nach Habermas sowie die ›Massenmedienkommunikation‹, die sich v.a. durch die technisch entwickelte Infrastruktur und das abstrakte, nicht anwesende Publikum von den beiden zuvor genannten Formen unterscheidet.[15] Der ›Massenkommunikation‹ kommt insofern eine besondere Bedeutung für die Gesellschaft zu, als nur der Verzicht auf die Anwesenheit des Publikums ermöglicht, Themen anzusprechen, bei denen alle die Chance haben können, sich zu beteiligen. Mit zunehmender Distanzierung von Leistungs- und Publikumsrollen entscheidet die ›Galerie‹ sowie der Aufbau einer eigenen Organisation und Öffentlichkeitsarbeit mit entsprechenden Ressourcen, zu denen auch Prestige zählt, über den Erfolg der ›Arena-Akteure‹, Themen und Meinungen in der Öffentlichkeit gegen andere durchzusetzen. Unter ›öffentlicher Meinung‹ verstehen Gerhards/Neidhardt eine Meinung, »die in öffentlichen Kommunikationen mit breiter Zustimmung rechnen kann, eine Meinung, die sich in den Arenen öffentlicher Meinungsbildung durchgesetzt hat und insofern ›herrschende‹ Meinung darstellt« (ebd.: 12). Sie betonen, dass es sich dabei um eine kollektive Größe handelt und »etwas anderes als Meinungsforschungsinstitute über ihre Personenbefragungen als statistisches Aggregat individueller Meinungen ermitteln«.

Weiter ausgeführt hat dies Neidhardt. Danach ist ›öffentliche Meinung‹ »nicht die Summe aller öffentlich geäußerten Meinungen von Öffentlichkeitsakteuren, sondern ein kollektives Produkt von Kommunikationen, das sich zwischen den Sprechern als ›herrschende‹ Meinung darstellt«. Sie bezieht sich nicht »auf individuelle Meinungen des Publikums, sondern auf medial vermittelte Meinungsäußerungen der Sprecher vor einem Publikum« (Neidhardt 1994: 26).

Insbesondere die verschiedenen Typen von Öffentlichkeit, die funktionale Unterscheidung von Akteuren und Publikum sowie deren spezifische Rollen erlauben Kampagnenmanagern entsprechend differenzierte Analysen und Planungen.

›Spiegel-Modell‹ (Luhmann)

Eine weitergehende Vorstellung von Öffentlichkeit und öffentlicher Meinung entwickelt Luhmann. Er konzipiert ›Öffentlichkeit‹ als »Unterstellbarkeit der Akzeptiertheit von Themen« (Luhmann 1974: 44). Die ›öffentliche Meinung‹, die sich dazu bildet, bezieht er in erster Linie auf das politische Teilsystem der Gesellschaft, obwohl er betont, dass sie ihm nicht exklusiv zugerechnet werden kann. Sie reduziert politische und rechtliche Beliebigkeit – ähnlich wie bei Gerhards/Neidhardt – auf »diskussionsgestählte Meinungen« und übernimmt damit zugleich die Funktion eines Steuerungsmechanismus. Die weitgehende Unmöglichkeit, öffentliche Meinung auszuschalten, habe zu entsprechenden Taktiken der partiellen Umgehung geführt.

In seinen späteren, konstruktivistisch orientierten Arbeiten hat Luhmann den Begriff der ›öffentlichen Meinung‹ mit dem Konzept des ›Beobachters‹ verbunden und mithilfe der Spiegel-Metapher präzisiert:

> »Der Spiegel der öffentlichen Meinung ermöglicht mithin, ähnlich wie das Preissystem des Marktes, eine Beobachtung von Beobachtern. Als ein soziales System befähigt das politische System sich demnach mit Hilfe der öffentlichen Meinung zur Selbstbeobachtung und zur Ausbildung entsprechender Erwartungsstrukturen« (Luhmann 1990a: 181 f.).

Die Metapher des Spiegels impliziert Undurchsichtigkeit bei gleichzeitiger Illusion der Direktwahrnehmung und Offenheit für Inszenierungen, die in Rechnung gestellt werden (Luhmann 1992: 84–86).

Damit sind Anschlüsse hergestellt, das Management von Kampagnen auf evolutionäre Prozesse in der Öffentlichkeit nach dem Muster von Angebot und Nachfrage umzustellen, freilich ohne die sich daraus ergebende Meinungsbildung steuern zu können – Meinungen können wie Preise abgelehnt oder unterboten werden.

Modell der ›virtuellen Öffentlichkeit‹ (Merten/Westerbarkey)

Eine Weiterentwicklung des systemtheoretischen Modells ist das Konzept der ›virtuellen Öffentlichkeit‹ nach Merten/Westerbarkey. Die Autoren begreifen Öffentlichkeit im Anschluss an Luhmann als »virtuelles System«. Sie gehen davon aus, dass »Öffentlichkeit als Anwesenheit einander bekannter Personen« in der postindustriellen Gesellschaft »allenfalls marginal herstellbar« ist und eher die Ausnahme darstellt (Merten/Westerbarkey 1994: 191). In diesem Sinne betont Westerbarkey, dass Öffentlichkeit »nicht nur auf Kommunikationen, sondern auch auf einigen nur schwer überprüfbaren Unterstellungen« beruht (Westerbarkey 1995: 156 f.). Die »wechselseitig unterstellbare Wahrnehmbarkeit füreinander« (Merten/Westerbarkey 1994: 190) entfaltet »unauffällige, aber gerade deshalb besonders starke konsentierende Bindewirkungen«, die ihre Kraft daraus beziehen, »daß nämlich der einzelne sich in Gegenwart anderer anders verhält (ebd.: 200 f.).[16] Daraus folgen Strategien, um die subjektiven Wirklichkeitsentwürfe und eigene Meinungen abzustützen durch Orientierung an anderen.

Die Erhebung der Meinung von Meinungen wird dann zu einem ›virtuellen Maß‹ für aggregierte öffentliche Meinung bzw. Meinungsklima. Diesem Ansatz, Öffentlichkeit sozialpsychologisch als Bewusstsein der Beobachtung durch andere zu fassen, ist auch Noelle-Neumann verpflichtet (Noelle-Neumann 1991). Auch sie leitet daraus die Konsequenz ab, Öffentlichkeit nicht als Aggregat von Individuen oder Meinungen zu begreifen:

> »Öffentlichkeit sollte nicht als Gesamtheit vereinzelter, atomisierter Individuen mißverstanden werden. Vielmehr sind die Individuen mit großer Aufmerksamkeit auf die Umwelt, besonders auf die Meinungen und das Verhalten ihrer Mitmenschen gerichtet und betreiben ständig Umweltbeobachtung« (ebd.: 328).

Daraus leitet sie ihr Verständnis von öffentlicher Meinung ab als »kontroverse Meinungen, die man in der Öffentlichkeit äußern kann, ohne sich damit zu isolieren« (Noelle-Neumann 1978: 20). Die besondere Dynamik von Veränderungsprozessen in der öffentlichen Meinung hat sie ebenfalls mit dem Einpendeln der Preise in der Interaktion von Angebot und Nachfrage auf Märkten verglichen (Noelle-Neumann 1973: 41).[17]

In konzentrierter Form hat Eisenegger den aktuellen Stand zusammengefasst: Er konzipiert Öffentlichkeit in modernen Gesellschaften über die Versammlungsöffentlichkeit als Aufklärungsideal hinaus als »gegliedertes Netzwerk von Kommunikation« (Eisenegger 2005: 49–58). Im Anschluss an das ›arenatheoretische Modell‹ nach Gerhards/Neidhardt versteht er Öffentlichkeit als offenes Kommunikationsforum bzw. »Kompositum aus Arena und Galerie«, dessen Besonderheit das prinzipiell unbekannte, disperse Publikum auf der Galerie ist. Als Funktionen von Medienöffentlichkeit bestimmt er »die Beobachtung der Gesellschaft durch die Gesellschaftsmitglieder«, die Produktion von »Vorstellungen und Images über Objekte, die sich der Primärerfahrung der meisten Adressaten von Massenkommunikation im Normalfall verschließen«, die »Durchsetzung der Akzeptanz bzw. Institutionalisierung von Themen« sowie die »Kontrolle von Macht und Herrschaft«.

Damit sind drei wichtige Punkte benannt, die für das Kampagnenmanagement von besonderer Relevanz sind: der hypothetische Charakter und die Nichtnachprüfbarkeit öffentlicher Aussagen im Moment der Kommunikation, die Nichtidentität der öffentlichen Meinung mit der Meinung aller und die konsentierende Kraft der als »herrschend« wahrgenommenen Meinung.

Kampagnen im »neuen« Strukturwandel der Öffentlichkeit

Mit den beschriebenen Modellen ist zugleich ein *neuer* »Strukturwandel der Öffentlichkeit«[18] verbunden, aus dem sich die besondere Bedeutung öffentlicher Kommunikation ergibt. Imhof bringt ihn mit der Ausdifferenzierung des Mediensystems vom politischen System und der Koppelung der Medien an die Marktlogik auf den Punkt (Imhof 2006: 5). Er konstatiert »eine massive Zunahme medienwirksamen Eventmanagements« sowie »eine ausgesprochene Personenzentrierung und eine gestiegene Bedeutung von Konfliktinszenierungen«. Damit einher gehe eine »Intensivierung der Skandalkommunikation« und gleichzeitig »verkürze sich die Themen- und Meinungsresonanz auf eine bloße Themenresonanz«. Imhof spricht von einer »Umkehrung der Vermittlungslogik der politischen Kommunikation« und einer »mediendramaturgischen Umwertung«: »[D]ie Selektionsregeln des Mediensystems [werden] zunehmend wichtiger. Die Aufmerksamkeitsregeln symbolischer, resonanzorientierter Politik drücken auf die Entscheidungspolitik durch« (ebd.: 8 f.).[19]

Dieser »Neuallokation der Aufmerksamkeit in der öffentlichen Kommunikation« kann sich auch die Wirtschaft nicht entziehen. Daraus folgt für Unternehmen eine Professionalisierung der Kommunikation zur Wahrnehmung von Chancen- und Risikopotenzialen im Rahmen von ›Issues Management‹. Sie geraten zunehmend »wie die politischen Eliten unter medialen Legitimations- und Skandalisierungsdruck«. Umgekehrt »entdeckt« Wirtschaft Moral »zum Zwecke der Erweckung positiver Aufmerksamkeit« und verbindet persuasive Kommunikation mit moralischen Bekenntnissen und Sozialverträglichkeit. Unter der Flagge von ›corporate social responsibility‹ bzw. ›corporate citizenship‹ und in abgeschwächter Form als ›cause related marketing‹ führt dies zu gesellschaftsorientierten Formen von Kommunikationskampagnen. Röttger spitzt dies im Titel ihres Einführungsaufsatzes des Sammelbandes »PR-Kampagnen« zu: »Campaigns (f)or a better world?«

Klimawahrnehmung und das ›doppelte‹ Meinungsklima im öffentlichen Raum

Differenzierte Analysen über das Zusammenspiel von Publikums- und Medienöffentlichkeit hat Noelle-Neumann mit der Unterscheidung von öffentlicher Meinung und Meinungsklima ermöglicht: So resultiert ›öffentliche Meinung‹ als tatsächliche Meinungsverteilung aus der Kumulation individueller Meinungen, während sich das Meinungsklima als wahrgenommene Meinungsverteilung aus der Summe der Einschätzungen ergibt. Aus der Divergenz von eigener und medial vermittelter Umweltbeobachtung hat Noelle-Neumann das Phänomen des ›doppelten Meinungsklimas‹ abgeleitet (Noelle-Neumann 1991: 241–245). Auf dieser Basis entwickelt sie Indikatoren für Medienwirkungen: u. a. eine deutliche Differenz zwischen tatsächlicher Meinungsverteilung und wahrgenommenem Meinungsklima bei kontroversen Themen (›pluralistic ignorance‹), signifikante Unterschiede zwischen Urteilen aus eigener Kenntnis (›Nahbild‹) und ohne eigene Kenntnis (›Fernbild‹), signifikante Unterschiede in der Klimawahrnehmung nach der Mediennutzung sowie signifikante Unterschiede in der Redebereitschaft in den jeweilgen Meinungslagern (Noelle-Neumann 1989a: 420–423).

Schenk hat in seinem Überblick zur Medienwirkungsforschung verdeutlicht, dass das Meinungsklima bzw. die Klimawahrnehmung damit das verbindende Glied in der Kausalkette vom Medientenor zur Veränderung persönlicher Einstellungen ist (Schenk 2007: 537). Den Einfluss des Medientenors auf Klimawahrnehmung sieht er auch in Experimenten und Umfragen empirisch bestätigt (ebd.: 547 f.).

Allein die Vermutung, dass Kommunikation bei Dritten eine Wirkung erzielt, wirkt auf das eigene Verhalten zurück und lässt sich so im Rahmen des Kampagnenmanagements nutzen. Das geht so weit, dass Medien auf diesem (Um)Weg selbst bei Menschen Wirkungen erzielen, die nur wenig oder gar keine Medien nutzen.

Koorientierungsansatz (Scheff, McLeod und Chaffee)

Die gleichzeitige Orientierung von Personen (A) an Themen bzw. Gegenständen (X) und Kommunikationspartnern oder Dritten (B) beschreibt das Konzept der Koorientierung.[20] Das ABX-Modell von Newcomb postuliert, dass die Wahrnehmung eines Themas bzw. Gegenstands in einer dyadischen Kommunikationsbeziehung auch dadurch beeinflusst wird, wie der andere Kommunikationsteilnehmer darüber denkt (Newcomb 1953: v.a. 393).

Scheff (1967) und McLeod/Chaffee (1973) haben diesen Ansatz auf Gruppen und größere Sozialsysteme übertragen. Ihr Verdienst ist es, neben der (vermeintlichen) Übereinstimmung von Wahrnehmungen und Meinungen vor allem auf die gegenseitige Wahrnehmung der Positionen des jeweils anderen zu reflektieren. Dadurch wird die übergeordnete Perspektive eines unabhängigen, neutralen Beobachters in die beteiligten Systeme verlagert. ›Verstehen‹ entspricht dann dem Grad der Übereinstimmung zwischen der eigenen Position und der vermuteten Wahrnehmung der eigenen Position durch das Gegenüber (›accuracy‹, McLeod/Chaffee 1973: 487). Und ›Konsens‹ ergibt sich als ›wahrgenommener Konsens‹ durch den Grad der Übereinstimmung der eigenen Position mit der wahrgenommenen Position des Gegenübers (›congruency‹). Aus der Gegenüberstellung wechselseitiger Wahrnehmungen und Meinungen lassen sich dann Wahrnehmungsdefizite und Missverständnisse wie ›pluralistic ignorance‹ und ›false consensus‹ identifizieren und in eine Lösung durch Kommunikation überführen (Scheff 1967: 38 f.). Aber auch auf den ersten Blick widersprüchliche Kompromisslösungen wie der Konsens, sich nicht einig zu sein (›dissensus‹), lassen sich erst aus dieser Perspektive entwickeln.

Abweichungen und Verzerrungen im Meinungsklima

Verzerrungen auf gesellschaftlicher Ebene hat Noelle-Neumann aus der Unterscheidung und Divergenz von wahrgenommenem Meinungsklima und tatsächlicher Meinungsverteilung abgeleitet: a) die »sozial-optische Täuschung« (›pluralistic ignorance‹), bei der sich die Mehrheit über die Mehrheit täuscht; b) die ›looking-glass perspective‹ mit einer Überschätzung der Stärke des eigenen Lagers; sowie c) die Überschätzung des Meinungsklimas in Richtung des Medientenors (Noelle-Neumann 1991: 341 f.). Schenk nennt als weitere Varianten: irrtümlich wahrgenommener Konsens (›false consensus‹) und eine überzogen konservative Einschätzung der Meinungsverteilung (›conservative bias‹, Schenk 2007: 545).[21]

Ein weiterer Ansatz, der mit dem Vergleich eigener, persönlicher Einstellungen und der Wahrnehmung des Meinungsklimas arbeitet, ist der ›third-person effect‹. Danach gehen Menschen »im allgemeinen davon aus, dass die Anderen – engl.: ›third persons‹ – durch Medien stärker beeinflusst werden als sie selbst – engl.: ›first person‹ (Bonfadelli 2004: 190–192). Moderierende Faktoren für die Stärke des Effekts sind: negativ bewertete Themen, sozial unerwünschte Effekte, hohes Involvement, wahrgenommener negativer Bias der Quelle, höhere Bildung sowie soziale Distanz zur Referenzgruppe. Davison, auf den der Ansatz zurückgeht, verweist als Perspektive für eine Anwendung des Ansatzes ausdrücklich auf persuasive Kommunikatoren, die auf gezielte indirekte Beeinflussung ihrer Zielgruppen durch scheinbar direkte Beeinflussung von Dritten fokussieren (Davison 1983: 3).

Auf dieser Basis lassen sich differenzierte Abweichungsanalysen erstellen und entsprechende Kommunikationsbedarfe bzw. -potenziale identifizieren. Daran können Kampagnenstrategien anschließen, die auf das Schließen dieser Lücken zielen. Nicht selten geschieht dies taktisch unter ausdrücklichem Verweis auf die »schweigende Mehrheit« oder »in Wahrheit« andere Mehrheitsverhältnisse, deren Faktizität durch entsprechend beauftragte Umfragen belegt wird, freilich nicht ohne zu betonen, dass man auf Umfragen sowieso nichts gebe.

Ansätze des Kommunikationsmanagements für die Kampagnenführung

Die beschriebenen Einsichten lassen sich mit Instrumenten und Methoden des Kommunikationsmanagements verknüpfen, für die Kampagnenführung ergänzen und auf Planung, Evaluation und Steuerung der Kommunikationsaktivitäten anwenden. Dazu zählen das Wirkungsstufen-Modell für Unternehmenskommunikation nach Lindenmann, DPRG und Internationalem Controller Verein (ICV), die Communication Scorecard als Ableitung aus der Balanced Scorecard nach Norton/

Kaplan, die Reputationsanalyse nach Fombrun/Harris sowie das Koorientierungsmodell für die Analyse von Kommunikationsbeziehungen nach Broom.

Ziele von Kommunikationskampagnen nach dem Wirkungsstufen-Modell

Signitzer hat schon früh betont: »Öffentlichkeitsarbeit kann nur solche Probleme mit Aussicht auf Erfolg ›behandeln‹, die auch Kommunikationsprobleme sind« (Signitzer 1989: 39). An anderer Stelle fordert er, PR-Ziele entsprechend auf die Lösung von Kommunikationsproblemen zu beschränken, aber aus Organisationszielen abzuleiten (Signitzer 1993: 59, 65–67).[22] In der Folge fordert er die Ausrichtung von Kommunikationszielen an der Wirkungshierarchie von Kommunikation: Zustandekommen von Kommunikation, Genauigkeit der Erinnerung, Akzeptanz der Botschaft, Einstellungsbildung bzw. -veränderung und Verhaltensänderung (Signitzer 1989: 40).

Einen Ansatz, der sich am Drei-Komponenten-Modell von Kommunikationswirkungen orientiert, hat Lindenmann entwickelt und im »Gold Standard Paper« der amerikanischen »Commission on Public Relations Measurement & Evaluation« verfeinert. Er unterscheidet vier Niveaus bzw. Stufen zur Messung der Effektivität von PR-Programmen und -Aktivitäten (Lindenmann 2003: 5–7, 25; Lindenmann 1997: 13–16, 27 f.):

- ›Output‹: kurzfristige, unmittelbare Resultate einzelner PR-Programme oder -Aktivitäten (Verfügbarkeit, Sichtbarkeit).
- ›Outtake‹: Erreichen und Aufmerksamkeit der Zielgruppen; Wahrnehmen, Verstehen und Erinnern der Botschaften.
- ›Outgrowth‹: kumulierte Effekte aller Kommunikationsprogramme bzw. Positionierung einer Organisation im Bewusstsein ihrer Anspruchsgruppen bzw. Teilöffentlichkeiten (Wissen, Meinung).
- ›Outcome‹: langfristige Veränderungen bei Meinungen, Einstellungen und Verhalten.

Lindenmann betont, dass der eigentliche Wert von PR für die Praxis erst im Beitrag zum Erreichen der Organisationsziele liegt (Lindenmann 2003: 7 f.).[23] In der Folge hat Rolke das Wirkungsstufen-Modell von Lindenmann um eine Ebene, »die den ökonomischen Effekt der angestrebten und eventuell erreichten Meinungs- und Verhaltensänderung der Kommunikation misst«, ergänzt und dafür den Begriff ›Outflow‹ vorgeschlagen (Rolke 2006: 2).[24] Dieser Ansatz wurde fortgeschrieben im Wirkungsstufen-Modell von DPRG und Internationalem Controller Verein (ICV) (Zerfaß/Pfannenberg 2005: 16 f.; Pfannenberg/Zerfaß 2005: 196–198; Liehr/Peters/Zerfaß 2009: 4).

Theorie

Im Zusammenhang mit Kampagnen, v.a. für die Mobilisierung, von zentraler Bedeutung ist dabei die aus der Reputationsanalyse abgeleitete Kategorie des ›Unterstützungspotenzials‹. Wiedmann/Fombrun/van Riel verstehen darunter die Bereitschaft zu einem konkreten Unterstützungshandeln, die aus der positiven Wahrnehmung und Bewertung der Organisation in der Öffentlichkeit resultiert (Wiedmann/Fombrun/van Riel 2005: 48 – 50; Wiedmann/Fombrun/van Riel 2007: 322). Die Unterstützungsbereitschaft stellt damit die maximale Kommunikationswirkung vor dem tatsächlichen Verhalten dar und wird damit zur zentralen Bedingung der Möglichkeit, übergeordnete, nicht kommunikative Unternehmens- oder Organisationsziele zu erreichen.

Der Vorteil einer Differenzierung von (Handlungs)Absichten und tatsächlichem Verhalten liegt nach Schenk/Donnerstag/Höflich darin, dass Abweichungen zwischen beidem mit dem zeitlichen Abstand zwischen Aussage und Handeln korrelieren (Schenk/Donnerstag/Höflich 1990: 288 – 334, 382). Und da Verhalten durch Befragungen nicht erhoben werden kann, sondern nur Aussagen über praktiziertes oder beabsichtigtes Verhalten, kann bei längerfristig angelegten Planungs- und Evaluationsaktivitäten an Stelle des Verhaltens auch auf die einfacher messbare Handlungsbereitschaft zurückgegriffen werden, die im Falle von Kampagnen als Unterstützungsbereitschaft konkretisiert werden kann.

Für Kommunikationskampagnen in das Wirkungsstufen-Modell neu und zusätzlich neben der öffentlichen Meinung (als Aggregat individueller, persönlicher Wahrnehmungen, Meinungen und Einstellungen) aufzunehmen ist das Meinungsklima (als kumulierte Klimawahrnehmung) sowie mögliche Differenzen zwischen wahrgenommener und tatsächlicher Meinungsverteilung als Bindeglied zwischen Kampagnenwahrnehmung und persönlicher Meinungsbildung.

Doch trotz aller theoretischer und methodischer Verfeinerung geht die PR-Evaluationsforschung mit dem Wirkungsstufen-Modell von einem linearen, einseitig gerichteten, hierarchischen Prozess der Kommunikationswirkung aus, der spätestens mit Blick auf die Binnendynamik und Reflexivität von öffentlichen Kampagnen nicht mehr ausreicht. Schenk/Donnerstag/Höflich haben das Reiz-Reaktions-Modell der Stimulus-Response-Theorie als traditionelle Vorstellungen der Werbekommunikation bezeichnet und als durch die Forschung widerlegt abgelehnt (Schenk/Donnerstag/Höflich 1990: 12 f.). Die Grundannahme starker Werbewirkungen, dass gleiche Stimuli Individuen auf gleiche Weise erreichen, gleich wahrgenommen werden, ähnliche Wirkungen erzielen und mechanische Reaktionen auslösen, kann aus ihrer Sicht nicht aufrechterhalten werden.[25]

Neben dem vermeintlich linearen Informationsfluss und einseitig gerichteten Kommunikationsprozess treten eine Reihe verstärkender, abschwächender und gegenläufiger Einflussfaktoren: die Glaubwürdigkeit von Kommunikatoren und das Involvement sowie kognitive Dissonanzen bei den Rezipienten als intervenierende, moderierende Variablen möglicher Kommunikationswirkungen.[26] Der ›Involvement‹-Ansatz von Krugman, das ›Elaboration-Likelihood«-Modell nach Petty/Cacioppo und die ›Theorie der kognitiven Dissonanz‹ nach Festinger (vgl. Schenk/Donnerstag/Höflich 1990: 20 f.) haben gezeigt, dass die zunächst intuitiv plausibel erscheinende Abfolge von Aufmerksamkeit, Wahrnehmung, Information, Wissens- und Einstellungsbildung sowie Verhalten in bestimmten Konstellationen auch in anderer Folge auftreten können.

Zerfaß hat die im Kommunikationsmanagement praktizierte Hierarchisierung von Kommunikationszielen nach Wissen, Einstellungen, Handlungsweisen ebenfalls kritisiert und vorgeschlagen, sie durch die soziale Integration von Mittel- und Zweckkonflikten sowie strittigen Situationsdefinitionen und Handlungsinterpretationen zu ersetzen (Zerfaß 2010: 418). Das kommt einer Erweiterung der Mikroperspektive von Organisationen um die Mesoebene zwischen sozialen Systemen und der Makroperspektive der Gesellschaft gleich, die im Folgenden für das Kampagnenmanagement nutzbar werden soll.

Das Mehrebenen-Modell zur Integration von Mikro-, Meso- und Makroperspektiven

Die Unterscheidung von Mikro-, Meso- und Makroebene wurde von Ronneberger/Rühl in die PR-Theorie eingeführt (Ronneberger/Rühl 1992: 249–280).[27] Danach sind Ziele bzw. Aufgaben auf der Mikroebene der Organisation zu bestimmen, Leistungen in den wechselseitigen Problemlösungsbeiträgen zwischen sozialen Systemen und Funktionen im Beitrag zur gesellschaftlichen Integration.

Auf Kampagnen übertragen bedeutet dies:
- Auf der Mikroebene: Was ist die Rückwirkung von Veränderungen bei Stakeholdergruppen auf die Organisation? Worin besteht der Beitrag der kommunikativen Zielerreichung (Wahrnehmung, Meinung, Unterstützungsbereitschaft) zur strategisch, ökonomisch definierten Wertschöpfung der Organisation? Wie gut gelingt es, Chancen zu nutzen und Risiken zu vermeiden bzw. abzubauen?
- Auf der Meso-Ebene: Was ist die Leistung der Kommunikationskampagne im Nahbereich? Wie wird die Qualität der Kommunikationsbeziehung zwischen Organisation und Stakeholdergruppen durch Klimawahrnehmung und Koorientierung verbessert? Welche Kooperationsgewinne resultieren aus wechselseitigem Verständnis, Einverständnis, Akzeptanz, Konsens und Unterstützungsbereitschaft?
- Auf der Makro-Ebene: Was ist die Funktion der Kampagne für die Gesellschaft als das umfassende Sozialsystem im Fernbereich? Welcher Beitrag wird durch Entzerrung im Themen- und Meinungsklima über Bezugsgruppen hinweg zur ge-

Theorie

sellschaftlichen Zweck- und Mittelabstimmung geleistet? Wie gut gelingt es, die Organisation in die öffentliche Themenagenda einzubinden und auf das öffentliche Meinungsklima abzustimmen und so zur sozialen Integration beizutragen?

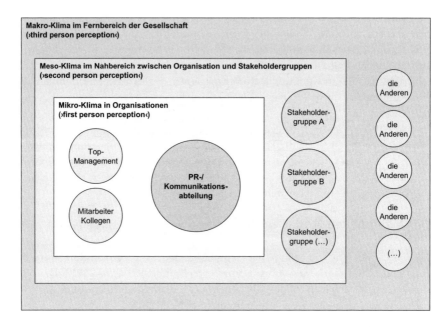

Abb. 2: Mehrebenen-Modell zur Verbindung von Organisation, Stakeholdergruppen und Gesellschaft
Quelle: eigene Darstellung

Szyszka betont, dass alle drei Ebenen zwar grundsätzlich gleichwertig zu behandeln seien, man aber mit Blick auf Kausalität eher von ›Top-down‹-Zusammenhängen auszugehen habe (Szyszka 2004: 150 f.).[28] Ausschließlich auf der Mikro-Ebene angesiedelte Zielbestimmungen gingen an der Komplexität öffentlicher Auseinandersetzungen vorbei und stellten Vereinfachungen dar, die Gefahr liefen ggf. zu scheitern. Damit wird deutlich, dass Ziele auf allen drei Ebenen zu bestimmen, miteinander in Einklang zu bringen und festzulegen sind. Erst ihre Verschränkung ermöglicht eine realistische Einschätzung der effektiven Wirkungspotenziale von Kommunikationskampagnen.

Eine Verknüpfung von Mikro- und Makroperspektive leistet Zerfaß, indem er Integration und Koordination als »zentrale Leistungen der Unternehmenskommunikation« entwickelt (Zerfaß 2010: 149–160; Zerfaß 2007: 29–39, insbes. 30 f.). Er differenziert zwischen kommunikativer Integration im Nah- und Fernbereich. Im ›Nahbereich‹ werden Ziel- und Mittelkonflikte auf Basis der Situationsdefinitionen und Handlungsinterpretationen besser Informierter ausgetragen (Zerfaß 2010: 260–262, 268–270), während im ›Fernbereich‹ abstrakte Interaktions- und Integrationsmechanismen wie Appelle an gemeinsame Vorstellungen greifen (ebd.: 262–282; insbes. 270 f.). Ihre besondere Bedeutung gewinnt die Kommunikation durch ihre Notwendigkeit als Voraussetzung zur sozialen Integration im Fernbereich (ebd.: 263). Hier wird deutlich, warum Kampagnen in der Öffentlichkeit nicht in erster Linie gut informierte Akteure im Nahbereich ansprechen, sondern vielmehr das noch wenig informierte und involvierte Publikum im Fernbereich.

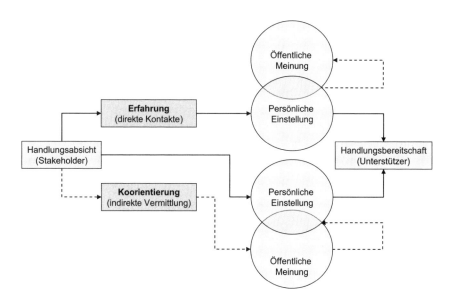

Abb. 3: Verhältnis von persönlicher Einstellung und öffentlicher Meinung im ›Nahbereich‹ (Erfahrung und direkte Kontakte) und ›Fernbereich‹ (indirekte, kommunikative Vermittlung und Koorientierung)
Quelle: eigene Darstellung

Mikro-, Meso- und Makroebene der Kommunikation lassen sich in diesem Sinne mit dem Arena-Modell der Öffentlichkeit nach Gerhards/Neidhardt verbinden: Bezugsgruppen als einfache Interaktionssysteme bzw. spontane, episodische Öffentlichkeiten (›Encounter‹), themenbezogene Veranstaltungen als Versammlungs- bzw. Organisationsöffentlichkeiten und schließlich die Massenmedien bzw. -kommunikation als weitgehend anonyme Publikumsöffentlichkeit (Gerhards/Neidhardt 1990: 20–26).

Managementansätze zur Integration der verschiedenen Dimensionen für die Kampagnenführung bieten die ›Strategy Map‹ nach Kaplan/Norton, die gesellschaftliche, ökonomische und stakeholder-bezogene Perspektiven umfasst, sowie die aus der ›Balanced Scorecard‹ abgeleitete ›Communications Scorecard‹, die Wirkungsstufen der Kommunikation und übergeordnete, strategische Organisationsziele aufeinander abstimmt (vgl. Pfannenberg 2009; Pfannenberg/Zerfaß 2005; Zerfaß/Pfannenberg 2005; Arnold 2005).

Das Koorientierungsmodell zur Analyse von Kommunikationsbeziehungen

Um über medien- und zielgruppenbezogene Effekte hinaus systemische Aspekte in der öffentlichen Kommunikation beschreiben und messen zu können, hat Broom das Koorientierungsmodell nach Scheff, McLeod und Chaffee auf Kommunikationsbeziehungen zwischen Organisationen und ihren Teilöffentlichkeiten übertragen (Broom 1977: 111 f.). Die Anwendung führt, so die Kernthesen Brooms, zu einer Identifikation von Problemen durch Divergenzen bei Definitionen bzw. Wahrnehmungen von Diskussionsgegenständen gemeinsamen Interesses (Broom 1977: 114, 117). Auf dieser Basis lassen sich nützliche Informationen für die Planung und Erstellung von Kommunikationsbotschaften und -programmen gewinnen, die zur Erleichterung von Kommunikation und gegenseitiger Anpassung beitragen sowie zur Überprüfbarkeit des Erfolgs von PR-Maßnahmen aufgrund veränderter Antworten bei Reihenuntersuchungen (Broom 1977: 114–118).[29]

Aus dem Koorientierungsmodell lässt sich auch die besondere Bedeutung von Umfragen in Kommunikationskampagnen ableiten: nicht nur a) zur Identifikation von Wahrnehmungen und Positionen bei Stakeholdergruppen und in der Öffentlichkeit sowie b) möglichen Gegensätzen zu eigenen Wahrnehmungen und Positionen, sondern c) auch als Bestätigung für eigene Positionen, d) als Belege für Fehlwahrnehmungen der Gegenseite und schließlich e) zur Dokumentation von Kampagnenerfolgen. So betont Mauss nicht nur den instrumentellen Einsatz von Umfragen (Mauss 2003: 133), sondern auch die besondere Relevanz für die Fortsetzung und Steuerung von Kampagnen (Mauss 2003: 138).

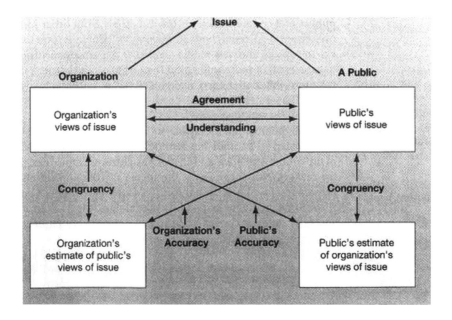

Abb. 4: Adaption des Koorientierungsmodells von Chaffee/McLeod für Beziehungen zwischen Organisationen und ihren Teilöffentlichkeiten
Quelle: Broom 1977: 111; Adaption von Jack M. McLeod, special edition of »American Behavioral Scientist«, 16, no. 4, March–April 1973, pp. 483–488.

Die Evaluation und Steuerung von Kommunikationskampagnen

Die Evaluation und Steuerung von Kommunikationskampagnen zielt auf die systematische und methodisch gestützte Messung, Bewertung und anschließende Optimierung der Effektivität und Effizienz von kommunikativen Interventionsmaßnahmen (Kirchner 1996: 48, 51; Besson 2008: 31; Arnold 2005: 251). Dabei bestehen bis heute offene Fragen zu Problemen und Grenzen der Wirkungs- und Erfolgskontrolle von PR bzw. Unternehmenskommunikation. Sie wurden mehrfach beschrieben, zuletzt in zusammengefasster Form von Mast (2006) und Bürker/Baudisch (2009).

Mast kritisiert den unklaren Bezug von Wirkungen (Veränderung), Wirksamkeit (Soll/Ist) oder Effizienz (Kosten/Nutzen), das »Kausalitätsproblem« bei der Zuordnung zu einzelnen Kommunikationsmaßnahmen, das »Faktorenproblem« bei der Bestimmung im Vergleich zu anderen Einflussgrößen, das »Komplexitätsproblem« bei der Berücksichtigung von Wechsel- und Rückwirkungen und schließlich das »Evaluationsproblem« bei der Bestimmung von Messzeitpunkten (Mast 2006: 173–175). Bürker/Baudisch bemängeln u. a. Interferenzen durch positive und negative Rückkopplungen zwischen verschiedenen Kommunikationsaktivitäten, zeitliche Synergien beziehungsweise Kumulation von Kommunikationswirkungen, verzögertes Einsetzen von Kommunikationswirkungen und Abgrenzen von Planungszeiträumen, die Kontrolle nicht kommunikativer Einflussfaktoren, die kausale Zurechenbarkeit von Veränderungen auf eigene Kommunikationsmaßnahmen und den Nachweis des Ursache-Wirkungs-Zusammenhangs zwischen kommunikativen und unternehmensstrategischen beziehungsweise finanziell/monetären Ergebnissen und Veränderungen (Bürker/Baudisch 2009: 61).

Bürker/Baudisch haben Perspektiven aufgezeigt, wie in der empirischen Sozialforschung erprobte und bewährte Methoden und Instrumente nutzbar gemacht werden können, um diese konzeptionellen Lücken zumindest in Teilen zu schließen. Dazu zählen insbesondere der Einsatz von Kontrollgruppen und der Aufbau von Zeitreihen (ebd.: 65 f.).[30] Die Unterscheidung von Personen, die Kommunikationsaktivitäten wahrgenommen bzw. nicht wahrgenommen haben (›Outtake‹), ermöglicht die Bestimmung des Wirkungsanteils der eigenen Kommunikationsaktivitäten bzw. den Ausschluss anderer Einflussfaktoren wie das Kommunikationsverhalten anderer Akteure, Multiplikatoren und Meinungsbildner. Vorher-nachher-Vergleiche bzw. Zeitreihenanalysen auf Basis von Messungen zu mindestens zwei Zeitpunkten erlauben Aussagen über Veränderungen, die durch Kommunikation erzielt wurden. Und erst die Kombination von beiden Ansätzen lässt empirisch belastbare Aussagen über Ursache-Wirkungs-Zusammenhänge zu.[31] Die Bewertung von Kampagnen erfolgt dann auf Basis von Soll-Ist-, Vorher-nachher- und Wettbewerbsvergleichen sowie Input-Output-Analysen. Entsprechende Wertmaßstäbe sind der Zielerreichungs- bzw. Zielabweichungsgrad, erzielte Veränderungen (in Zeitreihen) und die relative kommunikative Wettbewerbsposition (Benchmarking).

Allerdings erlauben Messungen zu zwei Zeitpunkten noch keine Steuerung der Kampagne. Dafür sind mehrere Messungen mindestens am Ende der einzelnen Kampagnenphasen erforderlich. Die entsprechenden Etappenziele sind idealtypisch dem Wirkungsstufen-Modell nachzubilden: Erzeugen von Aufmerksamkeit in Phase 1 (emotionale Phase) – Vermitteln von Information in Phase 2 (kognitive Phase) – Beeinflussen der Meinungsbildung in Phase 3 (argumentative Phase) – Mobilisieren der Unterstützungsbereitschaft in Phase 4 (appellative Phase). Die Teilziele sind allerdings nicht als sukzessive, sondern vielmehr kontemporäre Folge zu verstehen mit von Phase zu Phase verändertem Schwerpunkt.

Fazit, Schlussfolgerungen und Ausblick

Kommunikation im öffentlichen Raum wird heute aufgrund des Themenwettbewerbs um Aufmerksamkeit meist so angelegt, dass alle Aktivitäten auf die angestrebten Wirkungen hin ausgerichtet werden. Sie orientiert sich dabei an den Aufmerksamkeitsregeln von Medien und Publikum. Daraus resultieren Vereinfachung, Zuspitzung, Emotionalisierung und Personalisierung als zentrale Kennzeichen der Kommunikation. Das professionalisierte ›Differenzmanagement‹ der Kommunikation (›Was?‹, ›Wann?‹, ›Mit wem?‹, ›Über welchen Kanal?‹ usw.)[32] hat zu ›Kampagnen‹ als spezifischer Kommunikationsform geführt.

Besonderes Kennzeichen öffentlicher Kampagnen ist ihre sachliche, zeitliche und soziale Reflexivität. Das heißt: Inhaltliche und formale Wiederholung und Variation im zeitlichen Verlauf und die soziale Orientierung an Wahrnehmungen und Meinungen anderer dienen als Wirkungsverstärker. Dabei »entstehen« drei zu unterscheidende Formen öffentlicher Meinung als Ausgangspunkt, Wirkungsziel und Kommunikationsergebnis:
1. ›öffentliche Meinung‹ als Mehrheit aggregierter, individueller Meinungen auf der ›Outgrowth‹-Ebene;
2. ›veröffentlichte Meinung‹ als in der Medienberichterstattung vorherrschende Meinung auf der ›Output‹-Ebene;
3. das Meinungsklima als kumulierte, individuelle Klimawahrnehmung.

Der Wirkungsprozess verläuft idealtypisch von Kommunikationsaktivitäten (›Input‹) über deren Verfügbarkeit und Präsenz (›Output‹), Wahrnehmung und Erinnerung (›Outtake‹), kumulierter Wissens- und Meinungsbildung (›Outgrowth‹) sowie entsprechenden Veränderungen (›Outcome‹).

Neu in das Wirkungsstufen-Modell aufzunehmen sind das ›Meinungsklima‹ sowie die ›Unterstützungsbereitschaft‹. Das Meinungsklima ist zu ergänzen als Zwischenstufe bzw. Bindeglied zwischen Wahrnehmung von Medientenor und Meinungsverteilung in Bezugsgruppen (›Nahbereich‹) einerseits und der Veränderung persönlicher Meinungen und Einstellungen andererseits. Und die Unterstützungsbereitschaft ist hinzuzufügen als tatsächlichen Verhaltensänderungen vorgängige Prädisposition bzw. Handlungsabsicht im Sinne der kampagnenführenden Organisation. Daran schließen nicht kommunikative, verhaltensbasierte Aus- und Rückwirkungen auf die Organisation im Sinne ihrer übergeordneten, strategischen Ziele (›Outflow‹) an.

Mit diesen zusätzlichen Unterscheidungen lassen sich Kommunikationsprobleme, Kommunikationsziele, Zielgruppen sowie Strategien und Taktiken von Kampagnen im öffentlichen Raum differenzierter, realistischer und valider bestimmen als dies herkömmliche Kommunikationskonzept- und Kommunikationsplanungsmodelle vorsehen. Ein letzter Blick auf die Kontroverse um ›Stuttgart 21‹ scheint zu bestätigen: Wenn etwas von Landesregierung, Stadtverwaltung, Deutscher Bahn und Befürwortern unterschätzt bzw. falsch eingeschätzt wurde, dann war es a) die Wirkungsmacht von Öffentlichkeit und öffentlicher Meinung, b) die Wahrnehmung des Meinungsklimas und c) die latente Bereitschaft der Bevölkerung, die Gegner des Projektes zu unterstützen. Eine realistische Einschätzung hätte vermeiden können, dass aus Unterstützungspotenzialen Unterstützungsverhalten wird, das am Ende immer mehr Menschen zu den Demonstrationen geführt hat, bis schließlich selbst eine jahrzehntelang fest im Sattel sitzende Regierungspartei und der sie führende Ministerpräsident einen Schlichter rufen mussten. Es scheint zuzutreffen, dass Projekte in dieser Größenordnung trotz abgeschlossenem Planfeststellungsverfahren und bereits abgeschlossenen Verträgen umkehrbar bleiben werden, solange der demokratische Souverän dies will und als richtig erachtet. Dafür ist nach heutiger Einschätzung keine Abstimmungsmehrheit mehr notwendig, es genügt der bloße, durch Kommunikation erzeugte (Ein)Druck. Und dazu können nicht zuletzt auch Kampagnen beitragen.

Anmerkungen

[1] Mit diesem Begriff ist im Anschluss an Positionen des ›Radikalen Konstruktivismus‹ bei den »Konstrukteuren« weder Bewusstsein, noch Absicht unterstellt. Grundlegend vgl. Glasersfeld 1985, Schmidt 1988 und Watzlawick 1990. Für die PR-Wissenschaft vgl. Merten 2008 und 1994.
[2] Strategen erkennen darin den Unterschied zwischen ›plan‹ und ›pattern‹ bei Mintzberg/Ahlstrand/Lampel (2005: 23–26).
[3] Zu Fallbeispielen für die Grauzone von Grassroots-Kampagnen und Astroturfing von Unternehmen und Lobbyverbänden u. a. von Ryanair, Easyjet, Glaxo-Smith-Kline, Southwest Airlines und Credit Unions vgl. Althaus (Hrsg.) 2007.
[4] Ausführlich: Nuernbergk 2006.
[5] Dieser Umstand ist in den Sozialwissenschaften als »Thomas-Theorem« bekannt: »If men define situations as real, they are real in their consequences« (Thomas/Thomas 1928: 572).
[6] Als Beispiel für das Ausblenden der Unterschiede und die Gleichsetzung von PR-Kommunikation und PR-Kampagnen dient Puttentat (2007: insbes. 27, 36).
[7] Zu Beispielen für »negative campaigning« im Wahlkampf zum US-Senat vgl. Lau/Pomper 2004. Die Autoren belegen exemplarisch den positiven Zusammenhang zwischen »campaign tone and campaign spending« und Wahlabsicht. Sie zeigen außerdem, dass Negativkampagnen mit zunehmender Intensität stärker mit der Wahlabsicht korrelieren als Positivkampagnen. In weiteren Analysen können sie zeigen, dass dies aber in erster Linie für Befragte mit wenigen Kampagnenkon-

takten (»low exposure«) gilt, während mit der Zahl der Kontakte die Wirksamkeit von Positivkampagnen stärker steigt (Lau/Pomper 2004: 82 – 83).

8 Damit fallen die Begriffe ›Kampagne‹ und ›Kommunikationskampagne‹ letztlich zusammen. In diesem Sinne werden sie im Folgenden synonym verwendet.

9 Merten hat ›Reflexivität‹ in einer umfassenden Analyse von 160 Kommunikationsbegriffen gar als einziges, gemeinsames Kriterium und notwendige sowie hinreichende Bedingung für Kommunikation bestimmt (Merten 1977).

10 Womit – anders als in der PR-Literatur häufig anzutreffen – noch kein Dialog unterstellt ist. Man kann auch aneinander vorbeireden (vgl. exemplarisch Schulze-Fürstenow 2001, Leipziger 2004 und Lange 2005).

11 Zum nicht unproblematischen Verhältnis von Theorie und Praxis in PR-Beruf und -Wissenschaft vgl. Bürker 1997.

12 Zur ›Kontingenz‹ als »Negation von Unmöglichkeit und Notwendigkeit« vgl. Luhmann (1986: 171; 1988: 152). Als ›doppelte Kontingenz‹ bezeichnet Luhmann die prinzipielle Möglichkeit auf beiden Seiten der Kommunikation auf unterschiedliche Weise etwas mitzuteilen, zu informieren, zu meinen und zu verstehen (Luhmann 1988: 47, 148 – 190, insbes. 152 – 154).

13 Evolution wird hier verstanden als Entwicklung bzw. Entfaltung von Systemen in Wechselwirkung mit ihrer jeweiligen Umwelt. Zum Begriff der Evolution und ihren Konsequenzen in der Sozialtheorie vgl. ausführlich Luhmann (1990b: 549 – 615). Auf evolutionstheoretische Ansätze als »neuere Strömung« der Organisationstheorie, die an die Systemtheorie anschließen, verweist Schreyögg (2008: 73, 273 – 276). Er bezeichnet ›Variation‹, ›Selektion‹ und ›Retention‹ als die drei basalen Mechanismen der Evolution von Organisationen und beschreibt deren Implikationen für das Management (274 f.).

14 Vgl. exemplarisch Röttger 2006b, Saxer 2006 und Vowe 2006.

15 Das führt bei Neidhardt zu der programmatischen Formulierung: »Öffentlichkeit entsteht dort, wo ein Sprecher vor einem Publikum kommuniziert, dessen Grenzen er nicht bestimmen kann« (Neidhardt 1994: 10).

16 Merten/Westerbarkey verweisen in diesem Zusammenhang auf Parallelen mit der Theorie der Schweigespirale:»Unter dieser Perspektive ist auch die Erklärung der öffentlichen Meinung, wie sie Elisabeth Noelle-Neumann durch die ›Schweigespirale‹ vornimmt, zu verstehen, nämlich ebenfalls als Prozeß, der gerade nicht an reale Meinungsverteilungen zu binden ist« (Merten/Westerbarkey 1994: 207).

17 Auch Szyszka bestimmt die Öffentlichkeit von Organisationen kommunikationstheoretisch als deren physische Anwesenheit bzw. Wahrnehmbarkeit durch ihre Umwelt (Szyszka 1993: 203 – 205) und setzt sie mit dem Markt gleich: »Öffentlichkeit ist Markt« (Szyszka 1993: 208). An anderer Stelle spricht er von ›Meinungsmärkten‹ (Szyszka 2004: 162 f.).

[18] Diese Formulierung geht auf Habermas zurück, dessen 1962 veröffentlichte Habilitationsschrift diesen Titel trägt.

[19] Eine Fortsetzung des Strukturwandels zeichnet sich im Internet und den neuen sozialen Medien ab: Im Zeichen des ›aktiven Publikums‹, das sich – wie schon in den Amphitheatern des griechischen Altertums – nicht damit begnügt, Zuschauer zu sein und gelegentlich zu applaudieren, sondern selbst kommuniziert, v.a. mit Personen in der (un)mittelbaren Nähe.

[20] Es basiert auf den Theoremen des ›Symbolischen Interaktionismus‹ nach Mead (1973: v.a. 131 f., 239, 301).

[21] Grundlegend vgl. O'Gorman/Garry 1976 und Fields/Schuman 1976.

[22] Hier schließen Überlegungen an, die in Analogie zu Clausewitz nicht nur danach fragen, was »in« der Kommunikation erreicht werden soll, sondern auch »mit« ihr (vgl. Clausewitz 952; zit. n. Oetinger/Ghyczy/Bassford 2006: 194).

[23] Die meisten amerikanischen PR-Autoren verwenden dafür die Bezeichnung ›business outcome‹ (vgl. Jeffrey/Michaelson/Stacks 2006).

[24] So unterscheiden auch Grunig/Hunt (1984: 192 f.) das Ankommen der Botschaften (›communications alone‹), Verstehen und Erinnern von Botschaften (›retention of messages‹) und die Veränderung von Meinungen und Einstellungen (›formation or change of an attitude‹) sowie Veränderungen von Verhalten (›overt behavior‹).

[25] So auch Merten in seiner Kritik der Grundannahmen und Implikationen des klassischen Stimulus-Response-Modells. Dazu zählt er u. a.: Kausalität, verursachende Stimuli statt Symbolen und Zeichen, den Ausschluss sozialer bzw. situativer Randbedingungen, den einseitigen Transfer von Information, gleichartige Mediennutzung ohne individuelle Selektivität, die Gleichsinnigkeit von Sender/Mitteilung und Empfänger/Verstehen, die Veränderung als Wirkung sowie eine Korrelation von Stimulus und Wirkung (Merten 1991: 36–44).

[26] So berücksichtigen Bonfadelli/Friemel die Prozessperspektive von Kampagnen und integrieren Prädispositionen in unterschiedlichen Zielgruppensegmenten sowie externe Einflussfaktoren (Bonfadelli/Friemel 2006: 56–62, 66–68).

[27] Zur Mikro-, Meso- und Makro-Perspektive in der PR-Theorie vgl. auch Kunczik (1993: 73 f.).

[28] Die Adaption der Systematik von Luhmann bleibt bei allen Autoren allerdings inkonsistent bzw. unscharf: So bezeichnet Luhmann die Mikro-Ebene nicht als ›Aufgabe‹, sondern als ›Reflexion‹ und setzt bei der Systembildung nicht mit ›Handlung‹, sondern bereits mit der nicht auf Handlung(en) reduzierbaren ›Interaktion‹ an (Luhmann 1988: 16 f., 551–557).

[29] Eine weitere Perspektive für das Kommunikations- und Kampagnenmanagement eröffnet die Verschiebung des Zentrums der Koorientierung von der Organisation auf die Zielgruppen und die Verbindung mit der Klimawahrnehmung in Be-

zugsgruppen und Öffentlichkeit (vgl. Bürker, Veröffentlichung geplant für 2011).

[30] Die Forderung nach Pre- und Post-Test-Designs einschließlich Kontrollgruppen wurde bereits von Lindenmann erhoben, ist aber in der PR- und Kommunikationspraxis weitgehend unberücksichtigt geblieben (Lindenmann 1997: 38–44).

[31] Valente zeigt eine Systematik von Untersuchungsdesigns für Kampagnen mit steigender Aussagekraft von Einmal- und Zweimalmessungen, ohne und mit Kontrollgruppen bis hin zum ›Solomon four group design‹ mit weiteren Versuchs- und Kontrollgruppen (Valente 2001: 110–114).

[32] Vgl. Merten (2008: 34–36).

Literatur

Althaus, Marco (Hrsg.) (2007): Kampagne! 3. Neue Strategien im Grassroots Lobbying für Unternehmen und Verbände, Münster, Hamburg, London.

Arnold, Sabine (2005): »Moderne Ansätze der PR-Evaluation. Potenziale der Balanced Scorecard«, in: Klewes, Joachim (Hrsg.): Unternehmenskommunikation auf dem Prüfstand. Aktuelle empirische Ergebnisse zum Reputation Marketing. Wiesbaden, S. 251–296.

Besson, Nanette Aimèe (2008): Strategische PR-Evaluation. Erfassung, Bewertung und Kontrolle von Öffentlichkeitsarbeit. Wiesbaden.

Bonfadelli, Heinz (2004): Medienwirkungsforschung I. Grundlagen, 3. Auflage, Konstanz.

Bonfadelli, Heinz/Friemel, Thomas (2006): Kommunikationskampagnen im Gesundheitsbereich. Grundlagen und Anwendungen. Konstanz.

Broom, Glen M. (1977): Coorientational Measurement of Public Issues. Public Relations Review 3, Heft 4, S. 110–119.

Bürker, Michael (1997): »›Denn sie wissen nicht, was sie tun‹: Das Verhältnis von Theorie und Praxis der Public Relations aus systemischer Perspektive. Am Beispiel des praxisorientierten Studienschwerpunkts am Institut für Kommunikationswissenschaft der Ludwig-Maximilians-Universität München«, in: Jäger, Georg/Schönert, Jörg (Hrsg.): Wissenschaft und Berufspraxis. Angewandtes Wissen und praxisorientierte Studiengänge in den Sprach-, Literatur-, Kultur- und Medienwissenschaften. Paderborn, München, Wien, Zürich, S. 195–217.

Bürker, Michael (geplant für 2011): »Die unsichtbaren Dritten«. Klimawahrnehmung und Koorientierung als Kriterien zur systemischen Steuerung der sozialen Evolution von Organisationen in Public Relations und strategischem Kommunikationsmanagement. Universität München: unveröffentlichte Dissertation.

Bürker, Michael/Baudisch, Sabine (2009): »Welcher Erfolg? Welche Kommunikation? Welche Ursache? Status quo, offene Fragen und Lösungsansätze für Evaluation und Controlling von Unternehmenskommunikation«, in: PR Magazin 40, Heft 4, S. 61–68.

Burkart, Roland (1993): »Verständigungsorientierte Öffentlichkeitsarbeit – Ein Transformationsversuch der Theorie des kommunikativen Handelns«, in: Bentele, Günther/Rühl, Manfred (Hrsg.): Theorien öffentlicher Kommunikation. Problemfelder, Positionen, Perspektiven. München, S. 218–227.

Davison, Phillips W. (1983): »The Third-Person Effect in Communication«, in: Public Opinion Quarterly 47, S. 1–15.

Davison, Phillips W. (1996): »The Third-Person Effect Revisited«, in: Int. Journal of Public Opinion Research 8, S. 113–119.

Donges, Patrick (2006): »Politische Kampagnen«, in: Röttger, Ulrike (Hrsg.): PR-Kampagnen. Über die Inszenierung von Öffentlichkeit. 3. überarb. u. erw. Aufl. Wiesbaden, S. 123–138.

Eisenegger, Mark (2005): Reputation in der Mediengesellschaft. Wiesbaden, S. 49–58.

Gerhards Jürgen/Neidhardt, Friedhelm (1990): Strukturen und Funktionen moderner Öffentlichkeit. Fragestellungen und Ansätze. Veröffentlichungsreihe der Abteilung Öffentlichkeit und soziale Bewegung des Forschungsschwerpunkts Sozialer Wandel, Institutionen und Vermittlungsprozesse des Wissenschaftszentrums Berlin für Sozialforschung. Berlin: Wissenschaftszentrum Berlin für Sozialforschung gGmbH WZB (PDF). http://bibliothek.wzb.eu/pdf/1990/iii90-101.pdf (26.08.2008).

Glasersfeld, Ernst von (1985): »Konstruktion der Wirklichkeit und des Begriffs der Objektivität. Einführung in den Konstruktivismus«, in: Schriften der Siemens Stiftung 10. München, S. 1–26.

Grunig, James E./Hunt, Todd (1984): Managing Public Relations. New York.

Imhof, Kurt (2006): Politik im »neuen« Strukturwandel der Öffentlichkeit. fög discussion paper GL-2006-0010. fög-Forschungsbereich Öffentlichkeit und Gesellschaft, Zürich, 29 S. http://www.foeg.unizh.ch/staging/userfiles/file/Deutsch/f%C3%B6g%20discussion%20papers/GL-2006-0010_Politik_und_Medien.pdf (24.03.2010).

Jeffrey, Angela/Michaelson, David/Stacks, Don (2006): Exploring the Link Between Volume of Media Coverage and Business Outcomes. Gainesville: Institute for Public Relations, 10 S. http://www.instituteforpr.org/files/uploads/Media_Coverage_Business06.pdf (21.05.2008)

Kirchner, Karin (1996): »Evaluation von Public Relations. Ansatz zur Modellierung anhand empirischer Fallstudien von amerikanischen Großunternehmen«, in: PR Magazin 27, Heft 10, S. 48–59.

Kunczik, Michael (1993): Public Relations – Konzepte und Theorien. Köln.

Lange, Mirko (2005): »Das Communication Value System der GPRA«, in: Pfannenberg, Jörg/Zerfaß, Ansgar (Hrsg.): Wertschöpfung durch Kommunikation. Frankfurt/M., S. 199–211.

Lau, Richard R./Pomper, Gerald M. (2004): Negative Campaigning. An Analysis of US Senate Elections. Lanham: Rowman & Littlefield Publishers.

Leggewie, Claus (2006): »Kampagnenpolitik. Eine nicht ganz neue Form politischer Mobilisierung«, in: Röttger, Ulrike (Hrsg.): PR-Kampagnen. Über die Inszenierung von Öffentlichkeit. 3. überarb. u. erw. Aufl. Wiesbaden, S. 119–122.

Leipziger, Jürg W. (2004): Konzepte entwickeln. Handfeste Anleitungen für bessere Kommunikation. Frankfurt/M.

Liehr, Kerstin/Peters, Paul/Zerfaß, Ansgar (2009): Reputationsmessung: Grundlagen und Verfahren. Buchele, Mark-Steffen/Storck, Christopher/Zerfaß, Ansgar (Hrsg.). (www.communicationcontrolling.de, Dossier Nr. 1) Berlin/Leipzig: DPRG/Universität Leipzig, 17 S. http://www.communicationcontrolling.de/fileadmin/communicationcontrolling/pdf-dossiers/communicationcontrolling-de_Dossier1_Reputationsmessung_April2009_o.pdf (26.04.2009)

Lindenmann, Walter K. (1997): »Measurement in PR – International experiences«, in: Arbeitskreis Evaluation der GPRA (Hrsg.): Evaluation von Public Relations. Dokumentation einer Fachtagung. Professionelle Kommunikation 1. Frankfurt/M.: IMK, S. 26–44.

Lindenmann, Walter K. (2003): Guidelines for Measuring the Effectiveness of PR Programs and Activities. Gainesville: Institute for Public Relations, 30 S. http://www.instituteforpr.org/files/uploads/2002_MeasuringPrograms_1.pdf (21.05.2008).

Luhmann, Niklas (1974): »Öffentliche Meinung«, in: Langenbucher, Wolfgang R. (Hrsg.): Zur Theorie der politischen Kommunikation. München, S. 41–51.

Luhmann, Niklas (1986): »Einführende Bemerkungen zu einer Theorie symbolisch generalisierter Kommunikationsmedien«, in: Soziologische Aufklärung 2: Aufsätze zur Theorie der Gesellschaft. 3. Aufl. Opladen, S. 170–192.

Luhmann, Niklas (1988): Soziale Systeme: Grundriß einer allgemeinen Theorie. 2. Aufl. Frankfurt/M.

Luhmann, Niklas (1990a): »Gesellschaftliche Komplexität und öffentliche Meinung«, in: Soziologische Aufklärung 5: Konstruktivistische Perspektiven. Opladen, S. 170–182.

Luhmann, Niklas (1990b): Die Wissenschaft der Gesellschaft. Frankfurt/M.

Luhmann, Niklas (1992): »Die Beobachtung der Beobachter im politischen System: Zur Theorie der Öffentlichen Meinung«, in: Wilke, Jürgen (Hrsg.): Öffentliche Meinung – Theorie, Methoden, Befunde: Beiträge zu Ehren von Elisabeth Noelle-Neumann. Freiburg/Br./München, S. 77–86.

Mast, Claudia (2006): Unternehmenskommunikation. Ein Leitfaden. 2. Auflage. Stuttgart.

Mauss, Alexander (2003): »Umfrageforschung. Wissen was andere denken«, in: Althaus, Marco (Hrsg.): Kampagne! 2: neue Strategien für Wahlkampf, PR und Lobbying. Münster, Hamburg, London, S. 132–150.

McLeod, Jack M./Chaffee, Steven H. (1973): »Interpersonal Approaches to Communication Research«, in: American Behavioral Scientist 16, Heft 4, S. 469–499.

Mead, George Herbert (1973): Geist, Identität und Gesellschaft aus der Sicht des Sozialbehaviorismus. Frankfurt/M., 1973 (amerikanische Erstausgabe 1934).

Merten, Klaus (1977): Kommunikation: Eine Begriffs- und Prozeßanalyse. Studien zur Sozialwissenschaft 35. Opladen.

Merten, Klaus (1991): »Artefakte der Medienwirkungsforschung: Kritik klassischer Annahmen«, in: Publizistik 36, Heft 1, S. 36–55.

Merten, Klaus (1994): »Wirkungen von Kommunikation«, in: Merten, Klaus/ Schmidt, Siegfried J./ Weischenberg, Siegfried: Die Wirklichkeit der Medien. Eine Einführung in die Kommunikationswissenschaft. Opladen, S. 291–328.

Merten, Klaus (2008): »Was sind Public Relations«, in: Bentele, Günther/Piwinger, Manfred/Schönborn, Gregor (Hrsg.): Kommunikationsmanagement. Strategien, Wissen, Lösungen (Loseblattwerk). Beitrag 8.27. Neuwied, 2001 ff., S. 1–43.

Merten, Klaus (2009): »Wirkungen von Kommunikation«, in: Bentele, Günther; Piwinger, Manfred/Schönborn, Gregor (Hrsg.): Kommunikationsmanagement. Strategien, Wissen, Lösungen (Loseblattwerk). Beitrag 8.31. Neuwied, 2001 ff., S. 1–33.

Merten, Klaus; Westerbarkey, Joachim (1994): »Public Opinion und Public Relations«, in: Merten, Klaus/Schmidt, Siegfried J./Weischenberg, Siegfried: Die Wirklichkeit der Medien. Eine Einführung in die Kommunikationswissenschaft. Opladen, S. 188–211.

Mintzberg, Henry/Ahlstrand, Bruce/Lampel, Joseph (2005): Strategy Safari. Eine Reise durch die Wildnis des strategischen Managements. München.

Neidhardt, Friedhelm (1994): »Öffentlichkeit, öffentliche Meinung, soziale Bewegungen«, in: Neidhardt, Friedhelm (Hrsg.): Öffentlichkeit, öffentliche Meinung, soziale Bewegungen. Kölner Zeitschrift für Soziologie und Sozialpsychologie. Sonderheft 34, S. 7–41.

Newcomb, Theodore M. (1953): An Approach to the Study of Communicative Acts, in: Psychological Review 60, S. 393–404.

Noelle-Neumann, Elisabeth (1973): »Kumulation, Konsonanz und Öffentlichkeitseffekt. Ein neuer Ansatz zur Analyse der Wirkung der Massenmedien«, in: Publizistik 18, Heft 1, S. 26–55.

Noelle-Neumann, Elisabeth (1978): »Unruhe im Meinungsklima. Methodologische Anwendungen der Theorie der Schweigespirale«, in: Publizistik 23, Heft 1/2, S. 19–31.

Noelle-Neumann, Elisabeth (1989a): »Die Theorie der Schweigespirale als Instrument der Medienwirkungsforschung«, in: Kaase, Max/Schulz, Winfried (Hrsg.): Massenkommunikation. Theorien, Methoden, Befunde. Kölner Zeitschrift für Soziologie und Sozialpsychologie Sonderheft 30, S. 418–440.

Noelle-Neumann, Elisabeth (1989b): »Öffentliche Meinung«, in: Noelle-Neumann, Elisabeth; Schulz, Winfried/Wilke, Jürgen (Hrsg.): Fischer Lexikon Publizistik Massenkommunikation, S. 255–266.

Noelle-Neumann, Elisabeth (1991): Öffentliche Meinung: Die Entdeckung der Schweigespirale. Erw. Ausgabe. Berlin/Frankfurt/M.

Nuernbergk, Christian (2006): »Die PR-Kampagne der Initiative Neue Soziale Marktwirtschaft und ihr Erfolg in den Medien. Erste Ergebnisse einer Evaluationsstudie«, in: Röttger, Ulrike (Hrsg.): PR-Kampagnen. Über die Inszenierung von Öffentlichkeit. 3. überarb. u. erw. Aufl. Wiesbaden, S. 157–177.

Oetinger, Bolko von/Ghyczy, Tina/Bassford, Christopher (Hrsg.): Clausewitz. Strategie denken (2006). 5. Aufl. München.

Pfannenberg, Jörg (2009): Die Balanced Scorecard im strategischen Kommunikations-Controlling. Buchele, Mark-Steffen/Storck, Christopher/Zerfaß, Ansgar. (www.communicationcontrolling.de Dossier Nr. 2) Berlin/Leipzig: DPRG/ Universität Leipzig, 31 S. http://www.communicationcontrolling.de/fileadmin/ communicationcontrolling/pdf-dossiers/communicationcontrollingde_Dossier2_BSC_August2009.pdf (17.11.2009)

Pfannenberg, Jörg; Zerfaß, Ansgar (2005): »Wertschöpfung durch Kommunikation – Thesenpapier der DPRG zum strategischen Kommunikations-Controlling in Unternehmen und Institutionen«, in: Pfannenberg, Jörg/Zerfaß, Ansgar (Hrsg.): Wertschöpfung durch Kommunikation. Frankfurt/M., 2005, S. 184–198.

Puttentat, Daniela (2007): Praxishandbuch Presse- und Öffentlichkeitsarbeit: Eine Einführung in die professionelle PR und Unternehmenskommunikation. Wiesbaden.

Rolke, Lothar (2006): Kommunikations-Controlling – Die Steuerung eines weichen Erfolgsfaktors. PR-Journal, 15 S. http://www.pr-journal.de/images/stories/ downloads/rolke-text%20kom-control%202006-01-15.pdf (22.08.2007)

Ronneberger, Franz; Rühl, Manfred (1992): Theorie der Public Relations: Ein Entwurf. Opladen.

Röttger, Ulrike (2006a): »Campaigns (f)or a better World«, in: Röttger, Ulrike (Hrsg.): PR-Kampagnen. Über die Inszenierung von Öffentlichkeit. 3. überarb. u. erw. Aufl. Wiesbaden, S. 9–24.

Röttger, Ulrike (Hrsg.) (2006b): PR-Kampagnen. Über die Inszenierung von Öffentlichkeit. 3. überarb. u. erw. Aufl. Wiesbaden.

Röttger, Ulrike (2007): »Kampagnen planen und steuern: Inszenierungsstrategien in der Öffentlichkeit«, in: Piwinger, Manfred/Zerfaß, Ansgar (Hrsg.): Handbuch Unternehmenskommunikation. Wiesbaden, S. 381–396.

Saxer, Ulrich (2006): »PR-Kampagnen, Medienöffentlichkeit und politischer Entscheidungsprozess. Eine Fallstudie zu schweizerischen Abstimmung über den EWR«, in: Röttger, Ulrike (Hrsg.): PR-Kampagnen. Über die Inszenierung von Öffentlichkeit. 3. überarb. u. erw. Aufl. Wiesbaden, S. 27–49.

Scheff, Thomas J. (1967): »Toward a Sociological Model of Consensus«, in: American Sociological Review 32, S. 32–46.

Schenk, Michael (2007): Medienwirkungsforschung. 3. vollst. überarb. Aufl. Tübingen.

Schenk, Michael/Donnerstag, Joachim/Höflich, Joachim (1990): Wirkungen der Werbekommunikation. Köln; Wien.

Schmidt, Siegfried J.(Hrsg.) (1988): Der Diskurs des Radikalen Konstruktivismus. 2. Aufl. Frankfurt/M.

Schreyögg, Georg (2008): Organisation. Grundlagen moderner Organisationsgestaltung. 5. vollst. überarb. u. erw. Aufl. Wiesbaden.

Schulze-Fürstenow, Günther (2001): »Konzeptionsmodell für gesellschaftsorientierte Public Relations«, in: Bentele, Günther/Piwinger, Manfred/Schönborn, Gregor (Hrsg.): Kommunikationsmanagement. Strategien, Wissen, Lösungen (Loseblattwerk). Beitrag 4.02. Neuwied, S. 1–14.

Signitzer, Benno (1993): »Grundlagen strategischer Public Relations«, in: Reiter, Walter/Streibel, Robert (Hrsg.): Öffentlichkeitsarbeit für Bildungs- und Sozialinitiativen, Ein Handbuch. Wien, S. 65–67.

Signitzer, Benno (1989): »Aspekte neuerer Public Relationstheorie und wissenschaftlicher PR-Beratung«, in: PR-Magazin, 20 Heft 11, S. 31–42.

Szyszka, Peter (1993): »Öffentlichkeit als konstituierendes Prinzip der Public Relations«, in: Faulstich, Werner (Hrsg.): Konzepte von Öffentlichkeit. 3. Lüneburger Kolloquium zur Medienwissenschaft. IfaM-Arbeitsberichte 11. Bardowick, S. 195–214.

Szyszka, Peter (2004): »PR-Arbeit als Organisationsfunktion«, in: Röttger, Ulrike (Hrsg.): Theorien der Public Relations. Grundlagen und Perspektiven der PR-Forschung. Wiesbaden, S. 149–168.

Theis-Berglmair, Anna Maria (2008): »Öffentlichkeit und öffentliche Meinung«, in: Bentele, Günther/Fröhlich, Romy/Szyszka, Peter (Hrsg.): Handbuch der Public Relations. Wissenschaftliche Grundlagen und berufspraktisches Handeln. 2. korr. u. erw. Aufl. Wiesbaden, S. 335–345.

Thomas, William Isaac/Thomas, Dorothy Swaine (1928): The Child in America: Behavior Problems and Programs.

Valente, Thomas W. (2001): »Evaluating Communication Campaigns«, in: Rice, Ronald E./Atkin, Charles K. (Hrsg.): Public Communication Campaigns. 3. Aufl. Thousand Oaks, S. 105–124.

Vowe, Gerhard (2006): »Feldzüge um die öffentliche Meinung«. Politische Kommunikation in Kampagnen am Beispiel von Brent Spar und Mururoa, in: Röttger, Ulrike (Hrsg.): PR-Kampagnen. Über die Inszenierung von Öffentlichkeit. 3. überarb. u. erw. Aufl. Wiesbaden, S. 75–94.

Watzlawick, Paul (Hrsg.) (1990): Die erfundene Wirklichkeit: Wie wissen wir, was wir zu wissen glauben? Beiträge zum Konstruktivismus. 6. Aufl. München.

Westerbarkey, Joachim (1993): »Virtuelle Publizität. Öffentlichkeit als imaginäres Kommunikationssystem«, in: Faulstich, Werner (Hrsg.): Konzepte von Öffentlichkeit. 3. Lüneburger Kolloquium zur Medienwissenschaft. IfaM-Arbeitsberichte 11. Bardowick, S. 83–100.

Westerbarkey, Joachim (1995): »Journalismus und Öffentlichkeit. Aspekte publizistischer Interdependenz und Interpenetration«, in: Publizistik 40, Heft 2, S. 152–162.

Wiedmann, Klaus-Peter/Fombrun, Charles J./Riel, Cees B. M. (2005): »Reputation messen und vergleichen: Der Reputation Quotient deutscher Unternehmen im internationalen Vergleich«, in: Pfannenberg, Jörg/Zerfaß, Ansgar (Hrsg.): Wertschöpfung durch Kommunikation. Frankfurt/M., S. 48–59.

Wiedmann, Klaus-Peter/Fombrun, Charles J./Riel, Cees B. M. (2007): »Reputationsanalyse mit dem Reputation Quotient«, in: Piwinger, Manfred/Zerfaß, Ansgar (Hrsg.): Handbuch Unternehmenskommunikation. Wiesbaden, S. 321–337.

Zerfaß, Ansgar (2007): »Unternehmenskommunikation und Kommunikationsmanagement: Grundlagen, Wertschöpfung, Integration«, in: Piwinger, Manfred/Zerfaß, Ansgar (Hrsg.): Handbuch Unternehmenskommunikation. Wiesbaden, S. 21–70.

Zerfaß, Ansgar (2010): Unternehmensführung und Öffentlichkeitsarbeit. Grundlegung einer Theorie der Unternehmenskommunikation und Public Relations. 3. akt. Aufl. Wiesbaden.

Zerfaß, Ansgar; Pfannenberg, Jörg (2005): »Kommunikations-Controlling: Neue Herausforderungen für das Management«, in: Pfannenberg, Jörg/Zerfaß, Ansgar (Hrsg.): Wertschöpfung durch Kommunikation. Frankfurt/M., S. 14–26.

3 Wirkungsforschung zu Kampagnen – was funktioniert?

Ralf Spiller

Einführung
Welche Strategien führen bei Kampagnen zum Erfolg? Sind dies eher Humor- oder Angststrategien? Sollten zur Emotionalisierung drastische Bilder eingesetzt werden? Ist Emotionalisierung überhaupt der richtige Ansatz, um breitere Zielgruppen nachhaltig zu erreichen und zu einem bestimmten Verhalten zu bewegen?

Diese und ähnliche Fragen zur Wirkung von Kampagnen bei Rezipienten sind schwer zu beantworten. Dies spiegelt sich in den Forschungsarbeiten zu Medienwirkungen wider. Es gibt viele unterschiedliche theoretische Ansätze, viele davon sind eher fragmentarisch geblieben, die Integration der vielen Einzelbefunde blieb mangelhaft (Bonfadelli 2004a: 27). Erschwerend kommt hinzu, dass sich im Verlauf der Jahrzehnte der Gegenstand der Medienwirkungsforschung verändert hat, ebenso wie zentrale Fragestellungen als auch die theoretischen Ansätze zur Erklärung von Verhaltensänderungen durch Medienkonsum bzw. Kampagnen. Insgesamt gibt es daher eher wenig gesicherte Erkenntnisse zur komplexen Dynamik von Wissen, Einstellungen und den dadurch beeinflussten Verhaltensweisen, die durch Kommunikationsmittel initiiert werden (ebd.: 21).

Trotz der komplexen Forschungslage soll im Folgenden versucht werden, einen kurzen Überblick zu geben, welche Leitlinien und Empfehlungen aus der bisherigen wissenschaftlichen Literatur zur Wirkungsforschung von Kampagnen festgehalten werden können.

Historische Betrachtung
Noch in den 1940er-, 50er- und 60er-Jahren wurde infrage gestellt, ob Kommunikationskampagnen überhaupt eine Wirkung entfalten. Dabei wurde überwiegend mit sozialpsychologischen Kommunikationsbarrieren argumentiert, etwa dass Kampagnen das Zielpublikum häufig gar nicht erreichen würden. Zudem würden wegen selektiver Aufmerksamkeit und selektiver Informationsverarbeitung vor allem solche Personen die Kampagneninformationen aufnehmen, die ohnehin schon interessiert und über den Kampagnengegenstand gut informiert sind (Hyman/

Sheatsley 1947). Diese theoretischen Aussagen konnten später in verschiedenen empirischen Studien nachgewiesen werden (Star/Hughes 1950).

In den 1970er-Jahren wandelte sich diese Auffassung aufgrund neuer theoretischer Ansätze und differenzierterer empirischer Forschung. Medien wurden nun durchaus mäßige und unter bestimmten Rahmenbedingungen auch starke Wirkungen auf Menschen zugeschrieben (Mendelson 1973).

In den 1980er- und 90er-Jahren wurden zunehmend einzelne Kampagnen evaluiert und in der Folge auch einige quantitative Metaanalysen durchgeführt, die die Ergebnisse einzelner Studien zusammenfassten (Snyder/Hamilton 2002, Derzon/Lipsey 2002). So stellten Snyder/Hamilton aufgrund einer Analyse von 48 Gesundheitskampagnen fest, dass im Durchschnitt 9 Prozent mehr Personen das empfohlene Verhalten an den Tag legen als noch vor der Kampagne (Snyder/Hamilton 2002: 375).

Mittlerweile dürfte als bewiesen gelten, dass Kommunikationskampagnen in unterschiedlichem Maß Wissen, Einstellungen und Verhalten beeinflussen können (Hornik 2002).

Evaluation von Kampagnen

Kommunikationskampagnen unterliegen verschiedenen Einflussfaktoren und Wirkungszusammenhängen. Je transparenter diese im Vorfeld gemacht werden, desto besser kann eine Kampagne aufgesetzt, gesteuert und evaluiert werden.

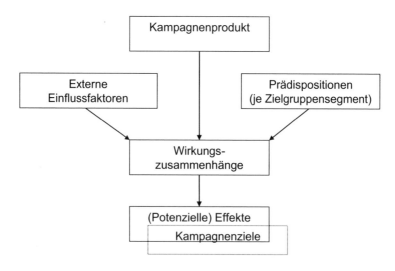

Visualisiertes Kampagnen-Effekt-Modell nach Bonfadelli/Friemel (2006: 67)

Allen Kampagnen liegt ein grundlegendes Modell zugrunde (Abb. 1). Es gibt ein Kampagnenprodukt, das auf eine mehr oder weniger stark geprägte Disposition der Zielgruppe trifft. Hinzu kommen externe Einflussfaktoren, z. B. andere Medienereignisse, die eine Kampagne beeinflussen oder sogar überlagern können. Zwischen diesen drei Aspekten bestehen psychologische und soziologische Wirkungszusammenhänge, die (potenzielle) Effekte bei den Rezipienten von Kampagnen auslösen. Im Idealfall decken sich diese mit den Kampagnenzielen.

Bei der Evaluation von Kampagnen werden in der Regel drei Phasen unterschieden: Ausgangslage, Prozess und Resultat. Die Sammlung von Informationen zur Konzeption der Kampagne findet vor der Umsetzung statt (ex ante). Während die Kampagne läuft, sollte sie laufend kontrolliert werden (formative Evaluation). Nach ihrem Abschluss sollte geprüft werden, ob die verschiedenen Kampagnenziele erreicht wurden (summative Evaluation).

Um Veränderungen bei den Zielgruppen feststellen zu können, sind mindestens zwei Messungen notwendig, eine vor Kampagnenstart (ex ante) und eine nach ihrem Abschluss (ex post). Dabei kann nicht ausgeschlossen werden, dass bestimmte externe Faktoren das Ergebnis beeinflussen, die mit der Kampagne nichts zu tun haben. Derlei Faktoren lassen sich jedoch nur in experimentellen Forschungsdesigns ausschließen.

Die Kampagneneffekte können sehr unterschiedlich ausfallen. Sie beginnen bei der reinen Wahrnehmung der Kampagne und ihrer Inhalte (Wissen; Recall), zudem kann dem Kampagnenthema eine neue Bedeutung zugemessen werden (Agendafunktion). Schließlich können sich Einstellungsveränderungen ergeben (Meinungen, Verhaltensintentionen) und schließlich kann sich auch das Verhalten selbst ändern.

Dadurch, dass in Forschungsarbeiten die Variablen für die verschiedenen Kampagneneffekte nicht einheitlich verwendet werden und in Fragebögen unterschiedliche Ausprägungen erhalten, sind die Evaluationsergebnisse von Kampagnen nur schwer miteinander zu vergleichen.

Einzelne Befunde der Evaluationsforschung

Im Folgenden sollen einige Befunde aus der empirischen Evaluationsforschung vorgestellt werden. Dabei werden vorwiegend Ergebnisse aus staatlich initiierten Kommunikationskampagnen herangezogen, da diese im Vergleich zu Unternehmens- und NGO-Kampagnen recht gut zugänglich sind.

Die Darstellung gliedert sich in die Faktoren *Kommunikator*, *Botschaft* und *Kanal*. Alle drei Faktoren können wesentlich von den Kampagnenverantwortlichen gesteuert werden. Die anderen in Abbildung 1 geschilderten Einflussfaktoren *Prädispositionen* und *Wirkungszusammenhänge* können zwar in die Kampagnenplanung einbezogen, aber nicht direkt beeinflusst werden. Auch auf die *externen Faktoren* kann im Regelfall kein oder nur wenig Einfluss genommen werden. Die Darstellung folgt einer Literaturauswertung seit den 1990er-Jahren, die von Bonfadelli/Friemel vorgenommen wurde (Bonfadelli/Friemel 2006: 81 ff.).

Faktor Kommunikator

Glaubwürdigkeit des Absenders. Es besteht generell ein positiver Zusammenhang zwischen der Glaubwürdigkeit des Absenders und Zielvariablen wie Akzeptanz, Involvement und Verhaltensabsicht (Brungs/Bengel 1991: 77, Aldoory 2001: 177). Hammond konnte in einer Studie nachweisen, dass die Kombination von kommerziellen und nicht kommerziellen Quellen eine höhere Glaubwürdigkeit aufweist als eine einzelne kommerzielle Quelle (Hammond 1987: 625).

Kampagnenbotschafter. Aushängeschilder von Kampagnen können insbesondere Prominente, Experten oder auch Durchschnittspersonen sein (Atkin 2001: 64). Für jeden einzelnen Typ gibt es Pro- und Kontraargumente. Für den Einsatz Prominenter spricht eine erhöhte Aufmerksamkeit bei den Rezipienten, für Experten ihre Glaubwürdigkeit und Neutralität und für Durchschnittspersonen die Identifikationsmöglichkeit.

Faktor Botschaft

Emotionalisierung: Emotionalisierende Botschaften werden besser behalten und scheinen größere Verhaltensänderungen zu bewirken als schlichte Sachaussagen (Leonarz 2006: 219, Biener/Taylor 2002: 76, Biener/McCallum-Keeler/Nyman 2000: 401, Wakefield u. a. 2003: 84, Kröger 2002: 61). Dies konnte nicht nur durch Befragungen, sondern auch experimentell nachgewiesen werden (Lee/Davie 1997). Grundsätzlich empfiehlt es sich daher, eine starke affektive Komponente bei der Kampagnenkonzeption zu berücksichtigen, um eine höhere Wirksamkeit zu erreichen.

Furchtappell. Die Forschungsergebnisse sind dahingehend widersprüchlich, ob die Darstellung von Negativszenarien und damit einhergehende Furchtappelle in Kampagnen besonders wirksam sind (Friend/Levy 2002: 95). Als gesichert kann wohl gelten, dass ihr dosierter Einsatz zu Verhaltensänderungen führen kann. Allerdings dürfte allein das Einflößen von Furcht nicht reichen, vielmehr müssen weitere Faktoren hinzukommen, so z. B. konkrete Handlungsalternativen.

Humor. Humorvolle Botschaften werden von Befragten bei öffentlichen Informationskampagnen besser erinnert als realistische, sachorientierte Informationen (Andsanger/Weintraub/Pinkleton 2001). Dies spricht dafür, insbesondere bei Tabuthemen und jugendlichen Zielgruppen eher humorvolle Botschaften zu verwenden.

Struktur. Botschaften sollten möglichst klar und kurz formuliert sein (Pechmann/ Reibling 2000: 86–88, Wasserfallen 1995: 87), zum Nachdenken anregen (Montazeri/McEwen 1997: 29), aber gleichzeitig nicht zu einfach sein (Aldoory 2001: 180). Ein gewisses Spannungsmoment, sei es Humor, Furcht oder Identifikation fördert die mentale Auseinandersetzung mit dem Kampagnenthema und damit auch eine Erinnerungs-, Einstellungs- und Verhaltensänderung (Stämpfli 2009: 94).

Wechsel des Bezugspunktes. Bei Informationskampagnen gegen Tabakkonsum stand früher überwiegend die eigene Gesundheitsgefährdung im Vordergrund. Häufig waren Appelle, die eigene Gesundheit zu schützen, jedoch nicht sehr erfolgreich. Die Risiken wurden ignoriert, es wurde weiter geraucht. Ein Wechsel des Bezugspunktes war es, den Gesundheitsschutz der Nichtraucher vor dem Passivrauch zu betonen. Mit diesem Ansatz wurden gute Erfahrungen gemacht (Goldmann/Glantz 1998: 774–775, Sardi/Ensmann/Pichler 2002: 6, Robbins/Krakow/Warner 2002: 5). Auch bei der in diesem Buch dargelegten Kampagne zur Vermeidung von Betriebsunfällen wurde ein solcher Perspektivwechsel benutzt. Nicht die Verletzungen der Arbeitnehmer standen im Vordergrund, sondern vielmehr die Konsequenzen für das soziale Umfeld, die daraus resultieren, z. B. das Sportteam, das ohne einen wichtigen Spieler auskommen muss, oder die Kinder, die nun nicht mehr zur Schule gebracht werden können.

Faktor Kanal

Anzahl. Es gibt viele theoretische und empirische Studien, die belegen, dass sich eine Kombination mehrerer Medienkanäle positiv auf die Bekanntheit einer Kampagne sowie die intendierte Verhaltensänderung auswirkt (Backer/Rogers/Sopory 1992: 30).

Anschlusskommunikation. Die Anschlusskommunikation über die Kampagne und ihre Inhalte ist wesentlich für eine Reflexion der Botschaften sowie einer Einstellungs- und Verhaltensänderung (Moonen u. a. 1995: 142) Daher ist es entscheidend, solche Kanäle zu wählen, die eine Anschlusskommunikation begünstigen.

Massenmedien. Massenmedien verstärken häufig bestimmte Kampagnenbotschaften, indem das Thema der Kampagne oder die Kampagne selbst in der redaktionellen Berichterstattung aufgegriffen wird. Nicht nur dokumentarische, sondern auch fiktionale Medieninhalte können das Wissen bei den Rezipienten steigern und eine Verhaltensänderung bewirken. Dies konnte z. B. bei der US-amerikanischen Fernsehserie »Emergency Room« nachgewiesen werden (Tannen 2003: 1441). Bei Kampagnen, die sich an breite Bevölkerungsgruppen richten, empfiehlt es sich daher, Massenmedien in geeigneter Form einzubinden.

Fazit

Die Wirkung und damit der Erfolg von Kampagnen ist von vielen Faktoren abhängig. Dabei muss genau unterschieden werden, welche Dimension betrachtet wird: Wissen (kognitive Ebene), Einstellung (affektive Ebene), und Verhalten (konative Ebene).

Die Wirkung hängt nicht zuletzt entscheidend von der Zielgruppe ab. Hier ist das Vorwissen der Rezipienten über das Thema der Kampagne eine wesentliche Einflussgröße (Schemer 2009: 245). Eine weitere ist die Prädisposition zum Thema.

Massenmedien und entsprechend auch Kampagnen, die stark mit diesen Medien arbeiten, wirken in der Regel eher in Richtung einer Bestätigung und Verstärkung von bereits bestehenden Einstellungen und Meinungen. Einstellungsänderungen sind seltener festzustellen. Sie treten meistens dann auf, wenn keine Prädispositionen als Filter vorhanden sind, z. B. bei neuen Themen (Bonfadelli 2004a: 32). Entsprechend ist der Einfluss von Massenmedien und Kampagnen im kognitiven Bereich größer als bei Einstellungen (ebd.: 283).

Zudem gilt: Je mehr bestimmte Einstellungen tief sitzende Bedürfnisse und Werte stützen, desto weniger sind sie veränderbar. Umgekehrt gilt: Je geringer die Intensität des Interesses an einer Thematik und je weniger persönliche Betroffenheit, desto größer die Möglichkeiten der Beeinflussung (Bonfadelli 2004a: 289, Schemer 2010: 149).

Für die Kampagnenpraxis bedeutet all dies, dass man insgesamt nicht zu hohe Erwartungen an die Wirkungen von Kommunikationskampagnen haben sollte. Ihr Wirkungsgrad ist begrenzt, ihr Einfluss vom sozialen, kulturellen, politischen und wirtschaftlichen Umfeld abhängig.

Kampagnen dienen häufig zur Legitimation und sozialen Steuerung (Bonfadelli 2004b: 101), doch meistens reicht dieses Instrument allein nicht aus, um nachhaltige Veränderungen in der Zielgruppe zu bewirken. Notwendig sind vielmehr parallel technische, regulatorische und ökonomische Maßnahmen. Erst im Zusammenspiel mit diesen anderen Instrumenten der Steuerung können Kommunikationskampagnen ihr volles Potenzial entfalten.

Literatur

Aldoory, Linda (2001): »Making Health Messages Meaningful for Women: Factors that Influence Involvement«, in: Journal of Public Relations Research, 13/2, S. 163–185.

Andsager, Julie L./Weintraub Austin, Erica/Pinkleton, Bruce E. (2001): »Questioning the Value of Realism: Young Adults' Processing of Messages in Alcohol-Related Public Service Announcements and Advertising«, in: Journal of Communication, 51, S. 121–142.

Atkin, Charles K. (2001): »Theory and Principles of Media Health Campaigns«, in: Rice, Ronald E./Atkin, Charles K.: Public Communication Campaigns, 3rd. ed., Thousand Oaks CA, S. 49–68.

Backer, Thomas E./Rogers, Everett M./Sopory, Pradeep (1992): Designing Health Communication Campaigns. What works? Newbury Park/London/New Delhi.

Biener, Lois, McCallum-Keeler, Garth/Nyman, Amy L (2000): »Adult's Response to Massachusetts Anti-Tobacco Television Advertisements: Impact of Viewer and Advertisments Characteristics«, in: Tobacco Control, 9, S. 401–407.

Biener, Lois/Taylor, Tory M. (2002) : »The Continuing Importance of Emotion in Tobacco Control Media Campaigns: a Response to Hanstings and MacFayden«, in: Tobacco Control 11, S. 76–77.

Bonfadelli, Heinz (2004a): Medienwirkungsforschung I. Grundlagen und theoretische Perspektiven, 3. Auflage, Konstanz.

Bonfadelli, Heinz (2004b): Medienwirkungsforschung II. Anwendungen, 2. Auflage, Konstanz.

Bonfadelli, Heinz/Friemel, Thomas (2006): Kommunikationskampagnen im Gesundheitsbereich. Grundlagen und Anwendungen, Konstanz.

Brungs, M./Bengel, J. (1991): »AIDS-Prävention in europäischen Nachbarländern«, in: Zeitschrift für Präventivmedizin und Gesundheitsförderung. Bd. 3, H. 3, 69–78

Derzon, James H./Lipsey, Mark W. (2002): »A Meta-analysis of the Effectiveness of Mass-Communication for Changing Substance-use Knowledge, Attitudes and Behavior«, in: Crano, William D./Burgoon, Michael: Mass Media and Drug Prevention: Classic and Contemporary Theories and Research. Mahwah NJ/London, S. 231–258.

Friend, Karen/Levy, David T. (2002): »Reductions in Smoking Prevalence and Cigarette Consumption Associated with Mass-Media Campaigns«, in: Health Education Research, 17 (1) , S. 85–91.

Goldman, Lisa K./Glantz, Stanton A. (1998): »Evaluation of Antismoking Advertising Campaigns«, in: Journal of the American Medical Association, Vol. 279, No. 10, S. 772–777.

Hammond, Sharon Lee (1987): »Health Advertising: The Credibility of Organizational sources«, in: McLaughlin, Margaret L. (ed.): Communication Yearbook 10, Newbury Park, S. 613–628

Hornik, Robert C. (Hrsg.) (2002): Public Health Communication. Evidence for Behaviour Change. Mahwah, New Jersey.

Hyman, Herbert H./Sheatsley, Paul B. (1947): »Some Reasons Why Information Campaigns Fail«, in: Public Opinion Quarterly, 11, S. 412–423.

Kröger, Christoph (2002): Kommunikationsstrategien zur Rauchentwöhnung – Ein Überblick über die wissenschaftliche Literatur zu diesem Thema. Bundeszentrale für gesundheitliche Aufklärung, Band 18, Köln.
Lee, Jung-Sook/Davie, William R. (1997): »Audience Recall of AIDS PSAs among U.S. and International College Students«, in: Journalism Quarterly, 1, S. 7–22.
Leonarz, Martina (2006): »Vorne ansetzen, um hinten zu sparen. Konzeption und Evaluation einer Informationskampagne im Sucht- und Gesundheitsbereich«, in: Röttger, Ulrike (Hrsg.): Über die Inszenierung von Öffentlichkeit, 3. Auflage, Wiesbaden, S. 209–228.
Mendelson, Harold (1973): »Some Reasons Why Information Campaigns Can Succeed«, in: Public Opinion Quarterly, 37, S. 50–61.
Montazeri, Ali/McEwen, James (1997): »Effective Communication: perception of two anti-smoking advertisements, in: Patient Education and Counseling«, 30, S. 29–35.
Moonen, Ingrid P.P. u.a. (1995): »Evaluation of an Information Campaign about Working Safely with Carcinogenic Substances«, in: Safety Science 21, S. 131–144.
Pechmann, Cornelia/Reibling, Ellen T. (2000): »Planning An Effective Anti-Smoking Mass Media Campaign Targeting Adolescents«, in: Journal of Public Health Management Practice, 6 (3), S. 80–94.
Robbins, Harriet/Krakow, Milly/Warner, Donna (2002): »Adult Smoking Intervention Programmes in Massachusetts: A Comprehensive Approach with Promising Results«, in: Tobacco Control (Suppl. II), S. 4–7.
Sardi, Massimo/Ensmann, Anya/Pichler, Markus (2002): Evaluation der Präventionskampagne 2002 des BAG »Rauchen schadet«. Zusammenfassung. Bern.
Schemer, Christian (2009): Politische Kampagnen für Herz und Verstand. Affektive und kognitive Einflüsse der Massenmedien auf politische Einstellungen, Baden-Baden.
Schemer, Christian (2010): »Wie Boulevardmedien Emotionen schüren. Der Einfluss der Mediennutzung auf Emotionen in politischen Kampagnen«, in: Schemer, Christian/Wirth, Werner/Wünsch, Carsten: Politische Kommunikation: Wahrnehmung, Verarbeitung, Wirkung, Baden-Baden, S. 133–152.
Snyder, Leslie B./Hamilton, Mark A. (2002): »Emphasize Enforcement, Exposure, and New Information, and Beware the Secular Trend«, in: Hornik, Robert C. (Hrsg.): Public Health Communication. Mahwah, N.J., S. 357–383.
Stämpfli, Ilona (2009): »Ohne Polemik keine Wirkung? Wahrnehmung und Wirkung einer Schweizer Anti-Rassismus-Kampagne«, in: Trepte, Sabine/Hasebrink, Uwe/Schramm, Holger (Hrsg.): Strategische Kommunikation und Mediengestaltung – Anwendung und Erkenntnisse der Rezeptions- und Wirkungsforschung, Baden-Baden, S. 79–95.

Star, S./Hughes, H. (1950): »A Report on an Educational Campaign: The Cincinnati Plan for the United Nations«, in: American Journal of Sociology, 55, S. 389–400.

Tannen, Tarrell (2003): »Media Giant and Foundation Team up to Fight HIV/AIDS«, in: The Lancet, 361, S. 1440–1441.

Wakefield, Melanie u. a. (2003): »Appraisal of Anti-Smoking Advertising by Youth at Risk for Regular Smoking: A Comparative Study in the United States, Australia and Britain«, in: Tobacco Control 12 (Suppl. II), S. 82–86.

Wasserfallen, Francois (1995): »Successful AIDS prevention through association of prevention and solidarity promotion«, in: Friedrich, Dorothee/Heckmann, Wolfgang (eds.): Aids in Europe – The Behavioural Aspect, Vol. 4: Determinants of Behaviour Change, 77–88.

Teil 2
Praxis

4 Konzeption, Durchführung und Bewertung von Kampagnen – ein Praxisleitfaden

Karl-Ernst Schäfers

Der Begriff Kampagne wird in der Kommunikation, vor allem in der PR, inzwischen inflationär verwendet. Allenthalben begegnen uns (PR-)Kampagnen, die bei näherem Hinsehen »konzeptionell unterentwickelt« (Althaus 2007: 36) und lediglich aufwendig gestaltete Maßnahmen sind, schlimmstenfalls »am Ende nur eine Serie ungeplanter Reaktionen auf unvorhergesehene Ereignisse« (ebd.). Doch das Wort Kampagne klingt dynamischer als Maßnahme und suggeriert zugleich eine überlegte (und überlegene?) Vorgehensweise. Möglicherweise wird es deshalb zunehmend synonym verwendet. Allerdings wird dabei die wirkliche Bedeutung dessen, was eine Kampagne ausmacht, immer weiter ausgehöhlt.

Was eine Kampagne (theoretisch) kennzeichnet, wird in der Fachliteratur hinreichend definiert. Als wichtigste Charakteristika werden aufgeführt (exemplarisch Röttger 2007: 383):
- der strategische Ansatz,
- Ausrichtung auf ein Ziel,
- Fokus auf ein Thema,
- Befristung auf einen definierten Zeitraum,
- Erzeugung von öffentlicher Aufmerksamkeit (als Minimalziel),
- dramaturgische Inszenierung der Maßnahmen mittels unterschiedlicher Instrumente der verschiedenen Kommunikationsdisziplinen.

Das entscheidende Kriterium zur Unterscheidung einer strategischen Kommunikationskampagne von einer bloßen Aneinanderreihung singulärer kommunikativer Aktionen ist die dramaturgische Zuspitzung der aus einer sauber erarbeiteten Analyse abgeleiteten Strategie in einem inhaltlich und zeitlich exakt aufeinander abgestimmtem Mix von Instrumenten und Maßnahmen (vgl. Röttger 2007: 391. Sie definiert die »dichte dramaturgische Inszenierung« mit dem Begriffs-Dreiklang »Steigerung, Durchdringung, Konkretisierung«).

Hier stellt sich zwangsläufig die Frage, warum es vielen sogenannten Kampagnen an dieser Dramatisierung mangelt. In Fachaufsätzen ist nachzulesen, wie Kampag-

Praxis

nenformen systematisiert sowie Ziele und Wirkungen typologisiert werden können (Röttger 2007: 283 ff.). Anhand von Fallbeispielen, die in Büchern wie dem vorliegenden, in Fachmagazinen oder auch im Internet veröffentlicht werden, kann man nachvollziehen, wie Organisationen[1] konkrete Aufgabenstellungen durch Kommunikationskampagnen gelöst haben. Wenn man die Vielzahl der Fall- oder Best-Practice-Beispiele miteinander vergleicht, kann man bei aller Unterschiedlichkeit der Aufgabenstellungen und kommunikativen Lösungen leicht eine Systematik in der Konzeption, der Planung und Durchführung herausarbeiten – und auch erkennen, ob es sich tatsächlich um ein Kampagnenbeispiel handelt (vgl. Röttger 2007: 384).

Doch zum einen fehlt manchem PR-Praktiker möglicherweise die theoretische Grundlage für eine Kampagnenkonzeption, zum anderen konzeptionelle Erfahrung – oder aber eine Kombination aus beidem. Besonders interessant gerade für Berufsanfänger, die erstmalig mit der Durchführung einer Kampagne befasst sind, mögen die in den Fallbeispielen skizzierten kreativen Maßnahmen sein. Die Versuchung ist groß, deren Ideen zu kopieren und den einen oder anderen originellen Ansatz auf seinen Fall zu übertragen. Doch erfahrene Kommunikationsprofis wissen: Wie jede Kommunikationskonzeption ist auch die Kampagnenkonzeption von der Beschreibung der Ausgangslage und der Situationsanalyse her zu erarbeiten, von den erstrebten Wirkungen aus zu denken (Röttger 2007: 393). Ein nachträgliches Hinbiegen der Strategie auf eine von vornherein gewünschte Maßnahme kann nicht funktionieren; die Kampagne verfehlt in der Regel ihre Ziele, die angestrebten Wirkungen bleiben aus.

Kampagnen werden auf der Basis sehr spezifischer Ausgangslagen, vor dem Hintergrund von z. B. branchencharakteristischen Entwicklungen für unterschiedlichste Interessen, geführt. Doch bei allen Unterschieden, die auch die Fallbeispiele in diesem Buch aufzeigen, haben Kommunikationskampagnen in ihren Grundzügen eine gemeinsame Struktur. Diese soll in dem vorliegenden Beitrag deutlich gemacht werden, indem aus Sicht eines PR-Praktikers die verschiedenen Phasen einer strategischen Kampagnenkonzeption nachvollzogen und Hinweise für die Planung und Durchführung sowie die Evaluation gegeben werden. Der Beitrag orientiert sich dabei an den Strukturmerkmalen der folgenden Fallbeispiele. Ein besonderer Schwerpunkt wird auf die Kampagnenkonzeption gelegt und hier auf die Analysephase, die am Beginn der Konzeption steht. Denn hier werden für die Praxis die Weichen gestellt, ob eine Kampagne erfolgreich oder weniger erfolgreich angelegt ist.

Die Kampagnenkonzeption

Die Erarbeitung einer Kampagnenkonzeption erfolgt in denselben Arbeitsschritten wie jedes andere strategisch entwickelte Kommunikationskonzept. In der Theorie wie in der Praxis haben sich im Laufe der Jahre verschiedene Konzeptionsansätze entwickelt. Doch im Prinzip laufen alle auf das vierstufige Phasenmodell bestehend aus der Analysephase, der strategischen Phase, der Umsetzungsphase und der Evaluationsphase hinaus (exemplarisch Röttger 2007: 391). Je nach Ansatz des Konzeptioners kann das Schema in einzelnen Punkten variieren; insgesamt wird es dadurch aber nicht infrage gestellt.

Situationsanalyse
Briefing. Jede Konzeption beginnt mit einem *Briefing*, d. h. der Auftraggeber formuliert seine Vorgaben für den Auftrag. Die Erfahrung zeigt, dass viele Organisationen ihr Briefing nicht so vorbereiten, wie es aus Sicht der Auftragnehmer wünschenswert ist. Aber es gibt kein schlechtes Briefing, nur Agenturen bzw. Einzelberater, die es versäumen, sich professionell darauf vorzubereiten. In der Regel ist zum Zeitpunkt des Briefings bereits bekannt, um welches Thema es gehen wird; insofern kann die Agentur wesentliche Aspekte zur Organisation, ihrem Umfeld, dem Markt, dem Wettbewerb und der bisherigen Kommunikation im Vorfeld durch Recherche klären. Dann bleibt im Briefing selbst die Möglichkeit, die noch offenen Fragen aus Sicht der Organisation zu beantworten. Dazu gehören im Fall eines Kampagnenbriefings – falls nicht durch die Themenvorgabe bereits beantwortet:

- Hintergrund der Kampagne. Gibt es besondere Gründe und/oder Anlässe?
- Die übergeordnete Zielsetzung. Welches Problem liegt ihr zugrunde? Was soll sie erreichen?
- Die Aufgabenstellung. Was soll die Kampagne tun, um diese übergeordneten Ziele zu erreichen?
- Bezug zur Strategie der Organisation. Gibt es eine Organisationsstrategie? Inwieweit passen die Kampagne und das vorgesehene Thema in diese langfristige Ausrichtung?
- Einbindung in die bestehende Kommunikation. Gibt es bereits ein (strategisches) Kommunikationskonzept? Wie soll die Kampagne eingebunden werden? Welche anderen kommunikativen Maßnahmen werden im avisierten Umsetzungszeitraum durchgeführt?
- Zeithorizont und Zeitrahmen. Wann soll die Kampagne aus Sicht der Organisation umgesetzt werden? Bis wann sollen die definierten übergeordneten Ziele erreicht werden?
- Mittel/Ressourcen. Welche personelle Unterstützung steht in der Organisation zur Verfügung? Wie groß ist das Budget für die Kampagne?

In der Literatur ist das *De-Briefing* kaum zu finden. In der Praxis hingegen setzt sich das Team, welches die Konzeption erarbeiten wird, zu diesem internen Briefing zusammen, reflektiert die Informationen aus dem Kundenbriefing und formuliert die noch offenen Fragen. Diese werden entweder durch eigene Recherchen im Rahmen der nun einsetzenden Ist-Analyse oder in einem *Re-Briefing* mit dem Auftraggeber geklärt. Ob dieses Re-Briefing erforderlich ist und wann es erfolgt, entscheidet das Team. Es kann durchaus sinnvoll sein, offene Fragen zunächst durch eigene Recherche zu beantworten. Dieses Vorgehen hat zudem den Vorteil, dass man sich nicht zu eng an der Sicht des Kunden und damit dessen Erwartungen orientiert. Denn die tatsächliche Situation der Organisation und ihr Umfeld, ihre Wahrnehmung durch die Öffentlichkeit bzw. die für die Kampagne relevanten Zielgruppen kann deutlich von der vom Kunden beschriebenen Lage abweichen und zu einer modifizierten Beschreibung der kommunikativen Aufgabenstellung führen.

Ist-Analyse. Ziel der Ist-Analyse ist es, unter Einbeziehung der Informationen aus dem Briefing – und ggf. einem zwischenzeitlich erfolgten Re-Briefing – ein möglichst umfassendes Bild von der Organisation und ihrem Umfeld zu erhalten. In der Praxis bedeutet das, zunächst alle kommunikationsrelevanten Bereiche und Themen innerhalb (u. a. wirtschaftliche/finanzielle Situation, Mitarbeiter, Produkte/Dienstleistungen, Prozesse, Kommunikation) und außerhalb der Organisation (u. a. Markt, Kunden und Wettbewerb, gesellschaftliche, ökonomische, politische, rechtliche, ökologische, kulturelle und technische Rahmenbedingungen und Entwicklungen) in Bezug zum Anlass und vorgesehenen Thema der Kampagne zu definieren (exemplarisch Bruhn 2007: 125 ff.). Durch eine systematische und intensive Recherche[2] zu den vorgegebenen Themen und Stichworten wird aussagekräftiges, valides Material zusammengetragen, auf dessen Basis eine exakte Beschreibung der Ist-Situation der Organisation und ihres Umfeldes erfolgen kann.

Nach der Sammlung und Sichtung des Materials erfolgt die eigentliche analytische Leistung: die Verdichtung der Informationen auf die für die Kampagnenkommunikation wesentlichen Erkenntnisse.

Aufschluss gibt hier die *SWOT-Analyse*, in der die identifizierten kommunikationsrelevanten Stärken und Schwächen (Strengths/Weaknesses; interne Analyse) der Organisation und die sich aus dem Umfeld ergebenden Chancen und Risiken (Opportunities/Threats; externe Analyse) für die Kommunikation einander in komprimierter Form gegenübergestellt werden. Das sogenannte SWOT-Kreuz enthält in der Regel nur noch die wirklich relevanten zentralen Aussagen. Eine besondere Herausforderung für jeden Konzeptioner ist bei der externen Umfeldanalyse das Antizipieren von Tendenzen und Trends, welche die Kommunikation in der Zukunft unterstützen (Chancen) oder behindern (Risiken) können.

Eine Besonderheit bei der Kampagnenkonzeption ist, dass auch die Kampagne selbst, ihr vorgesehenes Thema und das Unterstützungspotenzial bzw. der zu erwartende Widerstand untersucht werden.[3] Mögliche Fragen in diesem Zusammenhang sind z. B.:

Konzeption, Durchführung und Bewertung

Stärken
- Was spricht aus organisationsinterner Sicht für die Kampagne?
- Welche Unterstützung erfährt die Kampagne innerhalb der Organisation?

Schwächen
- Was spricht aus organisationsinterner Sicht gegen die Kampagne?
- Wer oder was behindert die Kampagne/die Wirkung der Kampagne innerhalb der Organisation?

Chancen
- Welche Themen und Entwicklungen könnten im geplanten Zeitraum der Umsetzung die Kampagne unterstützen?
- Welche positiven Auswirkungen könnte die Kampagne bzw. ihr Beitrag zur Lösung eines Problems für die avisierten Zielgruppen haben?

Risiken
- Welche Themen und Entwicklungen könnten im geplanten Zeitraum der Umsetzung die Kampagne behindern? Gibt es Konkurrenzthemen oder -ereignisse?
- Welche negativen Auswirkungen könnten für die avisierten Zielgruppen eintreten, wenn die Kampagne nicht durchgeführt würde bzw. sie keinen Beitrag zur Lösung eines Problems für die avisierten Zielgruppen leistet?

Leitfragen für eine SWOT-Analyse

Sowohl unter Chancen- als auch Risikoaspekten müssen die folgenden Fragen beantwortet werden:
- Welche Entwicklung kann das Kampagnenthema bis zum Start der Kampagne und im Aktionszeitraum nehmen? Wer bestimmt diese Entwicklung?
- Welche Rolle spielt das Thema in der Öffentlichkeit/in den Medien? Legitimiert das Thema die Kampagne, weil es z. B. aktuelle Befindlichkeiten (Ängste, Sorgen/Erwartungen, Hoffnungen etc.), Missstände oder Trends berührt? Oder geht es um partikulare Interessen, die legitimiert werden sollen?
- Was wissen die Menschen über das Thema, welche Einstellung haben sie dazu?
- Welche Position beziehen die Medien zur Kampagne und zum Thema? Welches sind die Leitmedien pro/kontra Kampagne und Thema?
- Gibt es potenzielle Unterstützer? Welche Argumente von ihnen können für die Kampagne/das Thema genutzt werden?
- Gibt es potenzielle Gegner? Welche Argumente könnten sie gegen die Kampagne/das Thema vorbringen? Mit welchen Aktionen der Gegner ist ggf. zu rechnen?

In der SWOT-Analyse sollten möglichst viele dieser Fragen beantwortet werden. Die Evaluation vieler Fallbeispiele legt die Vermutung nahe, dass an dieser Stelle häufig nicht konsequent genug recherchiert und analysiert wurde. Wenn z. B. für eine Kampagne nicht hinreichend internes Unterstützungspotenzial generiert werden konnte oder standortübergreifende Teams bei der Umsetzung nicht effektiv miteinander arbeiten, mag das daran liegen, dass dieser Aspekt bei der SWOT-Analyse unzureichend gewürdigt und daher auch keine ausreichend motivierenden Maßnahmen für die interne Kampagnenkommunikation entwickelt wurden. Auch ggf. mangelndes Interesse am Kampagnenthema seitens der Öffentlichkeit oder gar Widerstand sind im Vorfeld in der Regel eruierbar ebenso wie konkurrierende Ereignisse, die der Kampagne Aufmerksamkeit und damit Durchschlagskraft rauben. Die Aussage von Röttger, »der Erfolg von Kampagnen ist nicht oder nur sehr begrenzt planbar« (Röttger 2007: 392), ist daher aus kommunikationspraktischer Sicht problematisch. Denn mit einer durchdachten Herangehensweise können die realistischen und nach menschlichem Ermessen absehbaren Eventualitäten in die Konzeption und die Kampagnenplanung einbezogen werden.

Soll-Zustand und »Gap«. Die Leitfrage für die Bestimmung des Soll-Zustandes ist: Was soll nach Durchführung der Kampagne kommunikativ erreicht worden sein? Auf den ersten Blick scheint es das »Minimalziel öffentliche Aufmerksamkeit« (ebd.: 383) und darüber hinaus das Gewinnen z. B. von öffentlicher Unterstützung für das Thema der Kampagne zu sein. Doch die mit einigem Aufwand erarbeitete SWOT-Analyse gibt mehr her. Für die Beantwortung der Frage werden zu den einzelnen, im SWOT-Kreuz zusammengefassten Befunden der Ist-Situation die jeweils angestrebten künftigen Zustände formuliert. Hilfreich für diesen Schritt ist, wenn man Stärken als Kommunikationsbedarf (seine Stärken muss man kommunizieren) mit den Chancen als Kommunikationspotenzial verknüpft und daraus das Soll benennt. Analog wird mit den Stärken und Bedrohungen, den Schwächen und Chancen sowie den Schwächen und Bedrohungen verfahren. Im Ergebnis erhält man eine sehr aussagekräftige Beschreibung dessen, was die Kampagne kommunikativ erreichen soll. Hier wird gleichzeitig die Aufgabenstellung verifiziert oder aufgrund der Analyseergebnisse modifiziert und das tatsächliche Kommunikationsproblem neu definiert.

Aus der Differenz zwischen Ist und Soll, dem sogenannten Gap (englisch für Lücke), werden die erforderliche Intensität und Stoßrichtung der Kommunikation abgeleitet, die wiederum für die Instrumentenwahl und die dramaturgische Anlage des Instrumenteneinsatzes ausschlaggebend sind.

Das Vorgehen in dieser ersten Phase der Kampagnenkonzeption ist sehr kleinschrittig und daher oft zeitraubend. Aber der Aufwand lohnt sich. Denn die gründliche Situationsanalyse ist nicht nur eine wichtige Voraussetzung für die Ableitung einer strategischen Ausrichtung der Kampagne und die zu entfaltende kommunikative Intensität. Sie erleichtert auch die in den weiteren konzeptionellen Schritten zu treffenden Schlussfolgerungen und Entscheidungen.

Kommunikative Ziele. In der Konzeptionspraxis stellt sich immer aufs Neue die Frage, ob man erst die Kommunikationsziele formulieren oder erst die Zielgruppen bestimmen soll. Von der Systematik her ist es sinnvoll, nach der Beschreibung des Soll-Zustandes die kommunikativen Ziele zu benennen, da diese auf das angestrebte Soll ausgerichtet sind. Allerdings beziehen sich kommunikative Ziele grundsätzlich auf konkrete Zielgruppen[4], weshalb diese hier also bereits mitgedacht werden.

Neben der Orientierung am zuvor beschriebenen Soll-Zustand sind bei der Ausarbeitung der kommunikativen Ziele die aufeinander aufbauenden Wirkungsebenen zu bedenken, wie z. B.:
- Aufmerksamkeit für die Kampagne und das Kampagnenthema schaffen.
- Wissen zum Kampagnenthema vermitteln.
- Vertrauen und Glaubwürdigkeit in die Absender der Kampagne und das Kampagnenthema erzeugen.
- Akzeptanz für die kommunizierten Positionen herstellen und Zustimmung zu den Intentionen fördern.
- Bereitschaft zur Unterstützung der Kampagne z. B. durch Meinungs-, Einstellungs- oder Verhaltensänderung herbeiführen, Unterstützungspotenzial wecken.

Für jede dieser Wirkungsebenen sind in Hinblick auf das angestrebte Soll kommunikative Ziele zu formulieren. Orientierung für die Formulierung der kommunikativen Ziele liefert die Ist-Analyse mit der Auflistung von Stärken und Schwächen sowie Chancen und Risiken. Da in der Regel verschiedene interne und externe Zielgruppen mit jeweils unterschiedlichem Wissensstand und abweichenden Einstellungen zu Thema und Absender der Kampagne sowie mit differenzierten Intentionen der Kampagnenmacher angesprochen werden sollen, ergibt sich eine Vielzahl kommunikativer Ziele. Die wichtigsten sind:
- Was müssen die einzelnen Zielgruppen über die Kampagne, das Kampagnenthema und den Absender/Initiator wissen bzw. verstehen? Was müssen sie lernen?
- Was müssen die Zielgruppen tun, damit durch die Kampagne das ihr zugrunde liegende Problem gelöst wird?
- Was soll die Kampagne beitragen, um das angestrebte Unterstützungspotenzial intern wie extern zu erlangen? Zum Beispiel Argumente liefern/Gegenargumente entkräften, potenzielle Unterstützer motivieren und aktivieren/Gegner schwächen.

Bei der Zielformulierung hilft die Formel: *Was soll bei wem bis wann in welchem Umfang erreicht bzw. bewirkt werden.* Ihre strikte Anwendung stellt sicher, dass im Rahmen der Evaluation das Maß der Zielerreichung exakt ermittelt und beim Kampagnencontrolling die entsprechenden Schlussfolgerungen gezogen werden können.

Zielgruppen. Auch hier gibt die Evaluation vieler Fallbeispiele Hinweise darauf, dass in der Konzeptionspraxis die Zielgruppen häufig nicht weit genug ausdifferenziert wurden und eine Charakterisierung der Zielgruppen in Bezug auf kommunikations- bzw. kampagnenrelevante Faktoren nicht oder nicht vollständig genug erfolgte. Es ist im Grunde eine zu banale Feststellung, um sie niederzuschreiben, dennoch: Wer wirkungsvoll kommunizieren will muss wissen, mit wem er kommuniziert. Welchen (soziodemografischen) Hintergrund hat diese Person, wie steht sie zum Gegenstand der Kommunikation und warum, welche Einstellung hat sie zum Absender der Kommunikation und warum, wie erreiche ich sie, wo und wie informiert sie sich, wie tauscht sie sich mit anderen aus etc.?

Bereits im Rahmen der Situationsanalyse haben wir uns mit Zielgruppen befasst. Nun werden sie nach den für die Kampagne bzw. das Kampagnenthema relevanten Kriterien systematisch ausdifferenziert. Wenn eine Organisation eine Kampagne z. B. zur Lösung eines Problems initiiert, reicht es nicht aus aufzulisten, für wen sie diese Kampagne macht und wer von dem Kampagnenthema direkt oder indirekt betroffen ist. Sie muss, wenn das Thema der Kampagne es verlangt, darüber hinaus Freund-Feind-Konstellationen beschreiben und Profile für Multiplikatoren, Unterstützer und Aktivisten sowie Gegner in den unterschiedlichen Ausprägungen erstellen.

Wesentliche Faktoren zur Ausdifferenzierung der Zielgruppen sind
- Grad der Bedeutung des Kampagnenthemas für die unterschiedlichen Zielgruppen,
- Maß/Umfang des Betroffenseins der unterschiedlichen Zielgruppen,
- Ausmaß der Motivation der unterschiedlichen Zielgruppen, an der Lösung des durch die Kampagne aufgeworfenen Themas mitzuwirken oder sich zu verweigern (zur Beschreibung und Ausdifferenzierung von Zielgruppen vgl. exemplarisch Bruhn 2007: 191–223).

Darüber hinaus ist für den kommunikationsstrategischen Ansatz, die später vorzunehmende Festlegung der Kampagnendramaturgie und die Auswahl der Kommunikationsinstrumente eine Charakterisierung der Zielgruppen hinsichtlich ihres Kommunikations-, Informations-, und Mediennutzungsverhaltens unerlässlich (exemplarisch zum Thema Zielgruppendefinition Bruhn 2007: 191 ff.).

Botschaften. Laut dem Handwörterbuch der PR sind kommunikative Botschaften »Informationen (Wissen, Norm und Wertvorstellungen), die nach Durchführung der Konzeption (Kampagne) im Bewusstsein aller Mitglieder der korrespondierenden Zielgruppe verankert sein sollen« (Merten 2000: 260).

Entscheidend für die Überzeugungskraft aller Botschaften im Sinne der Kampagne ist, dass diese bei den Empfängern auf fruchtbaren Boden fallen, also auf die generelle Bereitschaft treffen, sich mit dem Thema zu befassen. Dabei haben es Themen, die die Befindlichkeit der Öffentlichkeit aufgreifen und latente Ängste oder Vorbehalte berühren, vergleichsweise einfach. Schwieriger ist es bei Themen, die unbeliebt und unbequem sind, weil sie mit den Wahrnehmungsräumen, Ansichten und Interpretationen der Zielgruppen kollidieren und dadurch zu Kontroversen führen. Vor diesem Hintergrund gewinnt die zuvor skizzierte Zielgruppenanalyse zusätzliche Bedeutung.

In der Konzeptionspraxis werden die Inhalte der Botschaften in erster Linie aus den im Rahmen der Situationsanalyse identifizierten Stärken (diese *muss* man kommunizieren) und Chancen (diese *sollte* man für die Kommunikation nutzen) sowie ihren Entsprechungen auf der der Soll-Seite übernommen.

Kernbotschaften für eine Kampagne benennen je nach Zielgruppe
- das Wissen um Gründe/Ursachen und zentrale Ziele der Kampagne,
- den Lösungsbeitrag der Kampagne für das zugrunde liegende Problem,
- Vorteile der Kampagne/des Kampagnenthemas für die angestrebte direkte Zielgruppe,
- Vorteile der Kampagne/des Kampagnenthemas für die angesprochene indirekte/Mittlerzielgruppe,
- wichtigste Argumente für die Kampagne/das Kampagnenthema,
- stärkste Argumente gegen Widerstände und Ablehnung.

Neben den Kernbotschaften sollten zu den verschiedenen Aspekten der Kampagne und ihres Themas für die einzelnen Zielgruppen weitere Botschaften verfasst werden. Das im Rahmen der Situationsanalyse gesammelte und ausgewertete Material bietet einen reichen Fundus an inhaltlichen Aufhängern, das den ausdifferenzierten Zielgruppen zugeordnet werden kann.

Strategie. An dieser Stelle der Konzeption kann erst die Entscheidung getroffen werden über Intensität und Stoßrichtung der Kampagne. Die Strategie beschreibt den Weg zur Lösung der kommunikativen Aufgabenstellung. Sie ergibt sich zwingend aus den bisherigen Schritten. Einen ersten Hinweis hat die Gap-Analyse gegeben. In Verbindung mit den erarbeiteten kommunikativen Zielen, dem Wissen über die Befindlichkeiten, das Zustimmungspotenzial und die Erreichbarkeit der Zielgruppen sowie den Erkenntnissen über Freund-Feind-Konstellationen können nun die strategische Ausrichtung und Dramaturgie der Kampagne festgelegt werden, um das Thema der Kampagne in der Öffentlichkeit zu platzieren und zu entwickeln (Agen-

da building/Agenda setting/Agenda), dabei die Botschaften bei den Zielgruppen zu verankern und die beabsichtigten Kampagnenwirkungen zu erzielen.
Entscheidend für die Zug- und Durchschlagskraft auf allen Wirkungsebenen (Schaffen von Aufmerksamkeit, Vermittlung von Wissen, Erzeugen von Akzeptanz, Vertrauen, Glaubwürdigkeit, Auslösen von Anschlusshandlungen/Wecken von Unterstützungspotenzial) ist – und darin liegt ja die Besonderheit von Kampagnen – die Dramaturgie. Der Konzeptioner muss die richtigen Schlussfolgerungen aus den bisherigen Ergebnissen ziehen und die erfolgversprechende Vorgehensweise formulieren. Das Spektrum der Leitlinien für ein strategisches Vorgehen ist schier unerschöpflich und kann hier lediglich angerissen werden:

- Wie offensiv, furios, provokant, polarisierend, kämpferisch oder aggressiv darf die Kampagne das Thema in die Öffentlichkeit tragen?
- Wann ist es ratsam, zurückhaltender vorzugehen?
- Wie groß müssen die Anteile an Emotion, Information, Motivation und Aktivierung sein?
- Soll die Thematisierung eher medienfokussiert verlaufen oder werden die Zielgruppen unter weitgehender Umgehung der (klassischen) Medien angesprochen?
- In welchem Umfang werden Multiplikatoren und Meinungsbildner eingesetzt, Widersacher ggf. eingebunden?
- In welchen Schritten, in welcher zeitlichen Abfolge, mit welchen Akzenten muss die Kampagne innerhalb des gesetzten Zeitraumes umgesetzt werden?
- Welche Instrumente aus welchen Kommunikationsdisziplinen werden eingesetzt und wie miteinander verkettet?
- Gibt es eine Dachkampagne und darunter laufende Einzelkampagnen mit speziellen – internen und/oder externen – Schwerpunkten?

Die Entscheidung ist für jede Kampagne individuell zu treffen, es gibt keine Musterlösung für die unterschiedlichen Kampagnentypen und -formen. Leitfrage ist, wie die beabsichtigte Inszenierung des Themas bzw. einzelner Aspekte am besten gelingt, um größtmögliche Aufmerksamkeit, bestmögliche Wissensvermittlung, weitestgehende Akzeptanz und umfängliche Unterstützung in/bei allen relevanten Zielgruppen zu erzielen.

Die Strategie muss auch berücksichtigen wie zu verfahren ist, wenn die Kampagne nicht den geplanten Verlauf nimmt, z. B. weil das Thema nicht die gewünschte Resonanz erfährt, Gegner sich mit ihren Argumenten erfolgreicher öffentliche Aufmerksamkeit verschaffen oder sich die Kampagne verselbstständigt. Letzteres Risiko ist mit der rasanten Verbreitung und Nutzung der sogenannten sozialen Medien enorm angewachsen. Über Blogs und Portale, Facebook und Twitter kann ein Kampagnenthema eine neue, ungewollte Interpretation erfahren, die Themenkarriere ist von den Initiatoren der Kampagne nur noch schwer zu steuern. Auf

Youtube finden sich viele Beispiele, wie Kampagnenthemen und ihre inhaltliche wie visuelle Inszenierung von einer kritischen Teilöffentlichkeit aufgegriffen und mit einer gegenteiligen Aussage versehen wurden.

Umsetzung. Die Kampagnendramaturgie folgt häufig dem Zyklus Auftakt/Eröffnung – Durchdringung – Steigerung/Zuspitzung – Konkretisierung – Abschluss (Röttger 2007: 391). Doch dieser Zyklus kann abhängig von der gewählten Strategie und evtl. erfolgreicher Interventionen von Widersachern unterschiedlich ausfallen.

Im Vorfeld der (öffentlichen) Kampagne ist sicherzustellen, dass auch interne Zielgruppen wie z. B. Mitarbeiter oder Mitglieder der Organisation, interne Meinungsbilder und Unterstützer hinreichend über die Kampagne, ihre Ziele, den geplanten Verlauf und die Maßnahmen informiert sind. Sie müssen von der Kampagne überzeugt und motiviert sein, diese mitzutragen. Ansonsten erwachsen aus Vorbehalten in den eigenen Reihen Opposition, Widerstand oder Verweigerung, die den Kampagnenerfolg gefährden. Im Laufe des Konzeptionsprozesses sollte sich abzeichnen, ob ggf. eine Vorkampagne für die internen Zielgruppen erforderlich ist.

Der *Kampagnenauftakt* wird meistens aufmerksamkeitsstark inszeniert. Er baut in der Regel auf massenmediale Unterstützung und damit rasche flächendeckende Verbreitung. Um die Medien für die Kampagne zu gewinnen, müssen die Nachrichtenwertfaktoren berücksichtigt werden. Ein Claim bringt die zentrale Botschaft, das stärkste Argument der Kampagne auf den Punkt. Er ist einfach zu verstehen, einprägsam und dadurch zitierfähig. Oft wird der Claim flankiert von Symbolen (Logos) oder Bildern, die die Kernaussagen verdichtet visualisieren.

In der *Durchdringungsphase* geht es um möglichst häufige Präsenz in der Öffentlichkeit. Bei der Instrumentenwahl ist darauf zu achten, dass sie geeignet sind, das Kampagnenthema auf die Kernaussagen reduziert zu transportieren. Der beim Auftakt eingeführte Claim, Symbole und Bilder unterstützen die Wiedererkennung. Kampagnen setzen zudem meist auf Emotionalisierung, um das Thema zusätzlich aufzuladen. Die Konzeptioner setzen auf die Erkenntnis, dass »Bezugsgruppen die strategischen Botschaften eines Unternehmens dann am besten wahrnehmen, verarbeiten und speichern, wenn diese Botschaften emotional bedeutend für sie sind« (Herbst 2007: 478). Diese kann durch entsprechend gefärbte textliche Aussagen, weitere Bilder, Videosequenzen oder musikalische Motive erzeugt werden.

Die *Steigerungsphase* hat zum Ziel, das Thema zuzuspitzen. Sie wendet sich in der Regel an Meinungsbildner, die es aufgreifen und das Anliegen der Organisation unterstützen sollen. Die Emotion weicht dabei zunehmend einer differenzierten, sachlichen Beschäftigung mit dem Thema, seinen Ursachen, Hintergründen und Aspekten. Über Meinungsbildner erfährt die Kampagne eine zusätzliche Legitimation, die hinter der Kampagne stehende Organisation erwirbt so Vertrauen und Glaubwürdigkeit.

In der folgenden *Konkretisierungsphase* steht zunächst die Vermittlung von Informationen im Mittelpunkt. Die Maßnahmen greifen die Frage auf, was die einzelnen Zielgruppen über die Kampagne, das Kampagnenthema und den Absender/Initiator wissen, was sie lernen müssen, um die zugrunde liegende Problematik und die angebotenen Lösungen zu verstehen. Es wird weiter Vertrauen und Glaubwürdigkeit in die Organisation und Akzeptanz für ihre Position erzeugt. Über eine Argumentation, die den Nutzen der Kampagne und die aufgezeigten Lösungsmöglichkeiten zum Inhalt hat, soll darüber hinaus Zustimmung zu deren Intentionen bewirkt werden.

Schließlich muss die Kampagne auch die Frage beantworten, was die Zielgruppen tun können, um diese zu unterstützen. Mittels geeigneter Maßnahmen sollen Meinungs-, Einstellungs- oder Verhaltensänderungen herbeigeführt werden, die die Zielgruppen schließlich zu den angestrebten Anschlusshandlungen motivieren. Ein erfolgversprechender inhaltlicher Ansatz ist die Kommunikation von bislang erreichten Ergebnissen und den so in Aussicht stehenden positiven Auswirkungen der herbeigeführten Lösung auf die angesprochene Zielgruppe.

Eine Kampagne braucht einen klaren *Abschluss*; sie sollte – wenn sie nach Plan abläuft – nicht unbemerkt auslaufen. Es ist eine zusätzliche, nachträgliche Motivation für schweigende Befürworter, Unterstützer und engagierte Aktivisten, wenn eine Kampagne von der Organisation mit einem Fazit beendet wird.

Welche Instrumente in den skizzierten Phasen verwendet, wie die Instrumente in Maßnahmen überführt und wie diese im Sinne der integrierten Kommunikation miteinander verknüpft werden, um die strategisch angelegte Dramaturgie zu entfalten, ist abhängig von den kommunikativen Zielen, der Erreichbarkeit der Zielgruppen und der grundsätzlichen Eignung der Instrumente sowie Maßnahmen, die die jeweiligen Informationen transportieren. Wenn der Konzeptioner die Spielregeln integrierter Kommunikation und die Möglichkeiten der »funktionalen Beziehungen« (komplementär, konditional, substituierend, indifferent, konkurrierend) (Bruhn 2006: 98) oder dramaturgisch wirkungsvollen »zeitlichen Beziehungen« (paralleler, sukzessiver, intermittierender, ablösender Einsatz) (Bruhn 2006: 98) kommunikativer Instrumente kennt, kann er aus einem umfangreichen Repertoire schöpfen.

Kampagnencontrolling und Evaluation. Laut Definition gehört die Befristung auf einen klar umrissenen Zeitraum zu den Charakteristika von Kampagnen. In diesem häufig vergleichsweise kurzen Zeitabschnitt sollen wie oben skizziert über verschiedene Phasen möglichst viel Aufmerksamkeit und Unterstützungspotenzial generiert werden. Dadurch entsteht ein großer Druck auf die Initiatoren und verantwortlichen Umsetzer.

Um die Kampagne in Übereinstimmung mit der festgelegten Strategie steuern und die Entwicklung des Themas in der Öffentlichkeit und den Medien beeinflussen zu können, ist ein effektives Kampagnencontrolling unabdingbar. Nur so können ggf. erforderliche operative, taktische oder gar strategische Anpassungen rechtzeitig vorgenommen werden.

Voraussetzung ist, dass begleitend zur Kampagne jeweils am Ende einzelner Maßnahmen und/oder Phasen mit den geeigneten Instrumenten (z. B. Medienresonanz- und Logfileanalysen, Zählen von Teilnehmern auf Veranstaltungen, Zielgruppenbefragungen, Beobachtungen) die jeweils erzielte quantitative und qualitative Wirkung gemessen und bewertet werden. Bezugsgrößen für die begleitende Evaluation sind die detailliert formulierten kommunikativen Ziele, wie z. B.

- Verfügbarkeit von Informationen;
- Anzahl der Kontakte, Reichweite, Verweildauer auf Websites;
- Beeinflussung/Veränderung des Meinungstenors in Medien;
- Wahrnehmung der Kampagne, der Botschaften;
- Verstehen der Hintergründe, der zugrunde liegenden Problematik, der Ziele;
- Veränderung der Einstellung zum Thema;
- Bereitschaft, die Kampagne zu unterstützen.

Gibt es Abweichungen, muss nach den Ursachen gesucht werden. Diese können sowohl auf der operativen – z. B. Fehler, Versäumnisse bei der Umsetzung einer Maßnahme, unvorhersehbare Zwischenfälle, die die Realisierung einer Maßnahme beeinträchtigt oder sogar verhindert haben –, der taktischen – nicht geeignete Instrumente/Maßnahmen – und/oder der strategischen Ebene – Mängel in der Kampagnenkonzeption – liegen. Sind diese erkannt, müssen Konsequenzen gezogen und geeignete Schritte auf der jeweiligen Ebene unternommen werden, um die Kampagne wieder auf Kurs zu bringen.

Für die Ex-post-Bewertung der gesamten Kampagne ist die Bezugsgröße das im Verhältnis zum Ist-Zustand definierte Soll nach Durchführung der Kampagne. Denn der Erfolg der Kampagne bemisst sich letztendlich daran, wie viel Unterstützungspotenzial sie tatsächlich freigesetzt hat und in welchem Umfang die angestrebten Anschlusshandlungen zur Lösung des Eingangs definierten Problems kommunikativ beitragen konnten.

Anmerkungen

[1] Um platzraubende Aufzählungen zu vermeiden und im Interesse einer einheitlichen Begrifflichkeit wird im Folgenden der Begriff Organisation stellvertretend für kommunikationstreibende Unternehmen, Verbände, Einrichtungen, Parteien, Gruppierungen, in der Öffentlichkeit stehende Einzelpersonen etc. verwendet.

[2] In der Praxis ergeben sich an dieser Stelle häufig nicht erwartete Probleme. Das Internet wird zwar intensiv genutzt und über Suchmaschinen können ungezählte Quellen für gesuchte Informationen lokalisiert und aufgerufen werden.

Doch oft mangelt es den Rechercheuren an der für eine gezielte und effiziente Suche erforderlichen Systematik im Vorgehen sowie dem Wissen um geeignete Quellen. So basiert manche Situationsbeschreibung eher auf hinsichtlich ihrer Aussagekraft vagen Zufallstreffern als auf validen und belastbaren Daten und Fakten.

[3] In dem Sammelband »PR-Kampagnen. Über die Inszenierung von Öffentlichkeit«, hrsg. von Ulrike Röttger, wird in diesem Zusammenhang der Begriff »Kampagnenfähigkeit« in unterschiedlichen Kampagnenszenarien behandelt. Exemplarisch sei hier der Aufsatz »Politische Kampagnen« von Patrick Donges (S. 123–138) angeführt.

[4] Der Begriff Zielgruppe wird in der Kommunikation sehr unterschiedlich definiert und unscharf verwendet. Er ist hier zu verstehen als Oberbegriff für alle Adressaten von Kommunikation. Je nach dem Ziel der kommunikativen Ansprache werden Zielgruppen weiter differenziert.

Literatur

Althaus, Marco (2007): »Schlüsselbegriff Kampagnenmanagement. Standards und Instrumente für eine moderne Kampagnenführung«, in: Plehwe, Kerstin: Die Kampagnenmacher. Die neuen Instrumente und Strategien erfolgreicher Stakeholder-Dialoge, Berlin, S. 23–53.

Bruhn, Manfred (2006): Integrierte Unternehmens- und Markenkommunikation, 4. überarb. Auflage, Stuttgart, S. 95–100.

Bruhn, Manfred (2007): Kommunikationspolitik, 4. überarb. Auflage, München, S. 125–166, 191–223.

Herbst, Dieter (2007): »Eventkommunikation: Strategische Botschaften erlebbar machen«, in: Piwinger, Manfred/Zerfass, Ansgar (Hrsg.): Handbuch Unternehmenskommunikation, Wiesbaden, S. 477–486.

Merten, Klaus (2000): Das Handwörterbuch der PR, 2 Bde., Frankfurt, Bd. 1: A–Q, S. 260.

Röttger, Ulrike (2006): PR-Kampagnen. Über die Inszenierung von Öffentlichkeit, 3. überarb. und erw. Auflage, Wiesbaden.

Röttger, Ulrike (2007): »Kampagnen planen und steuern: Inszenierungsstrategien in der Öffentlichkeit«, in: Piwinger, Manfred/Zerfass, Ansgar (Hrsg.): Handbuch Unternehmenskommunikation, Wiesbaden, S. 381–96.

5 Kampagnen von Unternehmen

Fall 1: Siemens – der »grüne Infrastrukturpionier«

Marc Langendorf und Monika Langendorf

Einleitung

Der Geschäftsfokus der Siemens AG hat sich in den vergangenen Jahren stark gewandelt. Noch 2004 machten Geschäfte im Bereich der Telekommunikation, wie z. B. mit Handys oder Mobilfunknetzen, einen Großteil des gesamten Konzernumsatzes aus. Siemens war in der breiten Öffentlichkeit bekannt als Telekommunikationsunternehmen. Mit dem Verkauf des Handygeschäfts im Jahr 2005 sowie der Ausgliederung und der Einbringung des Netzgeschäfts in ein Joint Venture mit Nokia zum April 2007 zog sich Siemens endgültig aus dem Telekommunikationssektor zurück.

Unter dem neuen Vorstandsvorsitzenden Peter Löscher wurde das Unternehmen seit Juli 2007 neu aufgestellt und erhielt zudem auch eine neue Organisationsstruktur. Sämtliche Siemens-Geschäfte wurden zum Januar 2008 in den drei Sektoren Energy, Industry und Healthcare zusammengefasst. Strategisch folgte dies der Logik, dass sich die Geschäfte in den drei Sektoren auf so genannte Megatrends fokussieren sollen. Zu diesen zählen z. B. der demografische Wandel, die Urbanisierung oder der Klimawandel. Aus dem demografischen Wandel der Gesellschaft und der damit einhergehenden Überalterung in vielen Ländern folgt unmittelbar der wachsende Bedarf an Gesundheitslösungen. Die Urbanisierung führt zu einem wachsenden Bedarf an Infrastrukturlösungen in Städten, wie z. B. Massenverkehrsmitteln, die Siemens im Industry-Sektor herstellt. Dem Klimawandel lässt sich neben der Förderung des Massen- anstelle des Individualverkehrs z. B. mit energieeffizienten und ressourcenschonenden Lösungen wie den Gas- und Dampfkraftwerken oder auch klimaneutralen Produkten wie den Windkraftanlagen des Energy-Sektors begegnen.

In der Öffentlichkeit wurde Siemens trotz der geschäftlichen Neuausrichtung weiterhin als Telekommunikationsanbieter wahrgenommen – sowohl in der breiten Öffentlichkeit als auch unter den für das Unternehmen wichtigen Business-Enablern wie Politikern oder Geschäftstreibenden. Im Rahmen einer breit angelegten Kampagne galt es daher, Siemens als Infrastrukturanbieter in den Bereichen Energie, Industrie und Gesundheitswesen zu positionieren. Die Kampagne startete zeitgleich mit der Neuausrichtung des Unternehmens am 1. Januar 2008.

Da der künftig größte Wachstumsmarkt von Siemens in der Begegnung des Klimawandels und damit in innovativer Umweltwelttechnik ausgemacht wurde, entstand das Leitmotiv des »grünen Infrastrukturanbieters«. Das Re-Branding von Siemens zum »grünen Infrastrukturpionier« trägt dem Gedanken Rechnung, dass sich das Unternehmen in seinem über 160-jährigen Bestehen stets durch bahnbrechende Ingenieursleistungen wie z. B. der Erfindung der ersten Straßenbahn oder dem weltweit ersten Röntgenapparat ausgezeichnet hat. Auch in der Umwelttechnik hat das Unternehmen Innovationen ähnlicher Tragweite hervorgebracht, dies in der Öffentlichkeit weltweit bis 2008 jedoch kaum kommunikativ herausgearbeitet. Die Kampagne ist daher zunächst im größten Markt und zugleich auch dem Siemens-Heimatmarkt, Deutschland, gestartet. Im zweiten Schritt wurde sie weltweit ausgerollt, da das Unternehmen mittlerweile rund 80 % der Umsätze im Ausland macht.

Situationsanalyse

Die Situationsanalyse im Rahmen der Kampagne wurde in Form einer als SWOT-Analyse (Strenght-Weaknesses-Opportunities-Threats) durchgeführt. Die wesentlichen unternehmensexternen und -internen Faktoren, die die Kommunikationssituation bei Siemens im Rahmen der Kampagne beeinflussten, sind *markt- und wettbewerbs-, kunden-, umfeld- und unternehmensbezogene Einflussfaktoren.*

Markt- und wettbewerbsbezogene Einflussfaktoren. Trotz der Wirtschaftskrise, in die die Welt im Laufe des Jahres 2008 glitt und die bis Anfang 2010 anhielt, ist der Markt für Infrastrukturtechnik ein Wachstumsmarkt. Ihn erschließen sich immer mehr Unternehmen, insbesondere aus dem asiatischen Raum. Der geplante Einsatz der Kommunikationsinstrumente von Siemens erfolgt damit in einem mittlerweile dicht gedrängten Marktumfeld, wodurch ein erhöhter Kommunikationswettbewerb entsteht. Dass der Markt trotz der aktuellen Wirtschaftskrise wächst, ist im Wesentlichen auf drei Treiber zurückzuführen. Erstens: Die Bevölkerungszahl steigt und damit der Bedarf an sauberem Wasser, Energie und öffentlichen Verkehrsmitteln. Zweitens: Staatliche Konjunkturprogramme sorgten für zusätzliche Impulse – gerade auch mitten in der Weltwirtschaftskrise. Drittens: Das zunehmende Umweltbewusstsein in der Gesellschaft fördert den Absatz von »grüner« Technologie, z. B. zur regenerativen Energieerzeugung.

Der wichtigste Siemens-Wettbewerber General Electric (GE) hat das Feld des »grünen Infrastrukturtechnik-Anbieters« mit der »Ecomagination«-Kampagne bereits vor einigen Jahren besetzt. Von der Weltwirtschaftskrise war GE[1] aufgrund der Schwäche seiner Finanzsparte deutlich stärker betroffen als Siemens. Es war davon auszugehen, dass sich die Schwäche des Unternehmens auch negativ auf die Investitionen in Kommunikationsaktivitäten auswirken würde. Gleiches galt für die Hauptwettbewerber ABB und Philips, die im Gegensatz zu Siemens ebenfalls sehr stark vom Sog der Wirtschaftskrise erfasst wurden und unter Kostendruck standen.[2] Auch ABB und Philips warben und werben zunehmend mit Umweltthemen für ihr Unternehmen.

Kundenbezogene Einflussfaktoren. Die schrumpfende Kaufkraft der Kunden aufgrund der Weltwirtschaftskrise verlieh dem Preis ein stärkeres Gewicht im Marketingmix. Siemens wird jedoch von seinen Kunden nicht als »Billiganbieter« wahrgenommen, sondern der Name steht weltweit für hohe Qualität und Innovationsführerschaft. Allerdings erschwert die Vielfalt der Produkte und Lösungen im Portfolio von Siemens, das von der Energieerzeugung über Wasserfilteranlagen bis hin zum Hörgerät reicht, den Kunden die Wahrnehmung von Siemens als *ein* Unternehmen.

Umfeldbezogene Einflussfaktoren. Aufgrund der Weltwirtschaftskrise waren die Ausgaben der Medien z. B. für Pressereisen sehr stark eingeschränkt. Die Anzeigenpreise gingen zeitgleich jedoch deutlich zurück, was sich auf den Kommunikationsmix im Rahmen der Kampagne auswirkte. Zudem zeigten immer strenger werdende CO_2-Vorgaben durch Regierungen oder auch das Aufsetzen staatlicher Förderprogramme für umweltschonendes Verhalten, dass das Umweltbewusstsein in der Gesellschaft zunahm.

Unternehmensbezogene Einflussfaktoren. Finanziell stand Siemens in der Weltwirtschaftskrise besser da als der Wettbewerb. Das Unternehmen hatte der Weltwirtschaftskrise frühzeitig vorgebeugt und konnte ein ausreichend hohes Budget für Kommunikationsaktivitäten bereitstellen.

Die globale geschäftliche Ausrichtung und die damit einhergehende weltweite Aufstellung der Kommunikationsabteilung von Siemens sind im Rahmen einer internationalen Kommunikation sehr förderlich. Die zentrale Unternehmenskommunikation hat jedoch keinen disziplinarischen Durchgriff auf die Kommunikateure in den Sektoren und Ländern. Die Größe und Komplexität der Kommunikationsabteilungen erschweren Abstimmungs- und Koordinationsprozesse in der Kommunikation.

Im Kommunikationsmix galt es eine Vielzahl etablierter Kommunikationsmittel, wie z. B. die Mitarbeiterzeitung »Siemens Welt«, ein Onlineportal fürs Topmanagement oder ein Mitarbeiterfernsehen, zu koordinieren. Im Zuge der Konzernneuorganisation 2008 wurden außerdem die Stellen der Kommunikationsleiter neu besetzt, so dass nun viele neue, aber dafür hoch motivierte Kommunikationsexperten Schlüsselpositionen einnahmen. Aufgrund der Neubesetzungen in vielen wichtigen Schlüsselpositionen waren die Ansätze zu einer integrierten Kommunikation über alle Instrumente hinweg eher unterentwickelt.

Die folgende SWOT-Analyse in Abbildung 1 fasst die eben geschilderten Stärken, Schwächen, Chancen und Risiken der Siemens-Kommunikation im Rahmen der Kampagne zusammen:

Stärken	Schwächen	
• positives Image »Innovation, Qualität, Zuverlässigkeit« • weltweites Netzwerk und damit Präsenz vor Ort bei den Zielgruppen • kompetente und motivierte Kommunikateure • breites Spektrum an Kommunikationsmitteln • solide finanzielle Basis, ausreichend Budget	• hohe Produktdiversifikation erschwert einheitliche Kommunikation • kaum Integrierte Kommunikation, Synergien werden kaum genutzt • weltweite Verteilung und Vielzahl der Mitarbeiter erschweren die Abstimmung • Mischauftritt durch verschiedene kommunikative Schwerpunkte	INTERN
Chancen	Risiken	
• Siemens bewegt sich im Wachstumsmarkt (Umwelttechnik und Infrastruktur) • Wettbewerb ist von Finanzkrise geschwächt • bei den Zielgruppen wächst das Bewusstsein für Notwendigkeit von Umweltschutz • Möglichkeit für günstige Anzeigen – Medien/freie Journalisten brauchen Geld und Themen	• mit Finanzkrise schwindet Kaufkraft der Kunden • Kaufentscheidung fällt über Preis statt Qualität und Innovativität • Medien verschwinden wegen Geldnot vom Markt • »Grünes Feld« ist durch GE bereits besetzt, andere Firmen springen auf • neue Anbieter erhöhen Wettbewerbsdruck	EXTERN

Abb. 1: SWOT-Analyse der »grünen« Konzernkommunikation von Siemens
Quelle: Siemens

Zielsetzung

Die Kampagne zielte hauptsächlich darauf ab, Siemens als »grünen Infrastrukturpionier« zu re-branden. Dieses Re-Branding erfolgte im Kontext der Positionierung der wichtigsten Siemens-Wettbewerber gemessen an ihren Aktivitäten im Bereich der Umwelttechnik und ihrer Innovationskraft (»Pionieering«), die sich letztlich im Preis für ihre Produkte manifestiert. Um die Soll-Positionierung von Siemens bzw. ein messbares Kommunikationsziel definieren zu können, erfolgte zu Beginn der Kampagne eine Kundenbefragung. Die Ergebnisse der Positionierungsanalyse zeigt die Abbildung 2.

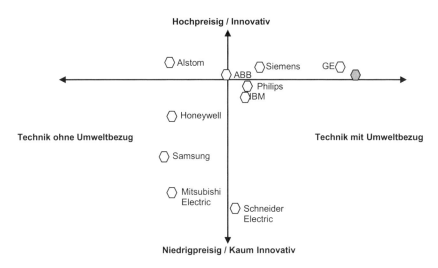

Abb. 2: Zielfestlegung im Rahmen der Positionierungsanalyse von Siemens
Quelle: Siemens

Dem Hauptziel, Siemens weltweit als *den* führenden Anbieter für grüne Infrastrukturtechnologie am Markt zu positionieren, lassen sich je nach Zielgruppe der Kampagne unterschiedliche Zwischenziele zuweisen. Neben diesen eher strategisch orientierten Zielen lassen sich zudem operative (taktische und damit besser messbare) Einzelziele ableiten, die Abbildung 3 in Form einer Pyramide hierarchisiert.[3]

Praxis

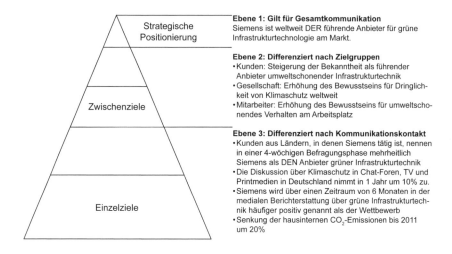

Abb. 3: Strategische Positionierung und Einzelziele im Rahmen der Kampagne
Quelle: Siemens

Zielgruppen

Bei einem Re-Branding ist es insbesondere wichtig, die relevanten externen Zielgruppen zu bedienen – neben der fast schon selbstverständlichen internen Kommunikation an die Mitarbeiter. Zu den externen Zielgruppen zählen neben den Kunden von Siemens ebenso die Politiker, die aktuellen und potenziellen Investoren sowie die Medien in ihrer Multiplikatorfunktion für die Botschaften.

Kunden. Siemens wurde nach der Neuausrichtung zu einem reinen B2B-Anbieter, der seit dem Verkauf der Handysparte produktseitig kaum mehr Kontakt zum Endverbraucher hat. Eine Ausnahme bildet die Tochter Osram, die jedoch seit mehreren Jahren eine eigene Brandingstrategie verfolgt.
   Kunden, die im Rahmen der Kampagne angesprochen werden müssen, sind somit vor allem Unternehmen und hier insbesondere solche, die geschäftliche Relevanz für die Sektoren Energy und Industry haben, da die Umwelttechnik in der Healthcare-Sparte nur eine untergeordnete Rolle spielt. Neben den reinen Unternehmenskunden bedient Siemens als Infrastrukturanbieter halbstaatliche Unternehmen oder direkt Länder bzw. ist Auftragnehmer von Kommunen, die z. B. neue Zugtechnik oder Wasserfilteranlagen für Klärwerke bestellen. Die Zielgruppe, an die sich die Kampagne somit wenden muss, besteht in erster Linie aus Politikern, die die Entscheidungen für die Auftragsvergabe treffen.

Investoren. Siemens besitzt die Rechtsform einer AG und ist im Deutschen Aktienindex (DAX) gelistet. Im Rahmen eines Re-Brandings gilt es somit, zum einen die Anteilseigner von der neuen geschäftlichen Ausrichtung zu überzeugen. Zum anderen müssen stetig neue Investoren gewonnen werden, um z. B. die Kapitalbasis zu stärken oder den Aktienkurs in die Höhe zu treiben. Im Rahmen der Gewinnung von Investoren standen in der Kampagne solche im Vordergrund, die in grüne Technologien investieren, wie z. B. so genannte Nachhaltigkeitsfonds.

Medien. Die Medien zählen aufgrund ihrer Multiplikatorfunktion zu den wichtigsten Adressaten der Kampagne. Um Streuverluste zu vermeiden, sind im Rahmen der Kampagne weltweit rund 100 Leitmedien definiert worden. Bei diesen Leitmedien ist davon auszugehen, dass sie sowohl von den geschäftlichen Entscheidern als auch von den relevanten Politikern rezipiert werden, was zu verstärkenden Effekten der Kampagnenkommunikation führen sollte.

Stakeholder

Die wichtigsten Stakeholder wurden zum Teil frühzeitig – wie z. B. die Medien als Multiplikator –, zum Teil aber auch erst im Laufe der Kampagne in diese mit einbezogen. Neben den Medien besitzen vor allem die Verbände eine wichtige Funktion hinsichtlich ihrer Multiplikatorwirkung. Für die Industrie und damit auch für ein Industrieunternehmen wie Siemens ist in Deutschland der Bund Deutscher Industrie (BDI) der wichtigste Verband.

Im April 2008 – also unmittelbar nach Beginn der Kampagne – übernahm Siemens-Chef Peter Löscher das Amt des Vorsitzenden der BDI-Initiative »Wirtschaft für Klimaschutz«. In dieser Funktion stellte er unter anderem 2008 ein Fünf-Punkte-Programm für effizienten Klimaschutz vor. Im November 2009 drängte er im Rahmen des so genannten Berliner Appells im Vorfeld des Weltklimagipfels auf nachhaltigen Klimaschutz im Rahmen seiner Verbandstätigkeit.

Die Stakeholderkommunikation der Kampagne erfolgte jedoch nicht nur über Verbände, sondern nutzte unter anderem auch die Multiplikatorfunktion, die wichtige ehemalige Politiker bezüglich der aktuellen Amtsinhaber zumeist innehaben. Dies erfolgte vor allem mit Blick auf die weltweite Wirkung, die die Kampagne erzielen soll. Unter anderem aus diesem Grund engagierte Siemens im Oktober 2009 den ehemaligen deutschen Außenminister Joschka Fischer und die ehemalige Außenministerin der Vereinigten Staaten von Amerika, Madeleine Albright, als Berater in außenpolitischen und unternehmensstrategischen Fragen. Das Erfahrungsprofil und Netzwerk beider Persönlichkeiten sollte die strategische Positionierung des Unternehmens als global führender Antwortgeber und Lösungsanbieter für die Herausforderungen der Megatrends Urbanisierung, Demografischer Wandel und Klimawandel forcieren.

Botschaften

Die zentrale Botschaft »Siemens ist der grüne Infrastrukturpionier« wurde für die Zielgruppen Kunden, Medien, Politiker, Investoren und Mitarbeiter leicht modifiziert und in mehrere Kernaussagen aufgespalten. Dies zeigt Tabelle 1.

Zielgruppe	Kernaussagen
Kunde	• Wir sind bereits heute der Infrastrukturanbieter mit dem größten Portfolio an umweltfreundlichen Technologien weltweit. • Mit unseren Produkten können Kunden dazu beitragen, unser Klima zu schützen – bei gleichzeitig nachhaltigem Wachstum. • Wir helfen unseren Kunden durch die höhere Energieeffizienz und Lebensdauer unserer Produkte nachhaltig Kosten zu sparen und im Wettbewerb zu bestehen.
Medien	• Der Klimawandel ist eine Tatsache, er bedroht die Zivilisation und die gesamte Biosphäre. • Politik und Industrie müssen mit vereinten Kräften an einem globalen Rahmen arbeiten, der CO_2-Obergrenzen festlegt und einen wirksamen Emissionshandel definiert. • Wir wollen gemeinsam den Klimaschutz vorantreiben und die Lebensqualität unserer Gesellschaft erhöhen.
Politiker	• Wir haben das Umweltportfolio fest in unserer Geschäftsstrategie verankert, wir reden nicht nur über Klimaschutz, sondern handeln auch. • Wir setzen konsequent auf den Wachstumsmarkt für Klimaschutzlösungen. Damit tragen wir maßgeblich zur Verringerung des CO_2-Ausstoßes in der Welt bei.
Investoren	• Klimaschutz bietet Siemens eine Chance für überdurchschnittliches Wachstum. Wir wollen hier unsere führende Position weiter ausbauen. • Wir wollen den Anteil am Umsatz mit unseren grünen Produkten kontinuierlich steigern.
Mitarbeiter	• Wir wollen mit gutem Beispiel vorangehen und bei Siemens selbst auch grüner werden. • Jeder einzelne kann durch Ressourcen schonendes Verhalten am Arbeitsplatz zum Klimaschutz beitragen. • Position als führender Anbieter von Klimaschutztechnologien bietet neue Chancen für Wachstum und Arbeitsplätze.

Tab. 1: Zielgruppenbezogene Kernaussagen in der Siemens-Kampagne

Diese Kernbotschaften (vgl. Tabelle 2) wurden weiter konkretisiert in Form von Einzelaussagen. Diese sollten, wieder aufgeteilt nach Zielgruppen, die Kernaussagen mit Zahlen, Beispielen, Geschichten, Ereignissen oder Ähnlichem belegen und untermauern.

Siemens – der »grüne Infrastrukturpionier«

Zielgruppe	Einzelaussagen
Kunde	• Mit unseren Produkten können unsere Kunden den CO_2-Ausstoß in nur einem Jahr um insgesamt über 100 Mio. Tonnen senken. • Gegenüber herkömmlichen Verfahren reduziert die Corex-Technologie von Siemens die CO_2-Emissionen in der Eisenherstellung um bis zu 30 % und den Schwefeldioxidausstoß um 97 %. • Unsere 20-Watt-Energiesparlampe bringt die gleiche Lichtleistung wie eine 100-Watt-Glühbirne, hält aber bis zu 15 Mal länger. Das spart über die Laufzeit etwa 210 Euro Ausgaben, 1.200 Kilowattstunden Strom und eine halbe Tonne CO_2.
Medien	• Der weltweite Energiebedarf steigt: Bis zur Mitte des 21. Jahrhunderts werden 9 Mrd. Menschen auf der Erde leben. • Die Konzentration der Treibhausgase in der Atmosphäre darf 550 ppm nicht überschreiten, damit sich die Erde um höchstens 2 bis 3 °C erwärmt. • Viele Umweltschutzlösungen gibt es schon, sie müssen nur eingesetzt werden.
Politiker	• Siemens-Chef Peter Löscher hat den Vorsitz der BDI-Initiative Wirtschaft für Klimaschutz übernommen, um den Klimaschutz auch außerhalb des Konzerns voranzutreiben. • Die CO_2-Einsparungen, die sich mit Produkten und Lösungen von Siemens erreichen lassen, sollen im Jahr 2011 bei rund 300 Millionen Tonnen liegen. Das entspricht etwa dem heutigen gesamten CO_2-Ausstoß von sechs Weltstädten wie London, New York und Tokio. • Siemens wurde zum siebten Mal in Folge in den Dow Jones Sustainability Index aufgenommen. Wesentliche Gründe dafür waren die überdurchschnittliche Leistung bei Produktverantwortung, Umweltmanagement und Klimastrategie.
Investoren	• Das Ziel, die Treibhausgasemissionen in der EU bis 2020 um mindestens 20 % zu senken und den Anteil der erneuerbaren Energien auf 20 % zu erhöhen, treibt die Nachfrage nach grüner Energieerzeugung nach oben. • Wir setzen heute schon jeden vierten Euro mit grünen Produkten um. • Im Jahr 2007 erwirtschaftete Siemens bereits 17 Mrd. Euro mit grünen Produkten und liegt damit deutlich vor allen Wettbewerbern. Bis 2011 wollen wir den Anteil am Umsatz mit grünen Produkten von heute 25 % auf 30 % steigern.
Mitarbeiter	• Wir wollen unsere hausinternen CO_2-Emissionen bis 2011 um 20 % senken. • Durch den Anstieg unseres Geschäfts mit grünen Produkten eröffnen sich neue Jobperspektiven.

Tab. 2: Einzelaussagen und Beispiele in der Siemens-Kampagne

Strategie

Um die Kampagne möglichst effizient zu gestalten, setzte Siemens auf einen integrierten Kommunikationsansatz. Sämtliche Kommunikationsinstrumente wurden eingesetzt, um die grünen Kern- bzw. Einzelaussagen an die Kunden, Mitarbeiter, Politiker, Investoren und Medien zu verbreiten. Durch die kontinuierliche Wiederholung der Botschaften mit den verschiedenen Instrumenten z. B. im Rahmen von Events sollte der intendierte kognitive Wandel bei den Zielgruppen herbeigeführt werden. Bei den Maßnahmen stand somit die Penetranz und nicht die Varianz der Botschaften im Vordergrund.

Als Anlässe für die Kommunikation der Botschaften setzte Siemens sowohl auf Eigeninitiativen, wie z. B. das Schalten von Anzeigen, als auch auf fremdgesteuerte Ereignisse. Dabei wurde die Kampagne zunächst im deutschen Heimatmarkt gestartet, um in den sich anschließenden Phasen global ausgerollt zu werden. Im Rahmen des weltweiten Roll-outs wurde vor allem auf Ereignisse gesetzt, die die Aufmerksamkeit der Öffentlichkeit bereits auf »grüne Themen« lenkte, wie etwa den Weltklimagipfel in Kopenhagen 2009. Siemens nutzte diese weltweiten Ereignisse kommunikativ zur Platzierung der Botschaften etwa in Form von Eigenevents oder Guerilla-Marketing-Aktionen, um so mit relativ geringem Aufwand eine breite Öffentlichkeit zu erreichen.

Mit dem Projekt »Stern des Südens« im Dezember 2009 erreichte die Kampagne – im Vorfeld und während des Weltklimagipfels in Kopenhagen – weit über Deutschland hinaus ihren dramaturgischen Höhepunkt.

Umsetzung

Bei der Umsetzung der Kampagne setzte Siemens auf einen breiten Medienmix. Zur Schaffung von Awareness wurde im Rahmen des Marketings vor allem auf Werbung in Printleitmedien, vereinzelt auch im Fernsehen, auf Medienkooperationen und zur kommunikativen Verstärkung der Werbe- und Kooperationswirkung auf proaktive Pressearbeit gesetzt.

Printwerbung. Um die Kunden zu adressieren, schaltete Siemens im ersten Kampagnenjahr 2008 mehrmals in kurzen Abständen ganzseitige Anzeigen in den deutschen Leitmedien, die von Entscheidern in Unternehmen und Politikern gelesen werden, also z. B. im Spiegel, in der Süddeutschen Zeitung oder der Welt. In den folgenden Wellen der Kampagne wurde die Printwerbung auf internationale Leitmedien, dazu gehörten Economist oder Newsweek, ausgedehnt. Die Motive der Anzeigen zeigten jeweils eine Herausforderung, zu der es aufgrund eines Megatrends kommt. Die Herausforderung wurde für den Betrachter in Form einer Frage verbalisiert. Die Antwort gibt Siemens jeweils im weißen Kasten in der Anzeige selbst. So positioniert sich das Unternehmen als derjenige Anbieter, der diese Herausforderungen durch innovative (grüne) Technologien lösen kann. Umweltschutz und Innovation sind die zentralen Themen in den Antworten und sollen dazu beitragen, Siemens in dieser Richtung zu positionieren. Abbildung 4 zeigt zwei Motive aus der sogenannten Siemens-Answers-Kampagne. Den Motiven liegen die beiden Megatrends Urbanisierung bzw. demografischer Wandel und der damit einhergehende weltweit wach-

Siemens – der »grüne Infrastrukturpionier«

sende Energiebedarf zugrunde. In die Printwerbung der Kampagne integrierte Siemens nach erfolgreichem Launch der Kampagne in der ersten Welle Barcodes, die sich mithilfe von Scannern eines Blackberrys auslesen ließen. Durch das Auslesen erhielt der interessierte Betrachter zusätzliche Informationen.

Abb. 4: Motive der Siemens-Answers-Kampagne zu grünen Themen
Quelle: Siemens

Nach der ersten Welle der Kampagne wurden die Motive für die Printwerbung internationalisiert und zum Teil an die lokalen Gepflogenheiten angepasst. Die Anpassung erstreckte sich zum einen auf eine reine Übersetzung, zum anderen jedoch auch auf eine Adaption kultureller Besonderheiten. So wurde z. B. in China auf den Einsatz eines bestimmten Rottons, der der herrschenden Klasse vorbehalten ist, verzichtet. Unter Berücksichtigung der kulturellen Aspekte wurde in dem Land zudem auf den Einsatz einer Drachensymbolik verzichtet. Abbildung 5 zeigt die lokale Adaption einer Printwerbung für den brasilianischen Markt.

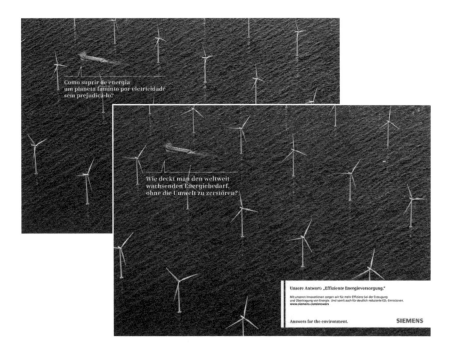

Abb. 5: Lokale Adaption eines Motivs der Siemens-Answers-Kampagne
Quelle: Siemens

Medienkooperationen. In der Weltwirtschaftskrise weiteten viele Verlage in Deutschland ihr Angebot aus und gingen Medienkooperationen ein. Im Rahmen solcher Medienkooperationen veröffentlichte Siemens zum einen Advertorials in Form von Einlegern oder platzierte neue Werbeformen wie z. B. ein Kartenspiel (Siemens Klimaschutz-Quartett). Zum anderen wurden die Printmedien – zumeist zeitlich et-

Siemens – der »grüne Infrastrukturpionier«

was versetzt – bei der Gestaltung mehrtägiger oder mehrwöchiger Artikelserien über Themen im Bereich der grünen Technologien unterstützt. Die Ausarbeitung einzelner konkreter Themen erfolgte bei diesen Medienkooperationen in den Redaktionen, die aufgrund der presserechtlichen Vorgaben völlig unabhängig vom Unternehmen agierten. Siemens versuchte lediglich mit Hintergrundmaterial, Bildern und Grafiken zur Gestaltung der Beiträge oder auch Experteninterviews Interesse an bestimmten Themen zu wecken, um so an der Entstehung einzelner Beiträge mitzuwirken. Letztlich entstand durch diese Vorgehensweise aber eine Win-win-Situation: Die Medien erhielten neben interessanten Interviews und Geschichten bezahlte Werbung, und Siemens half dabei, unter Einsatz eines vergleichsweise geringen Budgets, grüne Themen bei einer breiten Öffentlichkeit auf die Agenda zu setzen.

Proaktive Pressearbeit. Bei der proaktiven Pressearbeit setzte Siemens vor allem auf Interviews des Vorstandsvorsitzenden Peter Löscher, um den »tone from the top« zu setzen. Im Rahmen der kommunikativen Steuerung der proaktiven Pressearbeit wurden die Interviews in erster Linie dort gegeben, wo Siemens geschäftliche Schwerpunkte hat oder künftig setzen will. Abbildung 6 zeigt die Interviews – aufgeteilt nach Räumen (Clustern), in denen Siemens geschäftlich aktiv ist.

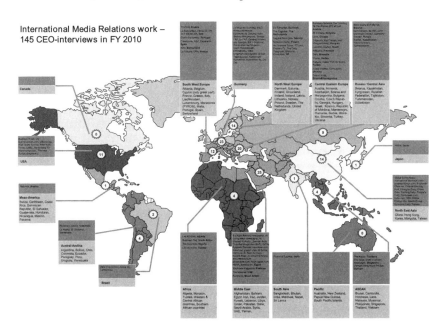

Abb. 6: Interviews mit dem Siemens-CEO im Geschäftsjahr 2010
Quelle: Siemens

Praxis

Abb. 7: »Stern des Südens« erstrahlte zur Weltklimakonferenz im Norden Münchens.
Quelle: Siemens

Neben den CEO-Interviews konzentrierte sich Siemens im Rahmen der Kampagne auf Events mit großer medialer Wirkung, um die »grünen« Botschaften zu platzieren. So nutzte der Konzern die Quartalspressekonferenzen, um über die Entwicklung der Finanzkennzahlen hinaus zu zeigen, wie Siemens als grüner Infrastrukturpionier mit seiner Technik zum Umweltschutz beiträgt. Zudem kreierte Siemens zwischen den Quartalen Presseevents, die eine Berichterstattung über Siemens als grünen Infrastrukturanbieter zur Folge hatten. Höhepunkt der Kampagne war das Presseevent mit dem Titel »Stern des Südens«. Dieses Event vor den Toren des Siemens-Firmensitzes in München zur 15. UN-Weltklimakonferenz basierte auf einer Verbindung von Kunst und Technologie und war zugleich ein einzigartiges Pionierprojekt, das wiederum die Innovationskraft von Siemens verdeutlichte. 9.000 Leuchtdioden der Siemens-Lichttochter Osram ließen ein turmhohes Windrad als »Stern des Südens« erstrahlen. Der größte rotierende Weihnachtsstern der Welt, der aus der Zusammenarbeit des Multimediakünstlers Michael Pendry mit Siemens entstand, wurde als Symbol für grüne Innovationen, erneuerbare Energien und Klimaschutz kommunikativ genutzt. Das Projekt diente als Plattform, um über die Laufzeit der Installation von vier Wochen technische Lösungen zu Themen wie Windkraft, energieeffiziente Beleuchtung und die intelligente Anbindung von erneuerbaren Energien an Stromnetze zu vertiefen. Der »Stern des Südens« führte während der Projektlaufzeit und darüber hinaus zu Fernseh-, Online- und Printberichten in fast 100 Ländern der Welt. Abbildung 7 visualisiert den »Stern des Südens«.

Aufgetretene Probleme

Neben den üblichen operativen Problemen bei Kampagnen (etwa die zeit- und ressourcengerechte Eventplanung) gab es singuläre Herausforderungen im Rahmen der technischen Umsetzung oder der behördlichen Genehmigung vom »Stern des Südens«. Die größten Probleme traten in drei Bereichen auf:

Interkulturelle Herausforderungen. Einige zunächst geplante Motive von Anzeigen konnten im Rahmen des internationalen Roll-outs der Kampagne nicht genutzt werden, weil sie gesellschaftliche Tabus gebrochen hätten. Weitere Motive wurden aufgrund interkultureller Differenzen in den unterschiedlichen Ländern von den Rezipienten völlig unterschiedlich beurteilt. Hier stellte das Unternehmen erst nach Veröffentlichung fest, dass man noch weitere Pretests hätte durchführen müssen. Zudem ist das Basiswissen, z. B. was das Thema »Energieeffizienz« angeht, in verschiedenen Ländern unterschiedlich ausgeprägt. Kommunikativ musste daher auch unterschiedlich vorgegangen und das Thema in manch einem Land zunächst erst auf die Agenda genommen werden.

Zeitliche Herausforderungen. Das Re-Branding des Unternehmens erstreckt sich mittlerweile über einen dreijährigen Zeitraum. In diesem mussten im Rahmen der Kampagne immer wieder neue Höhepunkte definiert werden, mit denen sich die »grüne Agenda« fortschreiben ließ. In einigen Ländern sind bei Journalisten mittlerweile deutliche Ermüdungserscheinungen bei grünen Themen erkennbar, da diese heute zudem von einer Vielzahl von Unternehmen in den Mittelpunkt ihrer kommunikativen Aktivitäten gestellt werden.

Finanzielle Herausforderung. Mit einem anfänglichen weltweiten Budget von rund 60 Millionen Euro pro Jahr scheint sich auf den ersten Blick viel bewegen zu lassen. Da Siemens aber in 190 Ländern der Welt geschäftlich aktiv ist, relativiert sich die Summe schon deutlich. Zudem sollten Schwerpunkte der Kampagne neben den Wachstumsmärkten Brasilien, Russland, Indien und China (BRIC) vor allem in den Ländern Deutschland und USA gesetzt werden. Die Werbepreise sind hier im Gegensatz zu den Wachstumsmärkten traditionell sehr hoch, so dass auch dies den immensen Mitteleinsatz in einem anderen Licht erscheinen lässt.

Evaluation

Die Evaluation der Kampagne erfolgte durch verschiedene Verfahren zu unterschiedlichen Zeitpunkten. So wurde die kommunikative Wirkung einzelner Events ebenso überprüft wie der langfristige Erfolg von Maßnahmen in bestimmten Kommunikationsdisziplinen. Wesentliche Eckpfeiler der Evaluation bildeten die Erhebung der Positionierung von Siemens in den Medien durch die proaktive Pressearbeit und die Erhebung der Rezeptionswirkung der Kampagne durch die Printwerbung. Die proaktive Pressearbeit wurde quartalsweise weltweit anhand der quantitativen und qualitativen Auswertung der Berichterstattung in Leitmedien analysiert. Die Wirkung der Printwerbung wurde über einen Zeitraum von drei Jahren mittels einer Befragung der verschiedenen Zielgruppen erhoben.

Evaluation der proaktiven Pressearbeit. Zur Evaluation der proaktiven Pressearbeit wurde die Berichterstattung von mehr als 100 Leitmedien der wichtigsten Siemens-Märkte – darunter unter anderem Deutschland, USA, Brasilien, Russland, Indien und China – alle drei Monate analysiert. Folgende Aspekte standen dabei im Vordergrund:
1. Wie positiv oder negativ fällt die Berichterstattung über Siemens aus?
2. Wie stark ist Siemens im Vergleich zu Wettbewerbern in den Medien vertreten?

Die Bewertung der Beiträge im Rahmen einer quantitativen computergestützten Inhaltsanalyse erfolgte nach einem so genannten »Favourability Rating System« auf einer Skala von 0 bis 100, wobei 0 für eine extrem negative Berichterstattung und 100 für eine extrem positive Berichterstattung steht. Abbildung 8 stellt die Anzahl der Berichte (Volume) und die »Favourability« über »grüne Themen« mit Siemens-Bezug seit Beginn der Kampagne dar.

Siemens konnte die Anzahl der Artikel und damit die Positionierung als grüner Infrastrukturpionier seit Beginn der Kampagne bis zum Höhepunkt »Stern des Südens« kontinuierlich verbessern. Grund für die positive Bewertung mit einer »Favourability« rund um 70 Punkte waren laut Langzeitstudie vor allem die proaktiv durchgeführten internationalen Presseevents des Konzerns, z. B. im Zusammenhang mit den weltweit ausgerufenen staatlichen Förderprogrammen für grüne Technologien zur Wiederankurbelung der Konjunktur inmitten der Finanzkrise, sowie den weit mehr als 200 veröffentlichten Vorstandsinterviews zu grünen Themen in Leitmedien weltweit. Zu den häufigsten Zitaten des Siemens-Vorstands Peter Löscher zählte laut Studie: »Siemens ist der weltweit größte grüne Infrastrukturanbieter. Allein in 2008 haben wir mit den Produkten unseres Umweltportfolios 19 Milliarden Euro erwirtschaftet. Bis 2011 wird dieser Umsatz auf 25 Milliarden Euro steigen.« Die zweite zentrale Botschaft in den Medien war: »Grüne Technologie schont nicht nur die Umwelt, sondern auch die Kassen.«

Siemens – der »grüne Infrastrukturpionier«

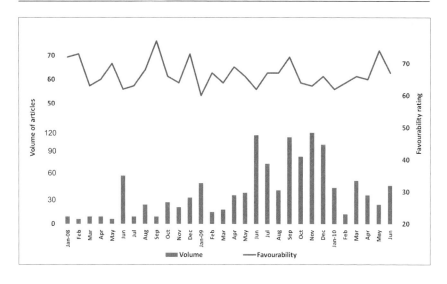

Abb. 8: Berichterstattung über »grüne Themen« mit Siemens-Bezug
Quelle: Siemens

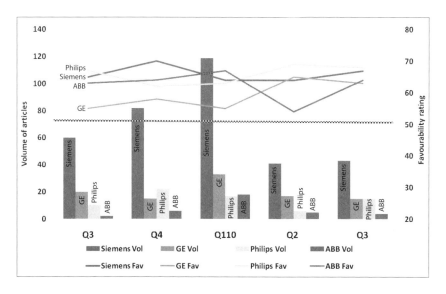

Abb. 9: Berichterstattung über »grüne Themen« im Wettbewerbervergleich
Quelle: Siemens

Siemens dominierte die Berichterstattung über »grüne« Themen seit dem dritten Quartal 2009. Im Schnitt wurde mindestens eine doppelt so hohe mediale Visibilität wie die wichtigsten Wettbewerber General Electric, Philips und ABB erzielt (vgl. Abbildung 9). Die »Favourability«-Werte sind sehr ähnlich – ebenso wie bei Siemens war die Berichterstattung über die »grünen« Themen auch beim Wettbewerb tendenziell eher positiv.

Ob die erhöhte Visibilität von Siemens in den Medien als grüner Infrastrukturpionier auch das Ziel einer Repositionierung bei der breiten Masse erreicht hat, wird durch diese Evaluation nicht ersichtlich. Hierzu müsste eine Befragung der Leser der Leitmedien hinsichtlich der Änderung ihres »Mindsets« erfolgen. Die Dominanz der Berichterstattung ist jedoch eine erste Indikation dafür, dass die intendierte Kommunikationswirkung erzielt worden sein müsste.

Hinsichtlich der Wirtschaftlichkeit der Presseaktivitäten lässt sich festhalten, dass diese enorm hoch war, da die Berichterstattung in den Leitmedien nur mit einem geringen Finanzaufwand verbunden war. In erster Linie fielen Personalkosten für Mitarbeiter der Pressestellen sowie gelegentlich Kosten für Pressekonferenzen an. Eine budgetäre Ausnahme bildeten die Realisierungskosten für den »Stern des Südens«.

Evaluation der Printwerbung. Die Evaluation der Printmedien erfolgte anhand der Unaided-Recall-Methode. Dabei wurden über den Zeitraum von 2007, also schon vor Beginn der Kampagne, bis 2009 stichprobenartig 100 Entscheider aus dem B2B-Bereich – darunter Siemens-Kunden und Nichtkunden – in Deutschland in Telefoninterviews gebeten zu beschreiben, woran sie denken, wenn sie »Siemens« hören. Im Jahr 2007 lag die Zahl der Nennungen von Siemens als grünem Infrastrukturpionier bei 0 %. 2008 waren es bereits 6 % und 2009 7 % – und damit nach »Elektronikkonzern« (12 %) die vierthäufigste Nennung insgesamt.

Parallel wird Siemens immer weniger häufig mit Telekommunikation in Verbindung gebracht. Beschrieben 2007 noch 17 % der Probanden Siemens mit Telekommunikation, so waren es 2009 nur noch 10 %.

Die Recall-Ergebnisse belegen die Effektivität der Anzeigenkampagne. Sie zeigen, dass die Wahrnehmung von Siemens als Telekommunikationsanbieter langsam zurückgeht und Siemens zunehmend als grüner Infrastrukturanbieter beschrieben wird. Der kognitive Wandel ist der Befragung zufolge noch nicht abgeschlossen, aber Siemens ist mit der Kampagne in Deutschland auf einem erfolgreichen Weg, sein intendiertes Ziel zu erreichen.

Ob dieser kognitive Wandel auch in anderen Ländern erfolgt, wird aktuell im Rahmen einer internationalen Befragung untersucht. Über die Effizienz der Anzeigenkampagne mit den »Answers-Motiven« liegen bislang keine Erhebungen vor.

Bewertung

Die mittlerweile über mehr als drei Jahre laufende Kampagne zur Re-Positionierung von Siemens als »grüner Infrastrukturpionier« zeigt erste Erfolge. Dies lässt sich nicht nur aus den Evaluationsergebnissen ableiten, sondern z. B. auch davon, dass viele Stakeholder mittlerweile an Siemens herantreten, wenn sie sich mit »grünen Themen« beschäftigen. So führte die proaktive Pressearbeit in einigen Ländern dazu, dass mittlerweile Journalisten verstärkt mit Nachfragen an das Unternehmen herantreten, wenn sie über Umwelttechnik oder sogar im politischen Ressort über den Klimawandel schreiben. Auch die Nachfrage nach Sprechern von Siemens bei externen Veranstaltungen zu diesem Thema zog signifikant an.

Die ersten Erfolge dürfen jedoch nicht darüber hinwegtäuschen, dass bei vielen Zielgruppen die zentralen Botschaften immer noch nicht angekommen sind. Bezüglich der Rezeption gibt es vor allem starke regionale Unterschiede. Die Kampagne wird daher fortgesetzt und dort forciert, wo noch erheblicher Bedarf besteht. Dies ist z. B. in den USA der Fall.

Grundsätzlich lässt sich sicher festhalten, dass der internationale Roll-out einer solchen Kampagne in einer überaus dezentral organisierten Kommunikationsabteilung nur sehr schwer zu realisieren ist. Hier gibt es insgesamt deutlich zu viele Reibungsverluste, die zumeist in einer Verwässerung der Botschaften oder im schlimmsten Fall sogar zu einer Verweigerung der regionalen Adaption der Kampagne führen. Des Weiteren ist es im Rahmen einer solchen Kampagne extrem schwierig, die Kommunikateure immer wieder selbst zu motivieren, sich auf die Kampagne und die damit einhergehenden Themen zu fokussieren.

Abhilfe ließe sich hier wohl mit einer stringenteren international anerkannten Erfolgsmessung und -incentivierung der »grünen« Kommunikation schaffen. Dies bedingt allerdings einen Eingriff in bestehende gewachsene Strukturen und damit eine Änderung der Organisationskultur, was in einem Unternehmen mit weltweit 400.000 Mitarbeitern nur schwer durchsetzbar sein dürfte. Aber für einen »grünen Infrastrukturpionier« ist bekanntlich nichts unmöglich.

Anmerkungen

[1] Vgl. http://www.short-link.de/20113 (13.11.2010)
[2] Vgl. http://www.short-link.de/20114 (13.11.2010) und http://www.short-link.de/20115 (13.11.2010)
[3] Darstellung in Anlehnung an Bruhn 2006: 190.

Literatur & Links
Bruhn, M. (2006): Integrierte Unternehmens- und Marktkommunikation. Strategische Planung und operative Umsetzung. 4. Auflage, Stuttgart.
http://www.finanznachrichten.de/nachrichten-2009-03/13485665-philips-ceo-sieht-weitere-abschwaechung-in-allen-sektoren-015.htm
(13.11.2010, zit. als http://www.short-link.de/20115)
http://www.finanznachrichten.de/nachrichten-2009-01/12920995-aktien-new-york-sehr-schwach-ge-zahlen-und-ausblick-belasten-016.htm
(13.11.2010, zit. als http://www.short-link.de/20113)
http://www.nzz.ch/nachrichten/wirtschaft/aktuell/stockmarkettickerdepartment/urnnewsmlawpch20090402539_1.2313010.html
(13.11.2010, zit. als http://www.short-link.de/20114)

Fall 2: Die Präventionskampagne »Aktion sicherer Auftritt« der gewerblichen Berufsgenossenschaften

Michael Ehring und Hans Scheurer

Einleitung

Die gesetzliche Unfallversicherung sichert alle Beschäftigten in Deutschland bei Arbeits- und Wegeunfällen sowie bei Berufskrankheiten ab. Träger der gesetzlichen Unfallversicherung sind Berufsgenossenschaften (BGen) und Unfallkassen. Von 2003 bis Mitte 2005 führten die damaligen 36 gewerblichen Berufsgenossenschaften erstmals gemeinsam eine bundesweite Präventionskampagne durch (BGAG 2005). Ziel war es, die Zahl der Stolper-, Rutsch- und Sturzunfälle (SRS-Unfälle) in deutschen Unternehmen zu reduzieren. Zwar war es durchaus gelungen, durch die laufende Präventionsarbeit die Anzahl der Betriebsunfälle kontinuierlich zu reduzieren. Doch man hatte erkannt, dass die üblichen Präventionsmaßnahmen durch eine Kampagne wirkungsvoll gestärkt werden könnten. Folglich entschloss man sich, die am häufigsten auftretenden Unfallursachen in das Zentrum einer eigenen Präventions- und Kommunikationskampagne zu stellen.

Situationsanalyse

Stolpern, ausrutschen und stürzen sind immer noch die häufigsten Ursachen für Arbeits- und Wegeunfälle. 2001 war jeder fünfte Unfall eine Folge dessen, täglich ereigneten sich mehr als 1.000 dieser Unfälle. Die Folgen waren erheblich: Ein Viertel aller Unfälle, die zu einer Rentenzahlung der gewerblichen Berufsgenossenschaften führten, waren Stolper-, Rutsch- und Sturzunfälle. Die berufsgenossenschaftlichen Folgekosten im Betrieb beliefen sich aufgrund einer Hochrechnung auf ca. 250 Millionen Euro im Jahr 2001. Neben den menschlichen Aspekten hatte die Problematik also auch eine bedeutsame ökonomische Komponente. Denn ein Ziel der Berufsgenossenschaften ist es, die Beitragssätze zur gesetzlichen Unfallversicherung für die Unternehmen möglichst niedrig zu halten.

Als kommunikatives Problem stellte sich heraus, dass Arbeitsunfälle, weil sie meist unspektakuläre Ursachen haben, im öffentlichen Bewusstsein kaum wahrgenommen werden. Ein unachtsam über den Fußboden gelegtes Kabel, feuchte Bodenfliesen und falsches Schuhwerk senden keine Gefahrensignale aus.

Organisatorisch fand die Kampagne in einem komplexen Konstrukt statt. Auftraggeber und Ansprechpartner für die beauftragte Kommunikationsagentur war der Hauptverband der gewerblichen Berufsgenossenschaften (HVBG)[1] in Sankt Augustin. Der HVBG war der Dachverband aller damaligen 36 branchenspezifischen Einzelberufsgenossenschaften (z. B. Verwaltung, Bau, Eisenbahn, Chemie, Einzelhandel etc.). Jede dieser Berufsgenossenschaften lebte ihre eigene (Kommunikations) Kultur, die durch die branchenspezifischen Anforderungen geprägt wurde. Eine gemeinsame Kommunikationskampagne hatte bis dato nicht stattgefunden.

Zielsetzung

Ein strategisch wichtiges Ziel der Berufsgenossenschaften war es, die Beiträge für die Unternehmen möglichst stabil zu halten. Bei steigenden Gesundheitskosten konnte dies nur über eine Senkung der Unfallzahlen und der daraus resultierenden Behandlungs-, Rehabilitations- und Rentenkosten erfolgen. Als quantitatives Ziel der Kampagne wurde darum die Reduzierung der SRS-Unfälle um 15 % gesetzt.

Dabei galt es, verschiedene Zielebenen zu berücksichtigen: Auf der kognitiven Ebene sollte Wissen zum Thema aufgebaut werden, über dessen mangelnde Attraktivität sich die Verantwortlichen durchaus im Klaren waren. Auf der affektiven Ebene galt es, eine nachhaltige Sensibilisierung für bestimmte Unfallursachen aufzubauen, die gemeinhin eher als Nachlässigkeiten denn als schwere Gefahren eingestuft werden. Auf der Verhaltensebene ging es darum, eingefahrene Gewohnheiten zu durchbrechen und konkrete Veränderungen zu initiieren.

Zielgruppen

Insgesamt waren alle damals knapp 27 Millionen sozialversicherungspflichtig Beschäftigten in Deutschland Endzielgruppe der Kampagne. Als wichtigste Mittlerzielgruppe und Verbündete wurden deren Arbeitgeber identifiziert.

Da die Berufsgenossenschaften mit ihrer komplexen Struktur aus 36 einzelnen Genossenschaften und unterschiedlichen Kommunikationskulturen erstmals gemeinsam eine bundesweite Kampagne starteten, spielte die interne Kommunikation eine strategisch entscheidende Rolle. Über die Verantwortlichen in den Berufsgenossenschaften mussten vor allem die Sicherheitsingenieure und Sicherheitsfachkräfte, die wichtigsten Dialogpartner von Seiten der Berufsgenossenschaften für die Kommunikation vor Ort, in die Kampagne eingebunden werden.

Stakeholder

Der Kreis der für die Kampagne relevanten Bezugsgruppen bestand im Wesentlichen aus
- Unternehmern und deren Verbänden,
- Gewerkschaften und Betriebsräten,

- Sicherheitsfachkräften,
- Sicherheitsbeauftragten in den Unternehmen,
- Medienvertretern,
- Gesundheits- und Sozialpolitikern,
- Arbeitsmedizinern und
- den Gremien der BGen.

Nach Prioritäten, die sich an möglichen Win-win-Situationen orientierten, wurden speziell die Unternehmer und deren Verbände sowie die Gewerkschaften frühzeitig involviert und damit zu aktiven Unterstützern. Über ihre eigenen Medien und Kommunikationskanäle nahmen sie sich der Kampagne an und unterstrichen deren Stellenwert aus Unternehmer- bzw. Gewerkschaftssicht.

Botschaften
Zentrale Botschaft auf der sachlichen Ebene war:
»Stolper- und Sturzunfälle sind unspektakulär, aber darum nicht ungefährlich. Sie verursachen die meisten Langzeitschäden.«
Zentrale Botschaft auf der emotionalen Ebene war:
»Die Folgen eines Arbeitsunfalls enden nicht am Arbeitsplatz. Schütze Dein Privatleben.«

Strategie
Um für die »Aktion: Sicherer Auftritt« eine möglichst breite Aufmerksamkeit und Wirkung zu erzielen, wurde die Kampagne in zwei Abschnitte unterteilt. Zunächst startete eine bundesweit angelegte Dachkampagne, die nach einer Laufzeit von vier Monaten durch branchenspezifische Einzelkampagnen in den jeweiligen Berufsgenossenschaften ergänzt wurde. Während bei der Dachkampagne ein Mix aus Werbung, Dialogkommunikation und Public Relations zum Einsatz kam, lag der Schwerpunkt bei den Einzelkampagnen in den Branchen auf der Dialogkommunikation mit Beschäftigten und Arbeitgebern. Kernthese der Kampagne: Verhaltens- und Verhältnisveränderungen am Arbeitsplatz lassen sich nur durch den unmittelbaren Dialog erreichen.

Grundsätzlich wurde auf jede belehrende oder drohende Attitüde verzichtet. Speziell in den werblichen Mitteln sollte mit humorvollem Unterton eine Sensibilisierung für das Thema erreicht werden. So wurden die sozialen Folgen für die Betroffenen in den Mittelpunkt der Kommunikation gestellt, denn die Folgen nach einem Unfall können auch bedeuten, dass die Betroffenen zumindest zeitweise nicht in vollem Umfang am sozialen Leben teilnehmen können. Grundtenor: Nach einem Unfall leiden mein Privatleben und die, mit denen ich zusammenlebe. Das Thema wurde also aus dem beruflichen Umfeld herausgelöst. Der Pariser Fotograf Ben

Praxis

Oyne setzte die Motive entsprechend um: ein zu dicker Hund, der vergeblich vor der Wohnungstür auf das Frauchen wartet, um Gassi zu gehen; eine niedergeschlagene Fußballmannschaft in der Kabine, der der Torjäger abhanden gekommen ist; die Familienfeier, bei der ein Stuhl frei bleibt.

Kampagnen-Motive
Quelle: HVBG

Umsetzung

Dachkampagne

Werbung. Da die finanzielle Ausstattung der Dachkampagne nicht ausreichte, um einen Werbedruck aufzubauen, wie er bei vergleichbaren Kampagnen üblich ist, bestand die Aufgabe darin, einen möglichst kostengünstigen und effizienten Werbemix zu entwickeln. Der Schwerpunkt lag auf der Verkehrsmittelwerbung, die auf zwei bis vier Bussen in den zwölf größten Städten bundesweit für einen Monat geschaltet wurde. Ferner wurden Werbemittel entwickelt und produziert, die die Berufsgenossenschaften im Rahmen der ihnen zur Verfügung stehenden Werbemöglichkeiten ohne Mediakosten einsetzen konnten (BG-Informationsblätter, Megaposter an den Liegenschaften, Kampagnenbranding auf den BG-Fahrzeugen etc.). Weitere Werbemittel waren die Entwicklung von Kampagnenflyern für die Zielgruppen der Beschäftigten und Arbeitgeber, der Druck von Postkarten mit den Kampagnenmotiven, unterschiedlichen Aufklebern und Werbeartikeln sowie die Produktion von Plakaten und Großaffichen (z. B. für den Einsatz in Großunternehmen).

Pressekonferenz mit Lokalprominenz zum Start der Verkehrsmittelwerbung
Quelle: HVBG

Praxis

Pressekonferenz mit Lokalprominenz zum Start der Verkehrsmittelwerbung
Quelle: HVBG

Dialogkommunikation. Begleitend zur Verkehrsmittelwerbung warben in zwölf Städten, in denen Großbetriebe und Konzerne die Kampagne unterstützten, Promotionteams mit Give-aways und Kampagnenflyern um Aufmerksamkeit und standen für Fragen zur Verfügung. Interessenten konnten sich im Rahmen der Promotionaktion zudem an einem Gewinnspiel beteiligen. Zum Kampagnenstart ging eine eigens entwickelte Kampagnenhomepage online, auf der neben den wichtigsten Informationen auch die Möglichkeit zur Kontaktaufnahme per E-Mail und mit einer eigens eingerichteten Telefonhotline bestand. Parallel dazu machten der Auftraggeber HVBG und die ihm angeschlossenen Berufsgenossenschaften die Kampagne auch bei allen Veranstaltungen und Messebeteiligungen zum Dialogthema.

Pressearbeit. Zum offiziellen Startschuss der »Aktion: Sicherer Auftritt« Ende April 2003 wurde eine Pressekonferenz organisiert. Da nicht zu erwarten war, dass das Thema Stolper-, Rutsch- und Sturzunfälle bei einem Presse-Kick-off der Kampagne zu einem Selbstläufer bei der Teilnahme und in der Berichterstattung der Medien würde, setzte die Agentur zusätzlich auf ein prominentes Testimonial: die damalige Eisschnelllauf-Weltmeisterin Anni Friesinger. Auch wenn die Berichterstattung der tagesaktuellen Medien über den Start und die Hintergründe der Kampagne nicht in allen Medien die wünschenswerte Breite erreichen konnte, so boten die beim Fotoshooting mit Anni Friesinger entstandenen Bilder zahlreichen Redaktionen Anlass für einen Abdruck und die Erwähnung des Kampagnenstarts.

Anni Friesinger als Testimonial
Quelle: HVBG

Parallel zum Start der Dachkampagne wurde begleitende Pressearbeit umgesetzt. Ein Schwerpunkt lag dabei auf der Standort-PR, die zum Start der Verkehrsmittelwerbung in zwölf Städten einsetzte. Als Kick-off wurde ein Presse-Fototermin mit dem Bürgermeister bzw. der Bürgermeisterin der jeweiligen Stadt für die Medien organisiert, der bei den lokalen Medien eine gute Resonanz erzielte. Parallel dazu startete ein über die gesamte Laufzeit der Kampagne angelegtes Themenplacement in Print, Fernsehen und Hörfunk.

Branchenkampagnen der Berufsgenossenschaften

Um die Beschäftigten und Arbeitgeber vor Ort in den Betrieben mit den Botschaften der Kampagne zu erreichen, wurden auch hier Elemente aus Werbung und Public Relations eingesetzt, zentral war aber die Dialogkommunikation. Dies

Praxis

Dialogkommunikation in den Unternehmen
Quelle: HVBG

Präventionskampagne der gesetzlichen Unfallversicherung

wurde ermöglicht durch die dezentrale Organisationsstruktur der Berufsgenossenschaften, deren 2.500 Aufsichtspersonen in Zusammenarbeit mit den Fachkräften für Arbeitssicherheit die Kampagne in die Betriebe trugen. Die Aufsichtspersonen wurden über ein mehrstufiges Verfahren angesprochen und mit Schulungen (nach dem Train-the-Trainer-Modell), FAQs und Präsentationsmaterialien auf ihre Kommunikationsaufgaben vorbereitet.

Darauf aufbauend wurde eine Toolbox für die Kommunikation in den Betrieben entwickelt, die die Präventionsexperten an die Strukturen ihrer Branche anpassten und im Zusammenspiel mit den Sicherheitsfachkräften in den Betrieben eigenverantwortlich einsetzen konnten. Der Instrumentenkasten enthielt Vorschläge für Seminare, Veranstaltungen, Events, Werbematerialien, Flyer und Mustertexte, die für die betriebliche Kommunikation eingesetzt werden konnten. Einzelne Berufsgenossenschaften setzten aus den Kampagnenmotiven eigene Plakataktionen in den Betrieben um, die zum Beispiel als Großaffichen an der Betriebseinfahrt für eine hohe Aufmerksamkeit sorgten. Es wurden auch eigene Kampagnennewsletter entworfen und in den Betrieben verteilt und selbst konzipierte Mitmach- und Dialogaktionen durchgeführt.

Plakatierung in Großunternehmen
Quelle: HVBG

Praxis

Interne Kommunikation

Ein tragender Bestandteil für den Erfolg der »Aktion: Sicherer Auftritt« war die gemeinsame Lenkung der Kampagne mit dem Auftraggeber sowie eine umfassende interne Kommunikation. Schließlich sollten 36 eigenständige Berufsgenossenschaften mitwirken und eigene Branchenkampagnen durchführen. Darum wurde eine interne Kick-off-Veranstaltung organisiert, zu der rund 700 BG-Mitarbeiter als Multiplikatoren nach Köln kamen. In Form eines Infomarktes präsentierten die einzelnen Berufsgenossenschaften ihre Ansätze für die Branchenkampagnen. Ein bunter Mix aus Sachinformationen, Unterhaltung und Showprogramm sorgte für die emotionale und inhaltliche Einstimmung auf die Kampagne.

Zur kontinuierlichen Einbindung wurde zum Beispiel ein interner Newsletter eingesetzt, der regelmäßig über die Erfolge und auch Schwierigkeiten bei der Umsetzung berichtete. Gleichzeitig wurde ein Handbuch aufgelegt, das den einzelnen Berufsgenossenschaften als praktischer Leitfaden zur Präventionskampagne alle relevanten Aktionen, Maßnahmen und Events in einer zeitlichen Abfolge darstellte und gleichzeitig praktische Handlungsanweisungen gab.

Die Kampagne »Aktion: Sicherer Auftritt« ist mit einer internen Kick-off-Veranstaltung am 10. März 2003 in Köln gestartet und wurde mit einer Pressekonferenz und einer Abschlussveranstaltung am 8. Juni 2005 in Berlin abgeschlossen.

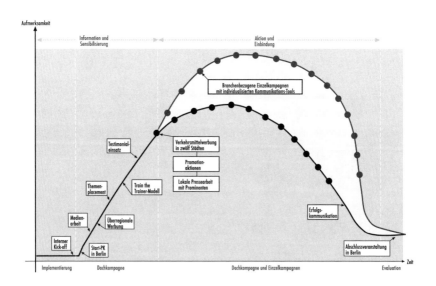

Grafik Kampagnen-Dramaturgie
Quelle: SSPKommunikation

Aufgetretene Probleme

Werblicher Ansatz unterentwickelt. Trotz der Konzentration auf den dialogorientierten Ansatz der Kampagne benötigte das Thema einen bundesweiten, werblichen Auftritt, um entsprechende Aufmerksamkeit und Bekanntheit zu erzielen. Dies war im Wesentlichen Aufgabe der Dachkampagne. Für einen solchen bundesweiten Auftritt, zum Beispiel über Plakatwerbung, fehlten allerdings die entsprechenden Mittel. Man konzentrierte sich darum auf punktuelle Verkehrsmittelwerbung an den Orten, in denen in großen Unternehmen entsprechende Einzelkampagnen geplant waren. Ansonsten versuchte die Agentur in den Mitarbeitermagazinen, den Branchenblättern und in den Unternehmen selbst mit Anzeigen und Plakaten Präsenz zu zeigen.

Kein einheitlicher Qualitätsstandard. Gemäß der Konzeption der Kampagne erhielten alle Berufsgenossenschaften eine Toolbox mit Marketinginstrumenten. Sie sollten diese Tools nutzen, um sie für die jeweiligen Zielgruppen zu modifizieren. In der Umsetzung zeigte sich, dass einige Berufsgenossenschaften diese Tools nicht einsetzten und damit Synergien zwischen Dachkampagne und Einzelkampagnen nicht erzeugt wurden.

Kommunikatives Neuland. Bei dem Versuch, alle einzelnen Berufsgenossenschaften zu einer gemeinsamen Aktion zusammenzuführen, traten einige, so nicht erwartete Probleme auf. Die Organisationsstruktur und die interne Kommunikation erwiesen sich als sehr komplex und aufwändig. Für viele Kampagnenverantwortlichen war diese Form der Zusammenarbeit neu, gleichzeitig verfügte die Mehrzahl nicht über Kampagnenerfahrung. Trotz intensiver Gruppen- und Einzelkommunikation im internen Lenkungskreis konnten Vorbehalte und Bedenken gegenüber einer solchen Kampagne nicht gänzlich ausgeräumt werden.

Außendienstler überfordert. Von den Verantwortlichen wurde bei der Kampagnenkonzeption das bestehende Netzwerk der Aufsichtspersonen und Präventionsfachleute als Stärke bewertet, die man für die Kampagne nutzen könne. Da die Kampagnenkommunikation aber eine andere Diktion und Semantik wählen sollte als die übliche Präventionsarbeit, wurde in die Kampagne ein Train-the-Trainer-Projekt integriert, das die Multiplikatoren durchlaufen sollten. Durch dieses Programm wurden wichtige Kenntnisse vermittelt, die von den Kommunikatoren auch aufgegriffen wurden. Letztendlich verlangte die Kampagne von ihnen aber eine Verhaltensveränderung und einen Wechsel der Kommunikationskultur, was vielen Teilnehmern Probleme bereitete.

Praxis

Evaluation

Die Kampagne wurde begleitend von dem Berufsgenossenschaftlichen Institut Arbeit und Gesundheit (BGAG, heute: Institut für Arbeit und Gesundheit der DGUV – IAG) evaluiert. Dabei wurden verschiedene Ansatzpunkte berücksichtigt.

Ergebnisevaluation. Für die Kampagne wurde als quantitativ messbare Zielvorgabe für den Präventionserfolg ein Rückgang der Unfallzahlen um 15 % bis zum Kampagnenende auf der Basis der Unfallzahlen von 2002 durch den Auftraggeber festgelegt.

	2001	2002	2003	Kampagnen- ende 2004
Anzahl der Unfälle	199.501	190.932	181.409	141.2801
Unfallquote		Ausgangswert	−5 %	−26,0 %
geleistete Arbeitsstunden in 1.000.000	47.022	45.907	45.384	45.384
meldepflichtige Unfälle/1.000.000 Arbeitsstunden	4,2	4,2	4,0	3,8
Quote		Ausgangswert	−4,76	−9,52
Vollarbeiter in 1.000	30.733	30.004	29.663	29.663
meldepflichtige Unfälle/1.000 Vollarbeiter	6,5	6,4	6,1	5,7
Quote		Ausgangswert	−4,68	−10,94
Anzahl neue Unfallrenten	4.732	4.763	4.762	k.A.
Anzahl Unfalltode	19	19	16	k.A.
Inflationsrate	0	1,2 %	1,2 %	2,2 %
Unfallkosten	250 Mio. Euro	240,5 Mio. Euro	231,2 Mio. Euro	184 Mio. Euro

Entwicklung der Unfallzahlen und Unfallkosten
Quelle: BGAG

Im Ergebnis sollte die Kampagne auch der Effizienzsteigerung der Präventionsarbeit dienen und zur Entlastung der Kosten für die Berufsgenossenschaften und damit beitragsentlastend für die Betriebe sein.

Das Ziel eines Rückgangs um mehr als 15 % wurde in dieser Kampagne, bezogen auf die absoluten Unfallzahlen, mit minus 26 % erreicht. Auch der Unfallrückgang, bezogen auf die relativen Zahlen wie die geleisteten Arbeitsstunden, liegt mit minus 9,5 %, bezogen auf die Zahl der Vollarbeiter allerdings mit minus 10,9 % noch sehr gut im Rahmen der Zielvorgaben für diese Kampagne.

Aufgrund einer Unfallkostenberechnung mit Unfalldaten aus dem Jahr 2001 mit 199.501 SRS-Unfällen und ca. 3 % Verwaltungskosten können die Gesamtkosten auf ca. 250 Millionen Euro im Jahr 2001 hochgerechnet werden. Unter Berücksichtigung des Inflationsausgleichs ergibt dieses für das Jahr 2004 einen Betrag in Höhe von 184 Millionen Euro. Der Rückgang der Unfallkosten für Stolper-, Rutsch- und Sturzunfälle beläuft sich somit auf etwa 56,5 Millionen Euro im zweiten Jahr der Kampagne.

Verhältnisänderungen. Im Rahmen der Kampagne wurden zahlreiche Maßnahmen zur Prävention von Stolper-, Sturz- und Rutschunfällen in betrieblichen und überbetrieblichen Bereichen durchgeführt und evaluiert. Die Maßnahmen bezogen sich sowohl auf Verhaltensänderungen, d. h. auf Veränderungen im sicherheitsgerechten Verhalten der Person, als auch auf die Verhältnisprävention, wie z. B. die Verhältnisse, die zur Entstehung von Stolper-, Sturz- und Rutschunfällen beitragen können. Diese Studie diente der Ermittlung der Veränderungen von Verhältnissen, die zu SRS-Unfällen in den Mitgliedsunternehmen führen können.

Die erste Erhebung fiel mit dem Beginn der Kampagne zusammen, d. h. zu einem Zeitpunkt, in dem noch kaum durch die Kampagne beeinflusste betriebliche Präventionsmaßnahmen stattgefunden hatten. Die zweite Erhebung fand während der Kampagne statt, die dritte Erhebung fiel in deren Endphase. Insgesamt wurden im Vorfeld elf Faktoren zur Beurteilung der Verhältnisse ausgewählt, die zur Entstehung von SRS-Unfällen führen können. Dies waren
1. Boden, Bodenbeläge;
2. Stufen, Treppen;
3. Beleuchtung;
4. Markierung;
5. Verkehrswege;
6. Reinigung;
7. Ordnung;
8. ausgelaufene Stoffe;
9. Hindernisse;
10. Stolperfallen;
11. Schuhwerk.

Diese elf Faktoren wurden bei Betriebsbegehungen von den für den Betrieb zuständigen Aufsichtspersonen anhand einer Checkliste durch Beobachtung kontrolliert. Die Verhältnisse konnten entweder »in Ordnung« sein oder aber »leichte Mängel« aufweisen. Verbesserungen konnten folglich von »leichte Mängel« zu »in Ordnung« erfolgen.

Insgesamt sind 2008 Checklisten beim Berufsgenossenschaftlichen Institut Arbeit und Gesundheit eingegangen. Da das Ziel dieser Untersuchung war, die Veränderung der Verhältnisse über die Kampagnenlaufzeit zu ermitteln, bezog sich diese Analyse ausschließlich auf die Betriebe, von denen Daten zu allen drei Erhebungszeitpunkten vorlagen.

Dabei ist festzustellen, dass sich die Verhältnisse zwischen dem ersten Erhebungszeitpunkt und dem letzten Erhebungszeitpunkt, also von Kampagnenbeginn zu Kampagnenende, bei allen Verhältnissen statistisch signifikant verbessert haben.

Bei den Unternehmen, von denen Fragebögen zu allen drei Messzeitpunkten vorlagen, waren bei allen elf untersuchten Faktoren zur Beurteilung der Verhältnisse die Veränderungen zwischen Messzeitpunkt 1 und Messzeitpunkt 3 höchst signifikant. Besonders auffällig ist, dass in den Kategorien »Stolperfallen«, »Schuhwerk«, »Boden und Bodenbeläge« sowie »Stufen und Treppen« signifikante Verbesserungen sowohl vom Erhebungszeitpunkt 1 zu 2 als auch vom Erhebungszeitpunkt 2 zu 3 stattgefunden haben. Dies trifft auch auf die Gesamtveränderung der Verhältnisse zu. Die folgende Tabelle zeigt die Ergebnisse noch einmal im Überblick:

Verhältnis	Prozent »in Ordnung« Erhebung 1	Prozent »in Ordnung« Erhebung 3	Signifikanz der Veränderung (t- test, Erhebung 1 und 3)
Boden, Bodenbeläge	65,1	80,7	höchst signifikant
Stufen und Treppen	90,5	96,3	höchst signifikant
Beleuchtung	89,9	96,6	höchst signifikant
Markierung	70,8	81,3	höchst signifikant
Verkehrswege	65, 1	74, 8	höchst signifikant
Reinigung	75, 7	86, 9	höchst signifikant
Ordnung	67, 2	83, 3	höchst signifikant

Präventionskampagne der gesetzlichen Unfallversicherung

Verhältnis	Prozent »in Ordnung« Erhebung 1	Prozent »in Ordnung« Erhebung 3	Signifikanz der Veränderung (t- test, Erhebung 1 und 3)
ausgelaufene Stoffe	90,8	94,2	signifikant
Hindernisse	67, 6	82, 4	höchst signifikant
Stolperfallen	62, 2	78, 9	höchst signifikant

Veränderung der Verhältnisse über die Kampagnenlaufzeit
Quelle: BGAG

Bewertung

Trotz der schwierigen Organisationsstruktur und des wenig attraktiven Themas konnte die Kampagne erfolgreich beendet werden. Die Trennung zwischen Dach- und Einzelkampagnen hatte sich grundsätzlich bewährt, auch wenn die Dachkampagne aufgrund von Budgetbeschränkungen nicht die gewünschte Wirkung aufbauen konnte und einige Einzelkampagnen mögliche Synergien nicht nutzten. Ebenso hat sich die starke Dialogausrichtung der Kampagne als richtig erwiesen. Bei einem Gesamtinput von rund 1,3 Millionen Euro für die Dachkampagne (inkl. aller Kommunikationstools für die Einzelkampagnen) und einem jährlichen Einsparungspotenzial von rund 56 Millionen Euro hat sich die Kampagne als äußerst effizient erwiesen. Die Entscheidung der Verantwortlichen, Kommunikationskampagnen als Instrument der Unfallprävention zu nutzen, hat sich als richtig und nachhaltig erwiesen.

Aus der Sicht der Kampagnenverantwortlichen in den einzelnen Berufsgenossenschaften stellt sich zum Abschluss der gemeinsamen Kampagnenpremiere speziell die Frage nach organisatorischen Optimierungsmöglichkeiten. Unter dem Titel »Experten-Befragung zur berufsgenossenschaftlichen Präventionskampagne« führte das BGAG diese bei den Berufsgenossenschaften durch. Hier spiegeln sich unter anderem die Schwierigkeiten der komplexen Koordination und die recht unterschiedlichen Erwartungshaltungen bezüglich einer Kampagne wider.

Wesentliche Hinweise für zukünftige Dachkampagnen waren aus Sicht der BG-Experten:
- Längere Vorlauf- und Vorbereitungszeit einplanen.
- Bereits im Vorfeld gemeinsame Arbeitskreise bilden und deren Ergebnisse an die Verantwortlichen der Einzelkampagnen (Berufsgenossenschaften) weiterleiten.

- Bessere Festlegung der Ziele, strategischen Konzepte sowie Durchführungsplanung und Wirkungskontrolle.
- Politik und staatliche Stellen einbeziehen.
- Klare Festlegung statistischer Kriterien zur Bewertung und Bereitstellung bisheriger Daten und Verläufe (Foto- bzw. Infoarchive).
- Abläufe besser koordinieren.
- Verstärkte Zielgruppenorientierung unter Berücksichtigung der Kampagnenreichweite (z. B. kleine Betriebe).
- Schwerpunkt sollte auf Einzelkampagnen liegen, die durch die Dachkampagne sinnvoll vernetzt werden (Synergieeffekte nutzen).
- Einfluss der einzelnen Berufsgenossenschaften im Rahmen der Dachkampagne (speziell Öffentlichkeitsarbeit) stärken.
- Zeitnaher Übergang von Dach- und Einzelkampagne.
- Fachansprechpartner/Koordinator bereitstellen.
- Pflichtenheft erstellen.
- Keinen zusammenhanglosen Medienmix anbieten.
- Öffentlichkeitsarbeit intensiver betreiben.
- Werbemittel kostengünstiger anbieten.
- Auftaktveranstaltung (Kick-off) zielgerichteter und sachbezogener gestalten.

Empfehlungen und Hinweise für Einzelkampagnen der Berufsgenossenschaften waren:
- Unternehmen stärker einbinden und rechtzeitig informieren.
- Selbstverwaltung und Verwaltung rechtzeitig informieren.
- Betriebs-, branchen- und gewerbespezifische Einzelaktionen durchführen.
- Betriebliche Multiplikatoren einbinden.
- Kampagne in Schulungen zentral integrieren.
- Konzepte für die Einzelkampagnen müssen vorliegen, bevor die Dachkampagne startet.

Anmerkungen
[1] Seit dem Jahr 2007 firmiert der HVBG als Deutsche Gesetzliche Unfallversicherung (DGUV) mit Sitz in Berlin.

Literatur
BGAG (2005): Evaluation der Aktion: Sicherer Auftritt, Abschlussbericht, Berufsgenossenschaftliches Institut Arbeit und Gesundheit BGAG, Dresden.

Fall 3: Horst Schlämmer fährt Golf im Social Web – »Ich mach jetzt Führerschein«

Sonja Kastner

Einleitung

Im deutschsprachigen Social Web hat im Jahr 2007 eine Kampagne des Automobilherstellers Volkswagen erstmals für große Furore gesorgt. Volkswagen hat gemeinsam mit der Comedyfigur *Horst Schlämmer* (Hape Kerkeling) eine Viralkampagne in Form eines Videoblogs zur Promotion seiner Marke Golf inszeniert.[1] Das Blog wurde in Fachzeitschriften als eine der ersten gelungenen Kommunikationsmaßnahmen einer großen Marke mit den Instrumenten des Social Web ausführlich besprochen und darüber hinaus mehrfach preisgekrönt, unter anderem beim International Advertising Festival in Cannes mit dem Silbernen Löwen. Die Agenturen Tribal DDB bzw. DDB Berlin verantworteten die Kreation und Durchführung des Blogs.

Situationsanalyse

Das Blog sollte als zeitlich begrenzte Aktion die klassische Werbung ergänzen, mit der man nach Aussage des Unternehmens Volkswagen die jugendliche Zielgruppe nur bedingt erreichen kann. Im Jahr 2007 galt noch mehr als heute, dass sich Blogs als neuartige Medienformate höchst dynamisch entwickeln. Die Qualitätsstandards kommerziell betriebener Blogs mussten damals (und heute immer noch) als sehr unterschiedlich bezeichnet werden. Das heißt, man konnte nicht genau wissen, worauf man sich einlässt. Die Gefahr, dass etwas schiefgeht, war weitaus größer als bei einer klassischen Kampagne. Die Gefahr, dass auch »unerwünschte« Informationen sich in der Blogosphäre rasant verbreiten, stellt nach wie vor eine große Herausforderung von Aktivitäten mit dem Medium dar. Bei kritischen Stimmen zum Unternehmen, zur Marke oder zur Kampagne muss noch schneller Stellung bezogen werden als in konventionellen Medien. Insofern ist die Entscheidung von Volkswagen, einen Schritt in Richtung neuer Formate in den digitalen Medien zu gehen, als mutig zu bezeichnen. Neben der Entscheidung für das neue Medium Videoblog war das Engagement eines Testimonials für Volkswagen ein Novum. Horst Schlämmer wurde mit Bedacht gewählt, laut Aussage der Agentur ist er »werblich unverbraucht und genießt in breiten Bevölkerungskreisen höchste Sympathie«.[2]

Praxis

Startseite des Blogs
Quelle: Tribal DDB Hamburg

Zielsetzung

Aufgabe war es, das Image von Volkswagen als volksnahe und sympathische Marke zu stärken. Darüber hinaus sollten Interessenten insbesondere für den Golf generiert werden. Der Start der Zusammenarbeit mit Horst Schlämmer war für VW auch vor einem anderen Hintergrund von Interesse. »Wir wollten testen, ob das Team Schlämmer/Volkswagen akzeptiert wird«, so Jochen Sengpiehl, Leiter Marketing Volkswagen PKW, »schließlich ist der Einsatz einer Kunstfigur als virales Testimonial völlig neu.«

Die Kampagne sollte so den Beweis antreten, dass virale Kommunikation zu den effizientesten und effektivsten Kommunikationsformen zählen kann – indem sie nicht nur die Nutzer, sondern auch die anderen Medien zu ihren freiwilligen Verbündeten macht und sie zur unentgeltlichen Verbreitung der Botschaften motiviert (GWA Gesamtverband Kommunikationsagenturen 2010: 29).

Es wurden mit den direkten Kommunikationszielen hohe Maßstäbe gesetzt:

- »Mindestens 1 Million Video-Views innerhalb der ersten sechs Wochen,
- mindestens 3 von 5 Sternen beim Sofort-Rating,
- positive Veränderung des Items ›Golf ist ein Auto für Menschen wie mich‹.« (ebd.)

Schlämmer sollte mehr als 15.000 Interessenten generieren, als Richtwert diente hier 190 Euro pro neu gewonnenem, qualifiziertem Interessenten (ebd.).

Zielgruppen

Ziel war, die 18- bis 40-Jährigen anzusprechen, also diejenigen, die nach bestandenem Führerschein zum ersten Mal ein Automobil erwerben. Ihnen, den aktiven Nutzern des Social Webs, geht es vorrangig darum, Themen und Eindrücke von persönlicher Relevanz mit dem eigenen Netzwerk zu teilen. Die Rollen von Rezipient und Produzent lassen sich in dialogorientierten Medienformaten wie dem Blog nicht mehr klar trennen. Dies kann mit einer viralen Kampagne genutzt werden. Aus der Zielgruppe sind knapp 100 % mindestens gelegentlich online. In dieser Altersgruppe verbringen die Menschen täglich zweieinhalb Stunden im Internet. Längst ist klar, dass damit mehr Zeit im Internet als mit den klassischen Medien Hörfunk und Fernsehen verbracht wird, von Büchern und Tageszeitungen ganz zu schweigen (Eimeren/Frees 2010).

Stakeholder

Neben den Zielgruppen sind die externen und internen Anspruchsgruppen wichtige Faktoren, die über Erfolg oder Misserfolg der Kampagne entscheiden. So durften die bereits bestehenden »älteren« Golf-Kunden keineswegs durch das neue Testimonial bzw. das neue Medienformat Blog verunsichert werden. Dies gelang aus den folgenden Gründen: Zum einen zählen sowohl ältere als auch jüngere Kunden zu den Fans von Hape Kerkeling, zum anderen sprachen das spezielle Format des Video-Blogs und auch die einfache Nutzerführung Blog-Neulinge oder ältere Nutzer an und schafften es, weitere Anspruchsgruppen für Form und Inhalt der Kampagne zu begeistern.

Botschaften

Die Geschichte des Blogs ist simpel. Deutschlands bekanntester stellvertretender Chefredakteur, Horst Schlämmer, möchte einen Führerschein machen und meldet sich bei einer Fahrschule an: »Ich mach jetzt Führerschein!« Den macht er, weil er eine Freundin haben möchte. Und er weiß: Ohne Auto keine Freundin. Die dabei entstehenden Fragen, Unsicherheiten und Ängste werden im Videoblog thematisiert, alle Fans können das Abenteuer über Wochen live mitverfolgen. Die Identität des von Hape Kerkeling dargestellten Lokaljournalisten Horst Schlämmer vom »Grevenbroicher Tagblatt«, der als »Volksvertreter« und »kleiner Mann von der Straße« auftritt, bezeichnete die betreuende Agentur als ideal zu den Werten von Volkswagen passend: »Autos für Menschen wie uns«. Davon abgesehen gehört Hape Kerkeling seit Jahren zu den in Deutschland beliebtesten TV-Entertainern. In der für den Golf relevanten Zielgruppe verfügt er laut Aussage der Agentur über einen Bekanntheitsgrad von knapp 90 %.

Strategie
Die Marke VW blieb in der gesamten Bild- und Textgestaltung im Hintergrund. Ähnlich wie bei *Product Placement* in den Medien Fernsehen und Film drängt es sich den Zuschauern der Spots nicht sofort auf, dass Horst Schlämmer einen Golf fährt. Zunächst war es also für die Nutzer des Blogs nicht offen sichtbar, dass sich ein Unternehmen wie Volkswagen hinter dem Blog verbirgt. Als Betreiber des Blogs fungierte in den ersten vier Wochen seines Bestehens die auf Branded Entertainment spezialisierte Düsseldorfer Agentur *Special Key* – quasi als »Strohmann«.

Nachdem einige Blogbesucher dies thematisierten bzw. vermuteten, dass Volkswagen mit der Marke Golf der Absender ist, wurde auch im Impressum die ausführende Agentur genannt.

Die Unterhaltung stand zunächst im Vordergrund der viralen Kampagne: »Wir haben die Menschen unterhalten und sie zum ersten Mal in Dialog mit ihrem Horst treten lassen – und ganz nebenbei den Golf verkauft«, so die Agentur. Dass diese Rechnung aufgegangen ist, dürfte auf die Tatsache zurückzuführen sein, dass es sich bei Hape Kerkeling um einen Comedian handelt, der es vermag, mit seinen Videospots eine große Menge Zuschauer im Medium Fernsehen zu faszinieren. Die Videosequenzen des Blogs sind so spielerisch und aufwändig gestaltet wie die Auftritte von Horst Schlämmer in der auf RTL ausgestrahlten Sendung *Hape trifft!*. So dominierte der Unterhaltungswert und nicht die Imagewerbung das Blog.

Umsetzung
Die Kampagne bestand aus drei Phasen.

Erste Phase. In der ersten Phase war Volkswagen als Absender nicht zu erkennen. Zu diesem Zeitpunkt erhielten aktive und attraktive Blogger erste Hinweise auf das Blog.

Das Besondere an dem Blog ist, dass die Filme nicht als Einzelfilme z. B. über das Portal Youtube angeboten, sondern als zusammenhängende Episoden einer größeren Geschichte präsentiert werden. Kernstück des Blogs sind also Videosequenzen, in denen Horst Schlämmer auftritt. Sie können als Livestream oder Download geladen werden. Die beliebtesten Videobeiträge sind von der Startseite aus direkt anwählbar und können sowohl als Podcast abonniert als auch einzeln an Bekannte oder Freunde weiterverschickt werden.

Auf der Startseite erscheinen fünf Beiträge von Schlämmer oder seiner Praktikantin Valerie in voller Länge. Die Spots haben eine Dauer von 90 Sekunden bis zu fünf Minuten und zeigen Schlämmer z. B. in Situationen wie »Meine erste Theoriestunde«, »Ich mache Anhalter« oder »Prüfung!«. Darüber hinaus bekommen die Nutzer Einblick in das (fiktive) Alltagsleben von Schlämmer, sie erfahren in kurzen Spots etwas über seine Praktikantin, die verzweifelte Suche nach einer neuen Partnerin oder begleiten ihn beim Einkaufen in der Fußgängerzone von Grevenbroich.

Horst Schlämmer sucht eine Praktikantin, die ihm Arbeit abnimmt. Auch das Thema *Praktikum* ist für die avisierte Zielgruppe üblicherweise von großem Interesse, und so werden im Blog derartig viele Beiträge gepostet, dass Kerkeling sie nicht mehr allein redaktionell betreuen kann.

Die (fiktive) Suche nach einer Praktikantin, die bei der Betreuung des Blogs helfen soll, dient mehreren Zielen. Zum einen wird deutlich gemacht, dass das Blog bisher mehr Besucher anziehen konnte als erwartet und die ursprünglich angenommene Zahl der zu bearbeitenden Beiträge um ein Vielfaches höher ausgefallen ist als die Zahl der zunächst erwarteten Beiträge. Zum anderen ist das Thema Praktikum unter vielen Jugendlichen bzw. jungen Erwachsenen eine grundlegende Maßnahme zur Berufsorientierung bzw. Jobbeschaffung. So generierte der Beitrag mit der Suche nach der Praktikantin eine überdurchschnittlich hohe Zahl an Kommentaren.

Eine *Suchfunktion* erleichtert ebenso wie ein *Kalender*, in dem alle Beiträge abgelegt sind, das Finden einzelner Beiträge und Filmsequenzen. Das Archiv ist nach Kalenderwochen sortiert. Die *Blogroll* informiert die Besucher über Schlämmers bevorzugte Links.

Die üblicherweise kritischen Teilnehmer der Blogosphäre reagierten zunächst mit Spekulationen und Diskussionen auf den »verdeckten« Blogbetreiber – ein Sturm der Entrüstung blieb allerdings aus, als Volkswagen und Hape Kerkeling ihre Zusammenarbeit bekannt gaben. Dieser Überraschungseffekt trug auch zur Attraktivität und Faszination des Blogs bei.

Die Agentur ging weiter davon aus, dass jeder weiß, dass Schlämmer eine Kunstfigur ist, deren Interesse an Automobilen der Marke Volkswagen nur kommerziell bedingt sein kann. Auf diese Weise sollte der Kritik vorgebeugt werden, so die Agentur, der User werde an der Nase herumgeführt. Es sollte vielmehr etwas wie »gefühlte Authentizität« erreicht werden: »Die User akzeptieren, dass es sich hier um Werbung handelt. Da sie aber gut gemacht ist und unterhaltsam daherkommt, haben sie nichts dagegen. Im Gegenteil: Sie spielen aktiv mit.«

Praxis

Zweite Phase. In Phase zwei »outete« sich VW als Sponsor. Gezielt wurden die Spots auf Portalen wie Youtube, Sevenload und Clipfish platziert. Das Unterhaltungsportal *Bild-T-Online* zeigte die Videoserie »Horst Schlämmer – ich mach jetzt Führerschein« zum Höhepunkt der *viral* wirkenden Kampagne.

Dritte Phase. Nach Schließung des Blogs wurde in der dritten Phase eine Website online gestellt,[3] die die Lebenswelt des VW-Testimonials Horst Schlämmer inszeniert und seinen Fans dauerhaft präsent sein wird. Auf der Website können alle Filme aus dem Blog als Stream angesehen bzw. heruntergeladen werden. Die Marke VW Golf tritt hier jedoch deutlicher in den Vordergrund, als es im Blog üblich war. Das neue Modell *Golf Tour Edition* wird den Besuchern der Website präsentiert, an mehreren Stellen führen Links direkt auf die Website des Unternehmens Volkswagen. In den Rubriken *Making of* und *Schlämmer Utensilien* werden den Fans von Schlämmer noch mehr Materialien angeboten, so z. B. ein typischer Bildschirmschoner und PC-Schreibtischbilder zum Download.

Startseite der Website
Quelle: Tribal DDB Hamburg

Weitere Medien wurden eingesetzt: Schlämmer-DVDs für Händler und Kunden, das Grevenbroicher Tagblatt in einer Sonderausgabe und eine Kinopromotion rundeten die PR-Maßnahmen ab (GWA Gesamtverband Kommunikationsagenturen 2010: 32).

Aufgetretene Probleme
Der Erfolg der Kampagne war vonseiten der Agentur nicht in der Form absehbar. So wurden die Filme sehr viel öfter als geplant heruntergeladen, Serverplatz und Transfervolumen mussten dem hohen Trafficvolumen immer wieder angepasst werden.

Neben den technischen Angleichungen stellte sich auch die inhaltliche Gestaltung als nicht komplett planbar heraus: »Eine solche Kampagne lässt sich nur sehr grob vorab mit einem roten Faden versehen.« Schlämmer geht auf Kommentare und Aktionen von Usern ein. Es stand also nicht von vornherein fest, wie sich die Geschichte entwickeln wird. Für das betreuende Team stellte die Arbeit so eine »Operation am offenen Herzen« dar.

Schlämmer und sein Golf
Quelle: Tribal DDB Hamburg

Die Idee des Blogs, den Kunden stärker als in allen anderen Kampagnen aktiv mit einzubinden, verlangte eine sehr schnelle Reaktionszeit seitens der Redaktion. Die Reaktionen durch die User waren nicht vorhersagbar, und damit musste die Agentur umgehen. Dies erforderte auch, »die Entscheidungswege mit dem Kunden sehr kurz zu halten«.

Evaluation

Das Blog wurde vom 22. Januar 2007 bis zum 14. März 2007 über knapp acht Wochen hinweg redaktionell betreut. In dieser Zeit verfasste Horst Schlämmer 38 Beiträge, das sind rund fünf Beiträge pro Woche. Diese wurden durchschnittlich von 63 Besuchern kommentiert. Den Besuchern war es möglich, die Videosequenzen zu bewerten. Die Spots erreichten zwischen 3.500 bis hin zu knapp 25.000 Bewertungen, im Durchschnitt wurde jeder der 14 Spots von 8.400 Besuchern bewertet.

Insgesamt sieben Millionen Mal wurden Schlämmers Fahrschulvideos aus dem Netz heruntergeladen, es konnten über 600.000 Unique User gezählt werden, jeder sah also im Durchschnitt knapp zwölf Filme an. Die Filme erhielten mit 4,5 von 5 Sternen überdurchschnittlich hohe Bewertungen (GWA Gesamtverband Kommunikationsagenturen 2010: 33). In den Podcastcharts des Apple-Portals iTunes rangierte das Blog mehrere Wochen auf dem ersten Platz.

VW musste nur 16 Euro für einen qualifizierten Interessenten investieren. Das ist angesichts der üblicherweise veranschlagten 190 Euro nur ein Bruchteil (ebd.: 35). 90.000 Probefahrten führt VW auf die Kampagne zurück. Um so viel Aufmerksamkeit zu generieren, hätte man für konventionelle Plakate, Anzeigen und TV-Spots etwa 6,5 Millionen Euro ausgeben müssen, rechnet man in Wolfsburg. Kerkeling alias Horst Schlämmer und die Website sollen »etwa ein Viertel« dieses Betrags gekostet haben (Slavik 2008).

Das Marktforschungsunternehmen Millward Brown fand in einer Studie heraus, dass der Item »Der Golf ist ein Auto für Menschen wie mich« durch die Kampagne von 51 % im Januar 2007 auf 57 % im Mai 2007 gesteigert werden konnte – dies entspricht einer Zunahme von 12 % (ebd.: 33).

Nicht zuletzt wurde die Kampagne mit zahlreichen renommierten Preisen ausgezeichnet, unter anderen beim International Advertising Festival in Cannes, mit dem Echo Award und dem Effie.

Bewertung

Die Zusammenarbeit von Volkswagen und Schlämmer in diesem Medienformat steht stellvertretend für die Veränderungen in der werblichen Ansprache potenzieller Kunden. Mit einer »einfachen Anzeigenkampagne« wäre die internetaffine Zielgruppe wohl kaum in ähnlicher Weise zu erreichen gewesen. Neben einer exzellenten Seeding-Strategie ist der Erfolg des Videoblogs sicher auch darauf zurückzuführen, dass es sich bei Hape Kerkeling um einen der beliebtesten Fernsehfiguren handelt, der es seit 20 Jahren vermag, als Showmaster, Schauspieler, Moderator, Komiker oder Buchautor ein breites Publikum zu begeistern. Er machte den Sprung in die Massenmedien erst möglich.

Die vielleicht entscheidende Erkenntnis ist, dass erfolgreiche, vor allem auch kommerziell erfolgreiche digitale neuartige Medienprodukte wie Blogs eine Story und Dramaturgie brauchen, die nicht jeder beliebige Nutzer produzieren kann, sondern nur ein professioneller arbeitender Autor, Texter oder Dramaturg.

Vor dem Hintergrund, dass virale Kampagnen immer Risiken bergen, wurde vonseiten der Agentur einem möglichen Kontrollverlust vorgebaut: »Die Nutzer sollen sich nicht belästigt fühlen, wenn man mit einem Trojanischen Pferd das Wohnzimmer stürmt«, war die Devise bei DDB. Jochen Sengpiehl, Leiter Marketing Volkswagen PKW, resümiert: »Als klar wurde, dass Volkswagen hinter der Geschichte steckt, erhielten wir breite Zustimmung, von der Fachwelt sogar geradezu Applaus. Wir haben mit der Aktion in vieler Hinsicht Neuland betreten, und der Mut wurde belohnt.«

Anmerkungen
[1] http://www.short-link.de/20121 (30.11.2010)
[2] Die Autorin führte am 18.11. 2010 ein Interview mit Projektmitarbeitern der Agentur Tribal DDB in Hamburg.
[3] http://www.short-link.de/20136 (30.11.2010)

Literatur & Quellen
Eimeren, Birgit van/Beate Frees (2010): »Fast 50 Millionen Deutsche online – Multimedia für alle? Ergebnisse der ARD/ZDF-Onlinestudie 2010«, in: Media Perspektiven 7–8/2010, S. 334–349.
GWA Gesamtverband Kommunikationsagenturen (2010): »Horst Schlämmer macht Führerschein«,
 http://www.gwa.de/images/effie_db/2008/vw_golf_2008.pdf (03.12.2010)
Slavik, Angelica (2008): »Ab in die Fahrschule«,
 http://www.sueddeutsche.de/wirtschaft/hape-kerkeling-ab-in-die-fahrschule-1.215804 (03.12.2010)
Tribal DDB (2010): »Horst Schlämmer: Ich mach jetzt Führerschein«,
 http://www.entry-hamburg-hafen.de/75/site/schlaemmerblog.tv/index5793.html?page_id=0 (30.11.2010, zit. als http://www.short-link.de/20121)
Volkswagen (2010): »Euer Horst hat Führerschein«,
 http://www.entry-hamburg-hafen.de/75/site/schlaemmerblog.tv/intro/index.html (30.11.2010, zit. als http://www.short-link.de/20136)

Fall 4: Der Qualität auf der Spur – die McDonald's Transparenzkampagne 2004 bis 2009

Christine Walther

Einleitung

Kommunikation ist ein schnelllebiges Geschäft. Themen, die heute aktuell sind, interessieren häufig morgen nicht mehr. Und mit der digitalen Revolution nimmt auch die Zahl der möglichen Kommunikationskanäle ständig zu. Um in diesem Umfeld erfolgreich zu kommunizieren, müssen Agenturen und Unternehmen Flexibilität beweisen – bei der Wahl der Themen wie auch beim Einsatz der Kommunikationskanäle. Vor diesem Hintergrund erscheint es umso außergewöhnlicher, wenn Kampagnenkonzepte über mehr als fünf Jahre hinweg umgesetzt werden und dabei die Botschaft des Kunden auch in einer veränderten Medienlandschaft treffsicher der Zielgruppe vermitteln. Und das mit nachweisbar großem Erfolg. Ein Beispiel hierfür: Die für McDonald's Deutschland konzipierte, bundesweite McDonald's Transparenzkampagne 2004 bis 2009.

Situationsanalyse

Essen ist eine Frage des Vertrauens. Was auch immer man zu sich nimmt: Als Konsument verlässt man sich darauf, dass die Qualität bei Zutaten und Verarbeitung stimmt. Doch dieses Vertrauen wird durch immer wiederkehrende Medienberichte über Lebensmittelskandale und Tierseuchen regelmäßig auf eine harte Probe gestellt. BSE, Gammelfleisch und Vogelgrippe sind in den Köpfen der Verbraucher über Jahre hinweg präsent. Und mit jedem neuen Lebensmittelskandal fragen sich die Verbraucher: Wem kann ich noch trauen? Wo ist auf Qualität überhaupt noch Verlass?

Als eines der führenden Unternehmen in der Gastronomie wird McDonald's in diesem Kontext grundsätzlich kritisch beobachtet. Oftmals sieht sich McDonald's in der öffentlichen Wahrnehmung sogar stellvertretend für die gesamte Fast-Food-Branche mit Vorurteilen bezüglich der Qualität der Produkte konfrontiert.

Dabei steht fest, dass McDonald's sehr hohe Qualitätsstandards an die Rohstoffe stellt, die teilweise über den gesetzlichen Vorgaben liegen. McDonald's arbeitet mit namhaften Markenlieferanten zusammen, darunter Unternehmen wie Schwartau, Bonduelle, Hochland oder Lieken, auf deren Rohstoffe und Herstellungsverfahren Millionen Verbraucher beim täglichen Einkauf vertrauen. Dies geschieht, um die hohe Qualität der Produkte zu gewährleisten – nicht nur im Interesse der Gäste, sondern auch zum Schutz des Unternehmens und der Marke McDonald's.

Die besondere Herausforderung bestand also darin, diese Tatsachen in den Köpfen der Verbraucher zu verankern. Um nicht langfristig der Gefahr ausgeliefert zu sein, dass das Markenimage durch unverschuldete, aber eben regelmäßig auftretende Lebensmittelskandale untergraben wird, wurde das Qualitätsimage der Marke mittels einer langfristig angelegten Qualitätskampagne zusätzlich gestärkt.

Zielsetzung

Für die Transparenzkampagne wurden folgende Ziele definiert:
1. *Das Vertrauen in die Marke McDonald's und die Herkunft der Rohwaren stärken.*
Nur das Vertrauen in eine Marke kann Kunden dauerhaft zu loyalen Gästen machen.
2. *Qualitätswahrnehmung von McDonald's-Produkten signifikant erhöhen.*
Im hart umkämpften Fast-Food-Markt konkurriert McDonald's mittlerweile mit einer Vielzahl an Alternativen. Eine fundierte Qualitätswahrnehmung ist deswegen ein wichtiger strategischer Wettbewerbsvorteil.
3. *Die Sicherheit der Produkte nachhaltig im Bewusstsein verankern.*
Das Vertrauen in die Sicherheit der bei McDonald's angebotenen Produkte ist essenziell, um bei unverschuldeten Lebensmittelskandalen vom Verbraucher nicht in Sippenhaft genommen zu werden.

Zielgruppen

Die Kernzielgruppe bildeten Frauen, die in Ernährungsfragen eine sehr kritische Zielgruppe sind und die gleichzeitig eine wichtige Multiplikatorfunktion erfüllen. Der Fokus lag hier bei jungen Erwachsenen (18 bis 29 Jahre) und Müttern mit Kindern. Insbesondere Letztere übernehmen nicht nur für sich, sondern auch für ihre Kinder die Verantwortung für eine sinnvolle Ernährung.

Die erweiterte Zielgruppe bildet die breite Öffentlichkeit von 14 bis 49 Jahren, die durch die wiederkehrende und anhaltende mediale Berichterstattung über Lebensmittelskandale unter Umständen verunsichert wird. Auch hier kam es darauf an, das Vertrauen in die Produktqualität von McDonald's zu stützen und zu stärken.

Stakeholder

Darüber hinaus wandte sich die Transparenzkampagne auch gezielt an Stakeholdergruppen wie Journalisten und Politiker, indem diese mit flankierender Meinungsbildnerkommunikation über die Qualität und Herkunft der McDonald's-Produkte informiert wurden.

Botschaften

Sowohl gegenüber der Kernzielgruppe als auch gegenüber den Meinungsbildnern formulierte die Kampagne klare und überzeugende Botschaften: McDonald's setzt von den Rohstoffen bis zum Endprodukt hohe Qualitätsansprüche, die teilweise über den gesetzlichen Vorgaben liegen. Zudem arbeitet McDonald's seit Jahrzehnten mit bekannten Markenlieferanten zusammen, denen Millionen Verbraucher beim täglichen Einkauf vertrauen, darunter Unternehmen wie Bonduelle, McCain oder Develey. Damit gewährleistet McDonald's seit jeher die hohe Qualität und Sicherheit der Produkte – im Interesse der Gäste wie des Unternehmens und der Marke McDonald's.

Strategie

Die Kampagne zeigt Transparenz, indem sie die hohe Qualität der McDonald's-Produkte von der Herkunft der Rohstoffe über die Verarbeitung und Zubereitung bis hin zum Verzehr (»from farm to fork«) veranschaulicht. Objektive Dritte konnten sich unabhängig von der Qualität der Produkte von McDonald's überzeugen. Dies hätten Experten sein können, doch die Agentur ging gemeinsam mit McDonald's einen anderen Weg: Die Konsumenten selbst übernahmen die Rolle des Qualitätsscouts.

Umsetzung

Aus diesem Anspruch heraus wurde das Konzept der McDonald's Qualitätsscouts entwickelt. Dabei lässt McDonald's die Qualität seiner Produkte von den Menschen überprüfen, denen die Zielgruppe am meisten vertraut: sich selbst. Seit 2004 können sich interessierte Verbraucher als sogenannte Qualitätsscouts bewerben und auf einer von vier Touren – Salat, Kartoffeln, Brötchen oder Rindfleisch – persönlich und uneingeschränkt die Herkunft und Produktion der Rohwaren sowie deren Weiterverarbeitung bis ins Restaurant in Augenschein nehmen. Aufgrund des großen Interesses und vor dem Hintergrund des erstmaligen Auftauchens der Vogelgrippe in Deutschland konnten die Qualitätsscouts von 2006 an auch vorübergehend die Verarbeitung des Hähnchenfleischs bis hin zu fertigen Chicken McNuggets kennenlernen.

Die Qualitätsscouts werden auf ihrer Tour von einem Filmteam begleitet, während sie sich uneingeschränkt über die Produktion der Rohwaren sowie die einzelnen Stationen der Qualitätssicherung informieren.

Praxis

Qualitäts-Scout Anzeigenmotiv 2005
Quelle: McDonald's

Da die Qualitätswahrnehmung deutscher Verbraucher laut Studien wesentlich vom Faktor »Herkunft« bestimmt wird, stellte die Kampagne ab 2008 die regionalen Wurzeln der einzelnen Zutaten in den Fokus – mit dem Claim »Wissen, wo's herkommt« als zentralem Leitsatz. Um die Glaubwürdigkeit dieser Strategie zu erhöhen, wurde der Herkunftsaspekt in das bereits seit 2004 etablierte Programm der McDonald's-Qualitätsscouts verstärkt.

McDonald's Transparenzkampagne

Anzeigenmotiv 2008
Quelle: McDonald's

2004 wurde das Qualitätsscouts-Programm erstmalig auf der Website von McDonald's und in der in den Restaurants ausliegenden Kundenzeitschrift L.O.S. beworben. Interessierte Gäste konnten sich über das Internet bewerben.

Aufgrund der positiven Resonanz wurde die Kampagne ab 2005 gezielt erweitert und die Bewerbungen, Besuche und Berichte der Qualitätsscouts in eine crossmediale Drei-Phasen-Strategie eingebunden, bestehend aus einer Bewerbungsphase, Feldphase und Dokumentationsphase. Umgesetzt wurde die Kampagne sowohl am Point of Sale (POS) als auch in den Kanälen TV, Print und Internet und von PR-Arbeit sowie Meinungsbildnerkommunikation begleitet.

Für die Anzeigen wurden meinungsbildende Titel und Frauenzeitschriften ausgewählt. Parallel dazu folgte eine nationale TV-Kampagne mit der Belegung selektiver Highlights auf allen großen Sendern.

Darüber hinaus konnten interessierte Verbraucher weiterführende Informationen zur Kampagne und zur Qualität der McDonald's-Produkte im Qualitätsscouts-Bereich auf der Website von McDonald's finden. Und nicht zuletzt wurde auch am Point of Sale, z. B. auf den Tablettauflagen in den Restaurants, über die Aktion berichtet.

Zusätzliche argumentative Unterstützung lieferte eine Untersuchung der Stiftung Warentest: Im Februar 2005 wurde der McDonald's Cheeseburger bei einem Vergleich von 19 verschiedenen Burgern zum Testsieger gekürt. Dieser Erfolg stützte die Aussagen der Qualitätsscouts und wurde selbstverständlich umgehend in die laufende Kampagne eingebunden.

Ungeachtet der thematischen Schwerpunktverlagerung griff auch die ab 2008 neu konzipierte Qualitätskampagne »Wissen, wo's herkommt« auf das bewährte Drei-Phasen-Modell zurück, wobei allerdings vor allem der Onlinekommunikation ein deutlich größerer Schwerpunkt eingeräumt und der Mediadruck grundsätzlich erhöht wurde.

1. Bewerbungsphase. Im Frühjahr wurde – wie jedes Jahr seit 2004 – zur Bewerbung als Qualitätsscout aufgerufen: im Rahmen von TV-Spots, Anzeigen, Tablettauflagen in den Restaurants, über Onlinewerbung sowie auf einem eigenen MySpace-Profil (www.myspace.com/mcdonalds_scouts2009). Mit allen Werbemitteln wurde auf die Microsite www.mcdonalds.de/qualitaet verwiesen, auf der man sich bewerben und umfassend zum Thema Qualität bei McDonald's informieren konnte. Um das vertrauensbildende und authentizitätsfördernde Potenzial der Qualitätsscouts voll auszunutzen, wurden jeweils Scouts des Vorjahres in die crossmediale Kampagne eingebunden.

Microsite
Quelle: McDonald's

2. Feldphase. In den Sommermonaten gingen die ausgewählten neuen Qualitätsscouts auf »Inspektionsreise« vor Ort: Sie konnten sich auf vier verschiedenen Touren (Rindfleisch, Kartoffel, Salat, Brötchen) bei den Landwirten, in der weiterverarbeitenden Produktion und im Restaurant selbst von den Gegebenheiten vor Ort sowie den hohen Qualitätsstandards bei McDonald's überzeugen. Auf ihren Touren begleiteten sie ein Filmteam und ein Fotograf, zusätzlich wurden sie selbst mit Digicams ausgestattet. Um während der Feldphase weiterhin Traffic auf der Microsite zu generieren, wurde in den Restaurants aktiv ein Faltblatt mit den wichtigsten Fakten zum Thema »Qualität bei McDonald's« sowie einem Gewinnspiel – Teilnahme nur online möglich – verteilt. Rund 4.000 Gewinnspiel-Teilnehmer wurden allein 2009 registriert.

3. Dokumentationsphase. Im Herbst/Winter folgte jeweils die Nachberichterstattung: Auf der Microsite und im MySpace-Profil wurde über die Touren und die Erlebnisse der Scouts berichtet. Zeitgleich wurden weiter »Wissen, wo's herkommt«-TV-Spots, -Anzeigen und -Onlinewerbung geschaltet – jeweils mit dem Verweis auf die URL der Microsite. Ein Zusammenschnitt der Digicam-Aufnahmen der Scouts

Tablett-Set mit Aufruf zur Bewerbung
Quelle: McDonald's

wurde zudem als »Best-of-Tour-Video« auf MySpace präsentiert. Die Wirkung war authentisch und seriös – die Zielgruppe war hautnah dabei. Auf der Microsite präsentierte das »Tour-Tagebuch« die Aufnahmen des Filmteams zu den einzelnen Touren. Darüber hinaus wurden die einzelnen Scouts mit vollem Namen, Beruf und Foto vorgestellt.

Alle drei Phasen der Kampagne wurden durch eine kontinuierliche Pressearbeit unterstützt. Zusätzlich konnten im zielgruppenspezifischen Umfeld die Branchenexperten direkt angesprochen werden. So nahm McDonald's im Rahmen der Transparenzkampagne zum Beispiel 2008 am Zentralen Landwirtschaftsfest in München teil – gemeinsam mit dem Bayerischen Bauernverband: Dieses Engagement diente der vertiefenden Kommunikation mit den Branchenexperten und ergänzte zusammen mit gezielten Auftritten auf themenaffinen Ausstellungen (u. a. beim Verband für Ernährung und Diätetik oder bei der Deutschen Gesellschaft für Ernährung) das Maßnahmenspektrum der Qualitätskampagne.

Aufgetretene Probleme

Aufrichtige Begeisterung kann auch ihre Schattenseiten haben. Denn je positiver sich die Qualitätsscouts über Herkunft und Verarbeitung der McDonald's Rohwaren äußerten, umso häufiger wurde der Verdacht geäußert, es handele sich bei den Scouts in der Kampagne nicht um interessierte Verbraucher, sondern um gecastete Schauspieler. Diesem Vorwurf wurde vor allem auch durch die Veröffentlichung von Scoutbewerbern auf der eigenen MySpace-Seite sowie einer Verlinkung auf die Microsite entgegengewirkt. Zudem wurden die Qualitätsscouts auch in andere Kommunikationsmaßnahmen – wie zum Beispiel dem Auftritt auf dem Zentralen Landwirtschaftsfest – eingebunden und der Öffentlichkeit so die Möglichkeit gegeben, selbst mit den Qualitätsscouts ins Gespräch zu kommen und sich von deren Authentizität persönlich zu überzeugen.

Evaluation

Der Erfolg einer Kampagne misst sich an konkreten Zahlen. Ein Blick auf diese belegt, dass die Strategie der Transparenzkampagne von McDonald's aufgegangen ist – und zwar in jeder Hinsicht und über Jahre hinweg.

So dokumentieren rund 1.700.000 Pageimpressions und ca. 452.000 Visits auf der Microsite sowie rund 46.000 Visits auf dem Qualitätsscout-Portal auf MySpace allein für das Jahr 2008 den Erfolg bei der Zielgruppe. Auch der kontinuierliche Anstieg der Bewerberzahlen beim Qualitätsscout-Programm spricht für sich: Nach 107 Bewerbungen im Jahr 2004 (reine Online- und POS-Kampagne) erreichte die crossmediale Qualitätskampagne 2009 mit knapp 7.000 (6.894) Bewerbungen einen neuen Rekordwert – seit dem Start des Programms haben sich damit insgesamt rund 18.000 Interessierte beworben.

McDonald's Transparenzkampagne

Allein im Jahr 2008 konnte über die unbezahlte Kommunikation eine Reichweite von 40 Millionen generiert werden.

Die McDonald's-Transparenzkampagne trägt seit Jahren mit großem Erfolg dazu bei, die Qualitätsstandards des Unternehmens zu kommunizieren. Dies zeigt sich auch insbesondere bei der Realisierung der drei konkreten Kommunikationsziele.

1. *Das Vertrauen in die Marke McDonald's und die Herkunft der Rohwaren wurde langfristig gestärkt.*

Ein Blick auf die Researchdaten der Gesellschaft für Konsumforschung macht deutlich, dass mit anhaltender Laufzeit das Vertrauen der Verbraucher in die Marke stark wuchs. So steigerte sich die Zustimmung zur Aussage »McDonald's ist ein Anbieter, dem ich vertraue« ausgehend vom Basiswert 100 des Jahres 2003 bis 2009 auf einen Indexwert von 116.

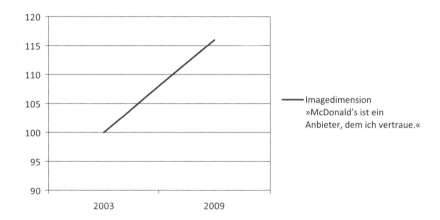

Imagedimension »McDonald's ist ein Anbieter, dem ich vertraue«; Balkendiagramm 2003 bis 2009; 2003: Index 100; 2009: Index 116
Quelle: GfK, Fast Track 2010; Basis: Markenkenner bei randomisierter Statementabfrage

Praxis

2. *Die Qualitätswahrnehmung von McDonald's-Produkten wurde kontinuierlich gesteigert.*
Wettbewerbsvorteil Qualität: In diesem Sinne konnte im Zuge der Transparenzkampagne auch die Qualitätswahrnehmung kontinuierlich und deutlich verbessert werden. So stieg die Zustimmung zur Aussage »McDonald's hat eine gute Qualität« vom Basisindex 100 im Jahr 2003 auf einen Wert von 114 im Jahr 2009.

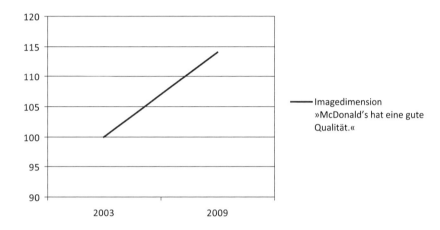

Imagedimension »McDonald's hat eine gute Qualität«; Balkendiagramm 2003 bis 2009; 2003: Index 100; 2009: Index 114
Quelle: GfK, Fast Track 2010; Basis: Markenkenner bei randomisierter Statementabfrage

3. *Die Sicherheit der Produkte wurde nachhaltig im allgemeinen Bewusstsein verankert.* Noch deutlicher zeigt sich der kommunikative Erfolg hinsichtlich des Vertrauens in die Unbedenklichkeit der bei McDonald's angebotenen Produkte. Diese macht sich wesentlich an der Qualität der verwendeten Zutaten fest. Und von dieser konnten die Verbraucher im Rahmen der Transparenzkampagne in besonderer Weise überzeugt werden. Denn verglichen mit dem Ausgangswert des Jahres 2003 nahm die Zustimmung zur Aussage »McDonald's verwendet gute Zutaten« bis 2009 um ein Viertel auf einen Indexwert von 125 zu.

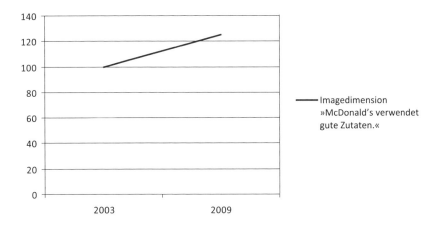

Imagedimension »McDonald's verwendet gute Zutaten«; Balkendiagramm 2003 bis 2009; 2003: Index 100; 2009: Index 125
Quelle: GfK, Fast Track 2010; Basis: Markenkenner bei randomisierter Statementabfrage

Wie sehr diese positiven Resultate auf die Aufklärungsarbeit der Transparenzkampagne zurückzuführen sind, zeigt ein Blick auf die Korrelation zwischen den einzelnen Flights der Kampagne und der Entwicklung der Qualitätswahrnehmung von McDonald's. Dabei korrespondiert die Zunahme von Verbrauchervertrauen und Qualitätswahrnehmung über Jahre hinweg mit der Schaltung von TV-Spots und Anzeigen der Transparenzkampagne.

Diese Ergebnisse machen deutlich: Die Verbraucher lassen sich auch für das Thema Lebensmittelqualität gewinnen. Vor allem dann, wenn der Kampagnenstil nicht nur authentisch und überzeugend, sondern auch unkompliziert und unterhaltsam ist.

Bewertung

Die Transparenzkampagne steht beispielhaft für eine umfassende Kampagne mit nachweisbarem Erfolg. Denn mit dieser Kampagne konnte über die klassische Kommunikation hinaus ein Weg gefunden werden, die Zielgruppe einzubinden und hinter die Kulissen des Unternehmens blicken zu lassen. Wie erfolgreich dieser Weg beschritten wurde, zeigt neben den positiven Evaluationsdaten auch die Auszeichnung der McDonald's-Transparenzkampagne mit dem PR Report Award 2009 in der Kategorie »Langfristige PR-Strategie«.

6 Kampagnen von politischen Institutionen

Fall 5: Mit Emotion zur Prävention – die nationale Verkehrssicherheitskampagne »Runter vom Gas!«

Nadine Remus

Einleitung

Die Europäische Union erklärte im Jahr 2000 die Halbierung der Zahl der Verkehrstoten in allen Mitgliedstaaten innerhalb der nächsten zehn Jahre zum zentralen Ziel der europäischen Verkehrspolitik. Die deutsche Bundesregierung reagierte darauf mit einem umfassenden Programm für Sicherheit im Straßenverkehr, das alle gesellschaftlichen Kräfte aktivieren und mobilisieren sollte, um dieses Ziel zu erreichen. Neben rechtlichen, finanziellen und technischen Innovationen sollten auch kommunikative Maßnahmen gezielt zur Erhöhung der Sicherheit im Straßenverkehr eingesetzt werden. Ein Bestandteil dieses im Februar 2001 lancierten Programms war die Verkehrssicherheitskampagne »Runter vom Gas!«.

»Runter vom Gas!« ist eine bundesweit angelegte Verkehrssicherheitskampagne, die sich seit nunmehr drei Jahren mit dem Thema Unfalltod durch nicht angepasste Geschwindigkeit auseinandersetzt und die Verkehrsteilnehmer zu mehr Sicherheitsbewusstsein im Straßenverkehr motivieren will. Die Kampagne lief 2010 in der dritten Staffel.

Auftraggeber waren das Bundesministerium für Verkehr, Bau und Stadtentwicklung (BMVBS) und der Deutsche Verkehrssicherheitsrat e.V. (DVR). Mit der Entwicklung und Umsetzung der Kampagne wurde eine überregionale PR- und Werbeagentur betraut. Zur Verfügung stand ein Budget von 3 Millionen Euro.

Den offiziellen Startschuss zur Kampagne gaben am 18. März 2008 Bundesverkehrsminister Wolfgang Tiefensee und Professor Manfred Bandmann, Präsident des DVR. Der erzielte Erfolg bestätigt, dass Kampagnen ein wirkungsvolles Instrument der *Präventionskommunikation* darstellen. Inzwischen wurde die Kampagne zum dritten Mal verlängert. Zahlreiche Kooperationspartner förderten die Initiative von Anfang an und verhalfen ihr damit zu einer breiten gesellschaftlichen Unterstützung.

Im Folgenden wird der Kampagnenzeitraum März 2008 bis Oktober 2009 vorgestellt, analysiert und bewertet.

Situationsanalyse

Im Jahr 1999 erfasste die Polizei 2,4 Millionen Straßenverkehrsunfälle, bei denen 528.899 Personen schwer verletzt wurden und 7.772 Personen ihr Leben verloren. Durch die konsequente Verbesserung der vorhandenen Infrastruktur, die technische Weiterentwicklung der Fahrzeuge und Verschärfung gesetzlicher Bestimmungen konnte innerhalb der vergangenen zehn Jahre die Zahl der Verkehrsunfälle um 100.000 auf 2,3 Millionen reduziert werden. Doch obwohl die Zahl der Unfallopfer auch weiterhin zurückgeht, ist jedes durch einen Verkehrsunfall verlorene Leben eines zu viel. 2009 starben 4.152 Menschen auf Deutschlands Straßen.

Viele Fahrer überschätzen ihr eigenes Können: alte wie junge, Männer wie Frauen. Darüber hinaus ist trotz des eigenen vorausschauenden Fahrens das der anderen nicht berechenbar. Eine der häufigsten Unfallursachen ist die nicht angepasste Geschwindigkeit. Besonders gefährdet sind diejenigen, die das Risiko eines Unfalls zugunsten des Fahrspaßes bewusst in Kauf nehmen: jugendliche Fahrer im Alter von 18 bis 24 Jahren und Motorradfahrer. Laut Statistik verunglückt alle acht Stunden ein jugendlicher Fahrer tödlich im Straßenverkehr. Die höhere Bereitschaft zum Risiko ist jedoch nur ein Grund für die hohe Unfallzahl. Jugendliche Verkehrsteilnehmer verfügen über weniger Erfahrung und können viele Verkehrssituationen nicht richtig einschätzen. Es genügt eben nicht, sich nur an die vorgegebene Höchstgeschwindigkeit zu halten. Faktoren wie Wetter, Beschaffenheit der Straße, Zustand des Fahrzeugs, aber vor allem die persönlichen Fähigkeiten müssen in das gesamte Fahrverhalten einbezogen werden. Dies gilt gleichermaßen für alle motorisierten Verkehrsteilnehmer. So auch für die Gruppe der Motorradfahrer. Für sie besteht laut DVR ein siebenmal höheres Risiko, im Straßenverkehr getötet zu werden als für die restlichen Fahrzeugführer.

Geschwindigkeitsbegrenzungen, Verkehrskontrollen und Sanktionen finden schnell ihre Grenzen: »Im Alltag haben Verkehrsteilnehmer immer einen ›guten Grund‹, aufs Gas zu treten. Dass große Risiken eingegangen werden, die den Fahrer selbst, Mitfahrer und andere Verkehrsteilnehmer gefährden, verschwindet dann oft aus dem Bewusstsein« (Leitfaden Präsentation »Runter vom Gas!«). Ein Opfer bedeutet meist viele Betroffene: Familie, Freunde, Rettungskräfte, Seelsorger. Dennoch hoffen die meisten Verkehrsteilnehmer, dass Unfälle »den anderen« passieren. Solange keine direkte Betroffenheit durch einen eigenen Unfall oder den eines nahe stehenden Menschen besteht, sind das Bewusstsein über das tatsächliche Risiko und die Notwendigkeit zum sicherheitsbewussten Fahren nicht oder nur latent ausgebildet.

Verkehrssicherheitskampagne »Runter vom Gas!«

Doch wie gewinnt man für ein permanent bestehendes Problem immer wieder aufs Neue die Aufmerksamkeit der Öffentlichkeit und besonders der Menschen, die die Konsequenzen ihres Verhaltens bewusst ausblenden?

Bei gesellschaftlich relevanten Themen wie dem Klimawandel, Aids oder eben Sicherheit im Straßenverkehr ist eine konjunkturunabhängige *Aktualität* gegeben, die sich an prominenten Fällen orientiert. Gerade deshalb ist es schwierig, die *permanente Aktualität* zu unterstreichen, um die *Aufmerksamkeit* der Bevölkerung und der Medien zu wecken und zu halten. Eine noch größere Herausforderung ist es allerdings, eine Verhaltensänderung bei den Gefährdeten herbeizuführen. In den 1970er-Jahren wurden gesellschaftliche Probleme oft mit rechtlichen Maßnahmen angegangen. Doch Verbote lösen häufig eher gegenteilige Reaktionen aus. Ähnlich verhält es sich mit Geboten. Gut gemeinte Ratschläge und kluge Empfehlungen, noch dazu von höheren Instanzen wie Behörden und Experten prallen bei vielen Menschen wirkungslos ab.

Kampagnen stellen kommunikative Maßnahmen dar, um einem Thema eine breite Öffentlichkeit zu verschaffen und gleichzeitig spezifische Zielgruppen zu erreichen. Bevor die Kampagne »Runter vom Gas!« startete, gab es bereits mehrere Versuche, mittels Kampagnen zu sicherheitsbewusstem Fahren zu animieren (z. B. »Gelassen läuft's«). Dass Kampagnen, die allein an die Vernunft appellieren oder sich Wortspielereien bedienen wie »Reisen statt Rasen« oder »Sie fahren mit Abstand am besten«, nicht zum Kern des Problems vordringen, dürfte aufgrund der bisherigen Darstellung einleuchten.

»Runter vom Gas!« versuchte daher, die Botschaften über Emotionen zu transportieren. Im Rahmen der Gesundheitsprävention verfügt die emotionale Ansprache in der Kampagnenkommunikation bereits über eine gewisse Tradition. Grundlage bildet hier das Social Marketing, das Erkenntnisse der Hirn- und Verhaltensforschung für die Gestaltung von Werbung für Produkte und Dienstleistungen nutzbar gemacht hat. Die Kopplung von Wissenszuwachs und emotionalem Erleben führt bei den Zielpersonen zu einem höheren Involvement. Eigene Handlungen werden aktiv überdacht und an den neuen Wissensstand angepasst. Zugleich müssen dem Adressaten alternative Handlungskonzepte angeboten werden. Übertragen heißt dies: Wenn es eine Kampagne schafft, ihrer Zielgruppe die potenzielle persönliche Betroffenheit aufzuzeigen und eine umsetzbare Alternative anzubieten, hat sie gute Chancen, Einfluss auf das Verhalten der Rezipienten zu gewinnen.

Praxis

Zielsetzung
Das vordergründige Ziel der Kampagne »Runter vom Gas!« war es, die dramatischen Folgen zu schnellen Fahrens aufzuzeigen und zugleich Auto- und Motorradfahrer zu verantwortungsvollem Fahren aufzurufen.

Information und Wissenszuwachs. Mit der Kampagne sollte Aufklärungsarbeit geleistet werden. Fahrern, die das Risiko eines Unfalls bewusst in Kauf nehmen, sollte aufgezeigt werden, welches Leid die Angehörigen von Verkehrsopfern ertragen müssen.

Motivation und Akzeptanz. Man wollte die Verkehrsteilnehmer dazu motivieren, sich aktiv für mehr Sicherheit im Straßenverkehr einzusetzen. »Verkehrsunfälle sind keine schicksalhafte, unvermeidbare Nebenerscheinung des Straßenverkehrs und der Mobilität, sondern in den meisten Fällen Folge vermeidbaren menschlichen Fehlverhaltens« (BMVBS 2009: 8).

Sensibilisierung und Anschlusshandeln. Es galt, jedem einzelnen Verkehrsteilnehmer bewusst zu machen, dass auch ihn jederzeit ein Unfall, als direkter oder indirekter Beteiligter, treffen kann. Jeder Einzelne sollte angeregt werden, sich mit seinem individuellen Fahrverhalten auseinanderzusetzen und sich verantwortungsvoll für das eigene Geschwindigkeits- und Risikoverhalten zu zeigen.

Betroffenen eine Stimme geben. Ein Ziel war es auch, der Gruppe der Betroffenen Gehör zu verschaffen. Unfallopfer sollten erzählen, welche mitunter lebenslangen Folgeschäden sie durch einen Unfall davontragen. Zudem sollten Angehörige und Freunde, aber auch Rettungskräfte und Seelsorger erklären, dass Leichtsinn lebenslanges Leiden nicht nur beim Opfer selbst hervorrufen kann. Damit konnte deutlich gemacht werden, dass hinter den Zahlen der vom BMVBS jährlich veröffentlichen Unfallstatistiken Menschen mit einem Namen und einer Geschichte stehen.

Öffentliche Aufmerksamkeit. Die Kampagne sollte eine breite *mediale Präsenz* erfahren und somit eine hohe Bekanntheit bei der *Kernzielgruppe* erreichen sowie die öffentliche Themenstruktur beeinflussen.

Dialog herstellen. Die Kernzielgruppen *Jugendliche* und *Motorradfahrer* sollten die Möglichkeit zum direkten Dialog mit Verantwortlichen für Straßenverkehrssicherheit erhalten und diese auch aktiv wahrnehmen.

Gesellschaftliche Veränderung. Langfristiges Ziel war es, die Zahl der Unfälle und von diesen insbesondere diejenigen mit Todesfolge zu reduzieren. Nicht zuletzt sollte das von der EU im Jahr 2000 proklamierte Ziel der Halbierung der Unfallzahlen bis zum Jahr 2010 in Deutschland erreicht werden.

Zielgruppen

Die Kampagne »Runter vom Gas!« wandte sich als nationale Kampagne zunächst an alle Verkehrsteilnehmer, die mit dem Auto oder dem Motorrad Deutschlands Straßen befahren. Zur gezielten Ansprache dieser Gruppe war eine weitere Aufgliederung in Untergruppen notwendig. Diese erfolgte anhand soziodemografischer Merkmale unter Einbeziehung von Lebensstilen und Mediennutzungsverhalten in Kombination mit dem Kriterium der Art bzw. Intensität des Problembezugs. Diesem Vorgehen »liegt der je spezifische Bezug der *Zielgruppe* zum Problem im Sinne unterschiedlicher Risikoexpositionen« zugrunde (Bonfadelli/Friemel 2006: 34). So kann innerhalb einer Gruppe z. B. weiterhin unterschieden werden in direkt involvierte Bezugspersonen, die betroffen, aber desinteressiert, oder die bereits sensibilisiert, aber noch nicht handlungsbereit sind, sowie Bezugspersonen, die noch nicht betroffen sind, aber durch den bevorstehenden Erwerb des Führerscheins eine potenzielle Risikogruppe darstellen und somit potenziell gefährdet sind.

Für die Kampagne »Runter vom Gas!« wurden zwei *Kernzielgruppen* identifiziert, die zugleich die Hauptrisikogruppe im Straßenverkehr darstellen: Jugendliche und Motorradfahrer. Weiterhin wurde zwischen Fahrern und Mitfahrern unterschieden – also direkten Adressaten der Kampagne und *Empfehlern*. Darüber hinaus zielt die Kampagne darauf, alle anzusprechen, mit deren Hilfe Einfluss auf die betreffenden Auto- bzw. Motorradfahrer genommen werden kann.

Stakeholder

Bei Kampagnen, die soziale oder gesellschaftliche Themen fokussieren, ist meist eine breite Öffentlichkeit involviert. Deshalb müssen sich unterschiedliche Gruppen von *Stakeholdern* mit voneinander abweichenden Interessen von der Kampagne angesprochen fühlen. Solange diese Stakeholder eine insgesamt homogene Gruppe bilden und wie bei der Kampagne »Runter vom Gas!« ein übergeordnetes Ziel verfolgen, nämlich der Erhalt von Menschenleben, besteht auch nur geringe Gefahr, dass der Erfolg der Kampagne durch widerstreitende Meinungen und entgegengesetzte Initiativen gefährdet wird.

Relevante *Bezugsgruppen* der Kampagne waren:
- BMVBS und DVR als Auftraggeber der Kampagne;
- Interessengruppen wie DGUV, Rettungsdienste etc.;
- Einrichtungen wie Schulen und Kindergärten;
- Bundesländer;

- Polizei und Fahrschulen als direkte Vermittler von Verkehrserziehung;
- Medienvertreter;
- Verkehrsexperten.

Die Betroffenen, also die Straßenverkehrsteilnehmer, stellten einerseits die Zielgruppe der Kampagne dar, waren andererseits Stakeholder, da sie in den Planungsprozess der Kampagne einbezogen waren. So wurden z. B. mit Berufsschülern die Plakatmotive diskutiert, bevor sie endgültig für die Kampagne freigegeben wurden.

Institutionen, die unmittelbar mit der Straßenverkehrssicherheit betraut sind, und Bildungseinrichtungen trugen durch eigene Problemlösungsansätze zur Kampagne bei und unterstützten diese als Multiplikatoren. So forderten Polizei, Fahrschulen und Automobilclubs das im Rahmen der Kampagne bereitgestellte Material an, um damit Verkehrstrainings zu gestalten und die klassische Medienkampagne durch Vor-Ort-Maßnahmen und persönliche Kommunikation zu ergänzen.

Prominente aus Sport, Fernsehen und Politik, aber auch Betroffene, Unfallopfer und Angehörige trugen freiwillig die Kampagnenbotschaft direkt an die Zielgruppe heran. Anders als bei klassischen *Testimonial-Kampagnen* stand hier nicht die Win-win-Situation zwischen Prominentem und Produktmarke im Vordergrund. Die Steigerung des eigenen Bekanntheitsgrades war dem Ziel der Unfallvermeidung untergeordnet.

Botschaften

Die Kampagne »Runter vom Gas!« machte im ersten Schritt mit Plakaten an Autobahnen und Landstraßen sowie Spots in Kino und Rundfunk auf sich aufmerksam. Es blieb dabei nicht viel Zeit, dem Empfänger die Botschaft zu übermitteln. Bei einer beabsichtigten Einstellungs- und Verhaltensänderung, wie sie bei »Runter vom Gas!« angestrebt wurde, ist allerdings Voraussetzung, dass sich der Adressat mit dem komplexen Sachverhalt der Verkehrsgefährdung über den Kommunikationsimpuls hinaus auseinandersetzt, um das eigene Verhalten zu hinterfragen. Die Gestaltung der Botschaft muss klar, einfach und prägnant einen komplexen Sachverhalt artikulieren. Glaubwürdigkeit und Verständlichkeit sind dabei sehr bedeutsam.

Die zentrale Botschaft der Kampagne »Runter vom Gas!« war, dass schnelles Fahren die Verkehrssicherheit gefährdet. Diese Botschaft richtete sich an alle Verkehrsteilnehmer, die sich motorisiert fortbewegen. Eine weitere Kernbotschaft war: Überhöhte Geschwindigkeit und Risikobereitschaft im Straßenverkehr können das eigene Leben oder das anderer Verkehrsteilnehmer kosten: »Fahrt verantwortungsbewusst. Schließlich ist jeder Verkehrstote einer zu viel!« So lässt sich die Botschaft verkürzt auf den Punkt bringen.

Zugleich musste die Kampagne *Handlungsalternativen* aufzeigen, die verdeutlichen, was bewusstes Fahren auszeichnet – und wie es sich von gefährdendem Verhalten unterscheidet.

Strategie
Im Prozess der Identifizierung einer wirksamen Strategie für Konzeption und Umsetzung der Kampagne »Runter vom Gas!« mussten folgende Aspekte beachtet werden:
- Die Kampagne verfolgte ein anspruchsvolles Ziel: erhöhte Verkehrssicherheit für alle Verkehrsteilnehmer,
- sie richtete sich an die heterogene Zielgruppe »Straßenverkehrsteilnehmer«,
- die Kernzielgruppen (junge Erwachsene, Motorradfahrer) der Kampagne wiesen eine hohe Risikobereitschaft auf,
- frühere Verkehrssicherheitskampagnen erzielten durch den Fokus auf Belehrung und Sanktionen nicht den gewünschten Erfolg,
- Themen konkurrierten stark auf der Medienagenda,
- öffentliche Aufmerksamkeit zu erlangen bedeutete eine hohe Schwelle zu überwinden,
- Zeit- und Verarbeitungskapazitäten bei den Adressaten waren begrenzt,
- bei Medien und Rezipienten wirkten Selektionsmechanismen.

Die vorliegende Kampagne entspricht einer Kommunikationskampagne im Sinne von Bonfadelli/Friemel (2006: 15), die damit »die Konzeption, Durchführung und Kontrolle von systematischen und zielgerichteten Kommunikationsaktivitäten zur Förderung von Problembewusstsein und Beeinflussung von Einstellungen und Verhaltensweisen gewisser Zielgruppen in Bezug auf soziale Ideen, Aufgaben oder Praktiken, und zwar im positiven d. h. gesellschaftlich erwünschten Sinn« beschreiben.

Die Kampagne war national angelegt, sollte aber Organisationen und Einzelpersonen zum Engagement auf regionaler und lokaler Ebene anregen und diese dabei unterstützen.

Wie für wirkungsvolle Kampagnen typisch, wurden *kognitive, affektive* und *soziale* Elemente zu einer Gesamtstrategie kombiniert. Dieses Vorgehen bietet sich gerade bei präventiven Maßnahmen an, die langfristig auf eine *Einstellungs-* bzw. *Verhaltensänderung* zielen. Verhalten wird nicht nur durch die rationale Einsicht beeinflusst, sondern ist »affektiert motiviert, bedürfnisorientiert und sozial verankert« (Bonfadelli/Friemel 2006: 37). Allein der Appell an die Vernunft und das Aufzeigen der Konsequenzen zu riskanten Fahrens genügen also nicht.

Die Schwierigkeit bei Kampagnen, die motorisierte Fahrer zu angemessenem Fahren anhalten wollen, besteht darin, dass die Hauptrisikogruppen – hier also Jugendliche und Motorradfahrer – zunächst einmal bereit sind, ein höheres Risiko einzugehen. Sie wissen im Grunde, dass ihr Fahrverhalten zu einem Unfall führen kann. Allerdings flüchtet sich diese Gruppe in eine Art defensiven Optimismus, der in der Erfahrung gründet, dass die bisherigen riskanten Fahrmanöver ja letztlich immer gut gegangen sind. Deshalb bedarf es einer ganz besonderen Ansprache. Um Reaktanz und Ablehnung der Kampagne möglichst zu vermeiden, wurde auf belehrende Elemente verzichtet.

Unter Einbeziehung der *Evaluationsergebnisse* vorheriger Kampagnen strebte »Runter vom Gas!« einen Weg an, die Zielgruppe unmittelbar zu involvieren. Es wurden Kampagnenmotive gewählt, die in ihrer Darstellung provozieren und emotionale Reize enthalten. Die Motive der ersten Plakatstaffel, mit der die Kampagne im Frühjahr 2008 startete, zeigten einen Schnappschuss glücklich und sorglos wirkender Menschen. Die Fotoaufnahme war in eine Todesanzeige, wie man sie in Tageszeitungen findet, integriert. Erklärende Worte, die die Bedeutung der beiden Bilder zusammenführen, fehlten. Beim Betrachter werden somit gleichzeitig Gefühle von Freude und Trauer ausgelöst, die eine *kognitive Unstimmigkeit* herbeiführen. Durch das Bestreben, diese unangenehme *emotionale Disharmonie* zu beseitigen, setzt sich der Betrachter intensiver mit der dargestellten Szene auseinander und erschließt sich die Aussage selbstständig. Genau dieser aktive Denkprozess wurde von den Machern der Kampagne angestrebt. Nach genauerem Hinsehen war zu erkennen, dass die abgebildeten Menschen durch eigene Unachtsamkeit während des Fahrens aus einem glücklichen Moment ihres Lebens für immer herausgerissen wurden. Um den Betrachter nicht mit diesem Schreckmoment alleinzulassen und durch aufkommende Gefühle der Angst, Panik und Ratlosigkeit die Wirkung der Kampagne in die entgegengesetzte Richtung zu lenken, mussten Handlungsalternativen angeboten werden. Dazu diente der Claim »Runter vom Gas!«. Der Adressat findet somit einen Ausweg aus der beklemmenden Situation. Der »Grübeleffekt« führt dazu, dass das Gesehene nachhaltig im Gedächtnis haften bleibt. Die intensive Auseinandersetzung mit Problem und Lösung kann erfolgen.

Diese Art der Sensibilisierung durch Hervorrufen persönlicher Betroffenheit wird im Rahmen von Kampagnen bereits im Bereich der Gesundheitsprävention (z. B. Rauchen, Aids, Krebsvorsorge) vermehrt eingesetzt. Mit sogenannten *Furchtappellen*, die den Adressaten über *persuasive Botschaften* damit konfrontieren, »dass für ihn relevante Werte (wie Leben, Gesundheit, Eigentum etc.) bedroht sind« (Barth/Bengel 1998: 51), soll eine Einstellungs- und Verhaltensänderung herbeigeführt werden. Dabei darf der eingesetzte emotionale Reiz weder zu schwach noch zu stark ausfallen. Während zu schwache Reize wirkungslos bleiben, können überdosierte *Reize*, die z. B. regelrechte Angstgefühle beim Empfänger auslösen, zu einer Blockierung bzw. Abwehrhaltung führen.

Eine besondere Herausforderung stellt die Aufgabe dar, die Aufmerksamkeit der Zielgruppe, aber auch der Medien und anderer Unterstützergruppen über den anfänglichen Schockeffekt der Kampagnenmotive hinweg zu halten. Das temporär starke Interesse muss genutzt werden, um gleichermaßen für die Kampagne zu werben und die Botschaften bei der jeweiligen Zielgruppe zu vertiefen.

Über die Kanäle der Massenmedien kann eine breite mediale Präsenz erreicht werden. Für die zielgruppenspezifische Ansprache werden diese Kanäle mit Maßnahmen der *interpersonalen und dialogorientierten Kommunikation* kombiniert. Aktionen wie Events und Wettbewerbe können Interaktivität herstellen und die Möglichkeit zur Anschlusskommunikation bieten. Promotoren wie prominente Vorbilder, Betroffene und deren Angehörige sowie Fachexperten wirken als Multiplikatoren. Diese Meinungsführer »sind in der Lage, ihre Botschaften individuell auf die Zielgruppen abzustimmen und auf Feedback angemessen zu reagieren« (Bonfadelli/Friemel 2006: 40). Gerade bei einer schwer zu überzeugenden Zielgruppe wie den jugendlichen Autofahrern spielen Authentizität und Glaubwürdigkeit der Kommunikationsinhalte und ihrer Übermittler eine große Rolle.

Vor, während und nach der Kampagne fanden verschiedene Evaluationsprozesse statt. Dies diente nicht nur der optimalen Kampagnengestaltung, sondern auch der Legitimation, da es sich hier um eine vom Bund initiierte und finanzierte Kampagne handelte.

Umsetzung

Folgende Maßnahmen und Instrumente wurden in der operationalen Phase eingesetzt:
- Medienarbeit (Pressekonferenz, Pressemitteilungen);
- Spots in TV, Radio und Kino;
- Anzeigen;
- Plakate an Autobahnen und Landstraßen;
- City-Light-Poster;
- Banner an Autobahnbrücken;
- Website (Podcast, Stimmen der Unterstützer, Material zum Download);
- Berichterstattung in Fach- und Branchenmagazinen;
- Wettbewerbe;
- Events und Fachveranstaltungen;
- Maßnahmenpakete;
- Promotoren.

Der öffentlichkeitswirksame Auftakt der Kampagne erfolgte im Rahmen einer Pressekonferenz. Als Zeitpunkt wurde der Beginn der Osterferien 2008 und damit der Start der Motorradsaison gewählt. Damit war ein aktueller und geeigneter Anlass gegeben, die Aufmerksamkeit der Öffentlichkeit auf das Thema Sicherheit im Straßenverkehr – insbesondere Fahren mit angemessener Geschwindigkeit – zu lenken.

Die Motive der ersten *Plakatwelle* lösten kontroverse Reaktionen und Diskussionen aus, so dass die Aufmerksamkeit für die Kampagne gegeben war.

Gabi, Frank, Mia und Max T.
Wollten schnell nach Hause.

Runter vom Gas!

Martin, Tim und Lukas
Fuhren gerne sportlich.

Runter vom Gas!

Motive aus der ersten Plakatstaffel »Todesanzeigen«
Quelle: www.runter-vom-gas.de

Verkehrssicherheitskampagne »Runter vom Gas!«

Die Kampagne »Runter vom Gas!« möchte die Zielgruppen an den Orten erreichen, an denen es besonders wichtig ist, über das eigene Fahrverhalten nachzudenken: Autobahnen und Landstraßen. Plakate und Banner wurden an Autobahnbrücken und am Straßenrand platziert. Die Motive der ersten Staffel waren Menschen jeder Altersklasse, die durch einen Verkehrsunfall ihr Leben verloren haben. Neben dem bereits oben beschriebenen »Schock- und Grübeleffekt« anlässlich der Bedeutung des Dargestellten beschäftigten sich viele Menschen auch mit der Frage, ob die gezeigten Personen auch tatsächlich verunglückt sind. Schließlich warben BMVBS und DVR damit, dass hinter den Motiven wahre Geschichten stehen. (Hinter den dargestellten Personen verbergen sich im nicht europäischen Ausland gecastete Personen, die über Inhalt und Erscheinungsbild der Kampagne informiert wurden.) Die *narrative Einbettung* eines realen Hintergrundes sorgte für zusätzliche Authentizität.

Parallel zu den Plakaten wurden Printanzeigen sowie Spots in TV und Kino geschaltet. Die Website www.runter-vom-gas.de bietet vertiefende Informationen über die Kampagne selbst und zu Themen rund um die Verkehrssicherheit. Diese Themenpools beinhalten Informationen zu Schwerpunktthemen wie »Angehörige«,

Informative Website
Quelle: www.runter-vom-gas.de

Praxis

»Landstraßen«, »Junge Fahrer« oder »Unfall als Alltag« und liefern Fach- und Branchenmedien Anstöße zur Berichterstattung. Auf der Website findet sich zudem ein Podcast mit Statements von Betroffenen, die über ihren eigenen Unfall und dessen Folgen oder über ein tödlich verunglücktes Familienmitglied berichten. Stimmen von prominenten Unterstützern und Fachexperten und Berichte über durch die Kampagne angestoßene Aktionen auf lokaler und regionaler Ebene zeigen die positive Aufnahme der Kampagne.

Um die Wirkung der Kampagne aufrechtzuerhalten und den Effekt der Plakate nicht durch »Abnutzung« verpuffen zu lassen, löste im Januar 2009 eine zweite *Plakatstaffel* die Todesanzeigenmotive ab. Diesmal waren auf den Bildern Blechschäden zu sehen, die signalisieren: »Hier gab es einen Unfall!« Durch ein auffälliges Symbol (Herz mit der Aufschrift »Just Married!« oder Dreieck mit der Aufschrift »Baby an Bord«) wurde dem Betrachter vermittelt, dass auch er jederzeit aus seiner individuellen Lebensphase herausgerissen werden kann. Auch hier wurden Momente des Glücks und des Unglücks zur gleichen Zeit dargestellt. Der Claim »Runter vom Gas!« wurde als verbindendes Kampagnenelement beibehalten.

Motiv aus der zweiten Plakatstaffel »Unfallwracks«
Quelle: www.runter-vom-gas.de

Verkehrssicherheitskampagne »Runter vom Gas!«

Motiv aus der zweiten Plakatstaffel »Unfallwracks«
Quelle: www.runter-vom-gas.de

Die dritte Plakatstaffel (Oktober 2009) stellte die Hinterbliebenen von Verkehrsunfallopfern in den Mittelpunkt und setzte den Schwerpunkt auf die Betroffenenthematik. Somit wurde im Zeitraum März 2008 bis Oktober 2009 in drei Stufen gezeigt, dass es jeden treffen kann (Staffel 1), jederzeit (Staffel 2) und dass der Tod eines Unfallopfers einen schweren Einschnitt in das Leben seines näheren Umfeldes bedeutet (Staffel 3). Inhaltlich knüpften alle drei Plakatreihen an Emotionalität an und schafften so einen Wiedererkennungswert der Kampagne.

Praxis

Motive aus der dritten Plakatstaffel »Hinterbliebene«
Quelle: www.runter-vom-gas.de

Verkehrssicherheitskampagne »Runter vom Gas!«

Die jeweiligen Schwerpunktthemen wurden im Zeitablauf der Kampagne vertieft. So wurde im März 2009 ein spezielles Maßnahmenpaket zum Thema Motorradfahrer auf den Berliner Motorrad Tagen vorgestellt. In Kooperation mit Vertretern der Bundesländer gaben BMVBS und DVR dem Thema Sichtbarkeit von Motorradfahrern ein Forum. Dazu wurden den Bundesländern z. B. Sicherheitswesten für Aktionen bereitgestellt, Spots im TV geschaltet und auf der Website konnte »Fiereks Werkstatt« als anwendungsbezogene und unterhaltsame Miniserie mit Promifaktor einen authentischen und sympathischen Zugang zu älteren Motorradfahrern eröffnen. Dabei handelte es sich um fünf Folgen mit Tipps und Tricks für den gesicherten Start in die Motorradsaison mit Katja Poensgen (Rennprofi) und Wolfgang Fierek (Schauspieler).

Events und Aktionen untermauerten die Ernsthaftigkeit der Kampagne und gaben Zielpersonen wie Stakeholdern die Möglichkeit, miteinander in Dialog zu treten. Im April 2009 führten die Bundesländer im Rahmen der europäischen Woche der Geschwindigkeitskontrollen die »Operation Speed« durch. Unter diesem Titel fanden Verkehrs- und Geschwindigkeitskontrollen statt, die durch Präventionsmaterialien wie Flyer, Postkarten und gleichzeitig stattfindende Medienarbeit in der Kampagne flankiert wurden. Auf Fachveranstaltungen wie dem Verkehrssicherheitsforum der Messe Auto Mobil International trafen sich Experten aus dem Bereich Unfallprävention. Themenschwerpunkte waren: junge Fahrer, Sicherheit auf Landstraßen und Motorradfahrer.

Über Wettbewerbe, Gewinnspiele und Infomaterialien, die an zielgruppenaffinen Orten auslagen, konnten vor allem jugendliche Fahrer erreicht werden. Infomaterial wurde insbesondere über Fahrschulen, Schulen, Diskotheken, Polizeidienststellen und alle, die die Kampagne unterstützen wollten, zur Verfügung gestellt.

Der Filmwettbewerb »The End« motivierte junge Filmschaffende zur Produktion von 120 hochwertigen Kurzfilmen zum Thema Rasen, für die Geldpreise im Wert von mehr als 15.000 Euro und viele Sachpreise ausgelobt wurden. Im Rahmen eines Fotowettbewerbs in Kooperation mit dem Deutschen Fußball-Bund (DFB) wurden engagierte A-Jugend-Fußballmannschaften gesucht, die das Kampagnenthema fotografisch umsetzen wollten.

Selten – so viel kann vorweggenommen werden – hat eine Kampagne in Deutschland so viel gesellschaftlichen Konsens erzielt und eine derart breite Unterstützerbasis mobilisiert. Das lässt sich auf die ungewöhnlich schnelle konzeptionelle Lernkurve der Macher im Verlauf der Kampagne und ihre strategische Reaktion darauf in der Kampagnengestaltung zurückführen: »Bei der Kampagnenentwicklung wurden von Anfang an intensive Gespräche mit Betroffenen geführt – Anmerkungen und Bedenken dieser Personengruppen sind direkt in die Ausgestaltung und *Motivwahl* eingeflossen. Weitere Experten und Berufsgruppen im Umfeld von Verkehrsunfällen wie Polizisten und Ärzte sind ebenfalls beratend hinzugezogen worden. Besonders wichtig war hier die Meinung der Kirchenvertreter, die ausdrücklich keine Bedenken gegen die Verwendung des christlichen Kreuzsymbols und der Todesanzeigen-Optik geäußert haben«(BMVBS/DVR 2009: 3).

Aufgetretene Probleme
Kritische Bewertung von Furchtappellen. Der Einsatz von Furchtappellen in der Kampagnenkommunikation lässt sich noch nicht abschließend bewerten, da empirische Befunde zum langfristigen Wirkungsbeitrag kaum vorhanden sind. Die drastische Darstellung der Motive stieß zu Beginn der Kampagne auf starke Kritik. Der Gebrauch von Drohungen und die Provokation negativer Gefühle wurde als unangemessen bewertet. Allerdings gaben in einer Bevölkerungsumfrage der Universität Mainz 63 % an, die Kampagne gut zu finden und sie in ihrer Umsetzung zu akzeptieren (IfP 2009).

Ablenkung im Straßenverkehr. Insbesondere den Motiven der zweiten Staffel wurde vorgeworfen, dass sie eher Fahrende ablenken als zu bewusstem Fahren anregen. Dadurch, dass der Betrachter länger hinschauen muss, um die Botschaft zu verstehen, bestand die Gefahr, dass sich durch diese verlängerte Rezeptionsphase der Effekt der Kampagne umkehrt und auf diese Weise eher Unfälle provoziert werden könnten.

Betroffenheit von Betroffenen. Mit der Kampagne wurden auch Menschen konfrontiert, die selbst einen schweren Unfall erlitten oder in ihrem unmittelbaren Umfeld gar den Verlust eines geliebten Menschen durch einen Verkehrsunfall zu beklagen hatten. »Nach dem Kampagnenstart haben sich viele Menschen, die einen Unfalltod im Familienumfeld leidvoll erfahren mussten, auf die Plakatmotive hin gemeldet. Bei den Betroffenen wecken die Motive Erinnerungen. Dennoch unterstützen die meisten die Kampagne mit Nachdruck« (BMVBS/DVR 2009).

Schwindende Aufmerksamkeit. Bereits vor dem Start der Kampagne musste einkalkuliert werden, dass der mit den Plakaten und Spots hervorgerufene »Schock- und Grübeleffekt« nach mehrfacher Wiederholung rasch an Wirkung verliert. Dem wurde durch einen umfangreichen Medienmix und die aufeinander aufbauenden Motivwellen entgegengewirkt.

Verwendung der Kreuzsymbolik. Die Volkspartei CDU monierte die Verwendung des christlichen Kreuzes auf den Motiven und wertete dies als geschmacklos (vgl. Stuttgarter Nachrichten vom 04.06.2009). Doch dies war zumindest seitens der christlichen Kirchen bereits im Vorfeld als unbedenklich eingestuft worden. Zudem handelt es sich bei der Verwendung des Kreuzsymbols als Element der Traueranzeige um ein vom christlichen Rahmen unabhängig identifizierbares Symbol. Das Kreuz findet in vielen Kulturen Verwendung für die Kennzeichnung von Tod und Leid, ohne dass dabei die primär religiöse Bedeutung im Vordergrund stünde. Für das Kreuz als Symbol spricht seine hohe Universalität: Schließlich ist es für praktisch alle Menschen – unabhängig von Bevölkerungsschicht, Religion und Sprache – gleichermaßen verständlich.

Evaluation

Die Kampagne wurde in Zusammenarbeit mit dem Institut für Publizistik der Universität Mainz und dem Institut für Demoskopie Allensbach evaluiert. Dadurch liegt erfreulicherweise eine wissenschaftliche Evaluation vor, die durch den Einsatz eines Mehrmethodendesigns Aussagen über die Wirksamkeit der Kampagne in unterschiedliche Richtungen geben kann. Ziel der Untersuchung war es, Wahrnehmung, Bewertung und Wirkung der Kampagne zu überprüfen. Um Hinweise zur Optimierung der Kampagnenschritte zu erhalten, bedienten sich die Wissenschaftler der Instrumente Medienresonanzanalyse, Schlüsselereignisanalyse, führten eine Repräsentativbefragung sowie eine experimentelle Studie durch.

Medienresonanzanalyse. Die Kampagne wurde unmittelbar nach Kampagnenstart im Zeitraum März bis Juni 2008 analysiert. Im Fokus standen Printmedien, Fernsehen und Internet. Etwa 40 Millionen Zuschauer sahen den TV-Spot, durchschnittlich 375 Nutzer besuchten am Tag für durchschnittlich 4:23 Minuten die Homepage. Die Berichterstattung konzentrierte sich vorwiegend auf den Kampagnenstart, die dabei erreichte Medienresonanz wurde als Erfolg gewertet. Auch in den Folgemonaten wurde die Kampagne immer wieder in den Medien thematisiert, wenn auch nicht mehr so häufig (vgl. IfP 2009).

Schlüsselereignisanalyse. Zugleich wurde die Frequenz der Berichterstattung evaluiert, die nicht unmittelbar an die Kampagne gekoppelt war. Es konnte nach dem Start der Kampagne eine deutliche Steigerung der Berichterstattungsfrequenz über Themen der Verkehrssicherheit verzeichnet werden.

Repräsentativbefragung. In einer Mehrthemenumfrage bei 1.600 Personen im Alter ab 16 Jahren wurden Aussagen über die Bekanntheit und Bewertung der Kampagne, insbesondere die Art der Ansprache und Motive, die Kommunikation über die Kampagne und zum persönlichen Fahrverhalten generiert. Rund 60 % der Befragten kannten die Plakatserie. Jeder Fünfte hatte anlässlich der Kampagne im Familien-, Freundes- oder Bekanntenkreis über die Motive und die Folgen zu schnellen Fahrens diskutiert (vgl. IfP 2009).

Experimentelle Studie. Die Kampagnenmotive der ersten Plakatstaffel (2008) wurden von 192 Berufsschülern bewertet und diskutiert. Neben den Motiven der damals aktuellen Kampagne sollten auch Motive einer älteren Kampagne (»Raser sind so cool«) sowie ein fiktives Motiv einer neuen Kampagne (Mann mit amputiertem Bein) beurteilt werden. Die Bewertung der aktuellen Kampagnenmotive »Todesanzeigen« fiel positiver aus als die der Kampagne *Raser sind so cool* (z. B. Motiv mit Philipp Lahm) und wurde von Befragten mit Attributen besetzt wie »sympathisch, glaubwürdig, verständlich, macht nachdenklich«. Zu den bemerkenswerten Details dieser Studie zählt, dass für die befragten Schüler die Bedrohung der Lebensqualität durch den Verlust an sexueller Attraktivität als Folge einer schweren Unfallverletzung einen stärkeren Furchtappell darstellte als die Angst vor dem Verlust des eigenen Lebens (vgl. IfP 2009).

Insgesamt wurde die Kampagne sehr positiv von den Medien und der Bevölkerung aufgenommen und wies nach einem kurzen Zeitraum einen hohen Bekanntheitsgrad auf. Insbesondere Menschen, die eine weniger kritische und vorsichtige Einstellung zum Fahren hatten, konnten durch die Kampagne gut erreicht werden. 71 % der Befragten gaben an, dass die Kampagne eine Verhaltensänderung bewirkt habe und sie nun vorsichtiger fahren würden (vgl. IfP 2009).

Aufbauend auf die Erkenntnisse aus der ersten umfassenden Evaluation der Kampagne wurden die zweite und dritte Plakatstaffel konzipiert und entsprechend des hier vorgestellten Methodendesigns erneut evaluiert.

Bei einem Einsatz von 3 Millionen Euro kann die erreichte Bekanntheit von 60 % bei der Bevölkerung ab 16 Jahren sowie eine Quote von 20 % der Befragten, die über die Motive in eine Anschlusskommunikation eintreten, als hoch bewertet werden« (vgl. IfP 2009). Zugute kommt den Auftraggebern dabei allerdings ihr exklusiver und dadurch aufmerksamkeitsstarker Plakatierungsort entlang der Autobahnen und Landstraßen, wo die Motive lediglich mit Verkehrsbeschilderung und touristischen Hinweisen konkurrieren müssen.

Bewertung

Bei der abschließenden Bewertung muss zweierlei vorausgeschickt werden: Kommunikation ist auf den meisten gesellschaftlichen Problemfeldern nicht die Lösung für ein Problem, sondern kann einen Lösungsansatz allenfalls in seiner Wirksamkeit unterstützen. So könnte das übergeordnete Kampagnenziel einer Reduzierung der Verkehrstoten sicher noch besser erreicht werden, wenn parallel eine generelle Geschwindigkeitsbegrenzung auf deutschen Autobahnen eingeführt würde. Erste Schritte in diese Richtung wurden bereits unternommen – etwa durch eine Erhöhung der Bußgelder.

Verkehrssicherheitskampagne »Runter vom Gas!«

Zweitens ist zu beachten, dass die Kampagne sich stets auf dem schmalen Grat zwischen hoher Glaubwürdigkeit und einer möglichst hohen Wirksamkeit zu bewegen hatte. Als staatlich geförderte Maßnahme mussten Grenzen des Geschmacks oder der Pietät stets gewahrt bleiben. Andererseits sollte ein stärkerer Veränderungsimpuls als bei früheren Kampagnen gesetzt werden. Oder wie Peter Thorwart, Regisseur und Juryvorsitzender des von »Runter vom Gas!« initiierten Filmpreises es für die Kampagnenhomepage formulierte: »Jedes Jahr sterben 5.000 Menschen auf deutschen Straßen. Da ist die Zeit für Kuschelkampagnen vorbei.«

Die langfristige Wirksamkeit von Furchtappellen bzw. die Intensität der dadurch hervorgerufenen Verhaltensänderung bei der Zielgruppe ist zwar noch nicht abschließend erforscht. Doch weisen die bisherigen Studien eine deutlich höhere Wirksamkeit als bei den vorangegangenen Kampagnen nach. Inwieweit die durch die Kampagne spontan provozierte Risikominimierung auch langfristig, d. h. über die Kampagne hinaus, anhält und damit nachhaltig ist, ist kaum einzuschätzen. Zumal das Problem hierbei ist, dass sich der Schockeffekt der gezeigten Motive recht schnell verliert und die Plakate rasch in das gewohnte Bild einer Autobahn übergehen. Sie haben also nur eine temporäre Wirkung, die laufender Aktualisierung bedarf.

Da Verhaltensänderungen letztlich nur schwer als direkte Effekte der Kampagne auf diese zurechenbar sind, ergibt sich ein grundsätzliches Evaluationsproblem, das aber nicht nur diese Kampagne betrifft, sondern ein prinzipielles Problem der Kampagnenevaluation tangiert. Insoweit muss letztlich auch die Frage offenbleiben, ob ein Rückgang der Unfallzahlen überhaupt als Maßstab für die Wirksamkeit dienen kann.

Bei »Runter vom Gas!« handelt es sich um eine in jeder Hinsicht ungewöhnlich intensiv geplante und geradezu lehrbucharting implementierte Kampagne. Hervorzuheben ist nicht nur die frühzeitige Einbindung wichtiger Stakeholder schon in der Planungsphase, sondern auch die durch integrierte Maßnahmenkombination optimierte *Kampagnenarchitektur*, die zu einem hohen Wirkungsgrad geführt hat.

So erreichte die Kampagne eine für den eingesetzten Betrag ungewöhnliche Erfolgsbilanz. Laut Angaben der Kampagnenmacher war es die in den Jahren 2008/2009 meistdiskutierte Kampagne mit einer Reichweite von mehr als 50 Millionen Personen. Insgesamt wurden über 100 Einzelprojekte mit mehr als 60 Partnern durchgeführt. Die Kampagne erhielt vielfältige Pro-bono-Leistungen der Partner, Medien und prominenten Unterstützer und wurde mit zahlreichen Preisen und Nominierungen bedacht – darunter der »Social Effie« in Gold 2009 für die Wirksamkeit der Kampagne (verliehen vom GWA – Gesamtverband Kommunikationsagenturen), der »OttoCar« 2009 in Silber für den TV-/Kino-Spot »Bilderrahmen« (verliehen vom VDA-Award AutoVision) und der 1. Preis in der Kategorie »Spots« für den TV-/Kino-Spot »Bilderrahmen« (verliehen vom International Festival For Road Safety Campaigns in Tunis).

Und auch wenn absolute Zahlen nicht zwingend eine Aussage über den Kampagnenerfolg treffen: Die Unfallursache »nicht angepasste Geschwindigkeit« ist seit 2008 um 9,9 Prozent deutlich zurückgegangen. Erstmals war »zu schnelles Fahren« – über viele Jahre die Unfallursache Nummer eins – nur das dritthäufigste Fehlverhalten der Fahrzeugführer bei Unfällen mit Personenschaden.

Abstrakt lässt sich noch feststellen, dass die Kampagne auf der Höhe der Zeit argumentiert, denn sie trägt den Tendenzen der *Individualisierung* der Gesellschaft Rechnung. »Vor dem Hintergrund von zunehmenden liberalen *Werthaltungen* wird das Verhalten der Gesellschaftsmitglieder immer stärker individualistisch im Sinne von ›Freiheit‹ und ›*Eigenverantwortung*‹ interpretiert, und dementsprechend die Verantwortung für soziale Probleme und gesellschaftliche Fehlentwicklungen […] immer mehr dem einzelnen Individuum zugewiesen« (Bonfadelli/Friemel 2006: 29).

Literatur & Quellen
Barth, Jürgen/Bengel, Jürgen (1998): Prävention durch Angst? Stand der Furchtappellforschung. Köln: Bundeszentrale für gesundheitliche Aufklärung.
Bonfadelli, Heinz/Friemel, Thomas (2006): Kommunikationskampagnen im Gesundheitsbereich. Grundlagen und Anwendungen, Konstanz: UVK.
Röttger, Ulrike (2007): »Kampagnen planen und steuern: Inszenierungsstrategien in der Öffentlichkeit«, in: Manfred Piwinger/Ansgar Zerfaß (Hrsg.); Handbuch Unternehmenskommunikation. Wiesbaden: Gabler, S. 381–396.
Statistisches Bundesamt (2010): Fachserie 8, Reihe 1.1, Verkehr aktuell 07/2010, Wiesbaden.
BMVBS (2001): Programm für mehr Sicherheit im Straßenverkehr. Abrufbar unter: www.bmvbw.de (30.08.2010).
BMVBS/DVR (2009): Präsentation zur Verkehrssicherheitskampagne »Runter vom Gas!« für Fahrschulen und/oder Verkehrssicherheitsarbeit mit jungen Verkehrsteilnehmern. Leitfaden. o.O. Download unter: www.runter-vom-gas.de/downloads (25.09.2010)
Institut für Publizistik der Universität Mainz (2009): Bericht zur Evaluation der Verkehrssicherheitskampagne 2008 »Runter vom Gas!«, FE 81.0004/2008 (zit. als IfP).
Website der Kampagne: www.runter-vom-gas.de (Stand 2010)

Fall 6: »Studieren mit Meerwert« – die erste integrierte Hochschulmarketingkampagne auf Landesebene

Petra Friedlaender und Christine Harcks

Einleitung

In der deutschen Hochschullandschaft ist ein wachsender Wettbewerb entstanden. Nicht nur um Fördergelder oder Fachkräfte wird konkurriert, auch Studieninteressierte rücken in den Fokus der Marketinganstrengungen. Viele Hochschulen haben ihre Öffentlichkeitsarbeit intensiviert, um Studierende anzuwerben. Um im Wettbewerb zu bestehen und zu wachsen, wird mehr und mehr das Potenzial von PR erkannt.

An vielen Standorten sind Hochschulen wichtige ökonomische und kulturelle Faktoren für das *Standortmarketing*. Für Städte und Regionen wächst die Bedeutung öffentlichkeitswirksamer Positionierung als Hochschulstandort. Denn um Nachwuchskräfte sowie Unternehmen in Wissenschaft und Forschung zu gewinnen und langfristig zu binden, ist Imagearbeit unerlässlich geworden. Neben zahlreichen mittelgroßen Städten, die sich als Wissenschafts- oder Universitätsstädte positionieren, sind gerade ländlichere und strukturschwächere Regionen und Bundesländer darauf angewiesen, ihr Profil diesbezüglich zu schärfen. In Deutschland, das sich als föderales »Land der Ideen« versteht, werden Bildung und Wissenschaft zum Wirtschaftsfaktor Nummer eins und Hochschulmarketing somit zu Standortmarketing.

Vor diesem Hintergrund wurde in Mecklenburg-Vorpommern (MV) im Jahr 2007 eine konzertierte Hochschulmarketingkampagne für das Bundesland gestartet. Bildungsministerium und Landesmarketing beschlossen gemeinsam mit allen Hochschulen des Landes eine *integrierte PR-Kampagne* aufzusetzen, die unter das Dach des 2004 initiierten Landesmarketings »MV tut gut.« gestellt wurde. Die Federführung übernahm das Landesmarketing, das gemeinsam mit einer Kommunikationsagentur die PR-Kampagne in den Jahren 2008 und 2009 durchführte. Damit war »Studieren mit Meerwert« die erste deutsche Hochschulmarketingkampagne auf Landesebene. Dieser Beitrag skizziert Strategie und Umsetzungsprozess von »Studieren mit Meerwert« und soll die Herausforderungen einer mittelfristig angelegten PR-Kampagne unter Beteiligung mehrerer Stakeholder näher beleuchten.

Situationsanalyse

Die Situationsanalyse 2007 zeigte nüchtern: Alle Studien und Untersuchungen prognostizierten die Entwicklung der Studierendenzahlen in den neuen Bundesländern als stark abnehmend. Im Kern waren die strukturellen und demografischen Herausforderungen simpel: Das strukturschwache Mecklenburg-Vorpommern weist eine geringe Einwohnerdichte auf. Die demografische Entwicklung mit zukünftig geburtenschwachen Jahrgängen sowie starker Abwanderung von Jugendlichen mit Hochschulreife bedeuteten enorme Herausforderungen für etablierte Hochschulstandorte und das ganze Land. Bereits bestehende Überkapazitäten schienen sich seinerzeit dadurch auszuweiten. Hinzu kam, dass kaum westdeutsche Studieninteressierte in den neuen Bundesländern studieren wollten. Damals war das Ziel, diesen Trend zu stoppen, um langfristig ganze Hochschulstandorte existenziell zu sichern. Diese Absicht galt und gilt immer noch für Mecklenburg-Vorpommern wie für Brandenburg, Sachsen-Anhalt, Thüringen und Sachsen (Berthold/Gösta/Stuckrad 2009).

Allein aus diesem Grund sahen sich die Hochschulen des Landes gezwungen, Marketing über die Landesgrenzen hinaus zu betreiben, um die Studierendenzahlen zu halten und gegebenenfalls auszubauen (ebd.). Dies nicht nur als Aufgabe der einzelnen Hochschulen, sondern des gesamten Landes zu betrachten, war Basis der Entscheidung, eine Landeskampagne im Hochschulmarketing zu starten. Langfristig sollte der Erhalt des Standortes gesichert werden, auch aufgrund der wirtschaftlichen und kulturellen Bedeutung der Hochschulen für das Land.

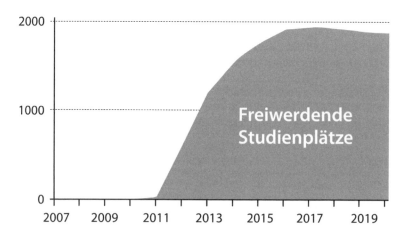

Erwartete Überkapazitäten bei Studienplätzen
Quelle: Landesmarketing MV

Dass das Problem eine Frage des *Image* war, wurde schnell deutlich. Nicht mangelnde Qualität der Hochschulen oder fehlende Informationsangebote schrecken Studieninteressierte aus westlichen Bundesländern ab – im Gegenteil, die Bestandsaufnahme fiel positiv aus: Mecklenburg-Vorpommern beheimatet zwei der ältesten Universitäten Deutschlands sowie vier moderne Hochschulen, allesamt stellen ihr Profil kommunikativ ansprechend dar. Die Universitäten Greifswald und Rostock sind Volluniversitäten mit modernen Einrichtungen, guter Ausstattung und internationaler Vernetzung. Die Hochschulen Neubrandenburg, Stralsund und Wismar bieten ein gutes Betreuungsverhältnis, familiäre Atmosphäre und vernetzte, praxisorientierte Studiengänge. Die Hochschule für Musik und Theater (HMT) Rostock gehört zu den renommiertesten deutschen Hochschulen ihrer Art.

Die kommunikative Herausforderung lag in den negativen Stereotypen über den Standort als ostdeutsch, abgelegen und infrastrukturschwach. Erfahrungsberichte von westdeutschen Studierenden in Mecklenburg-Vorpommern wiederum gaben sich ausnahmslos positiv. Das *Image* stimmte nicht mit der Wirklichkeit überein. Daher konnte nur eine Imagekampagne die auf Vorurteilen basierende Abneigung westdeutscher Abiturienten vermindern, einen Studienplatz in einem der neuen Bundesländer anzustreben (Heine 2008). Die Zielvorstellung lag darin, den weiteren Rückgang der Studierendenzahlen in Mecklenburg-Vorpommern zu vermeiden. Die Tatsache, dass jeder Studierende jährlich eine Wirtschaftsleistung von ca. 20.000 Euro zum Bruttoinlandsprodukt beiträgt, unterstreicht die Bedeutung dieser Aufgabe.

Zielsetzung

Unter dem Dach des Landesmarketings »MV tut gut.« wurde »Studieren mit Meerwert« als langfristige Marketingkampagne für mehrere Jahre angesetzt. Nicht der kurzzeitige Effekt, sondern nachhaltige Imagebildung und Abbau von negativen Stereotypen wurden als Ziele definiert. Die Kampagne wurde konzipiert, um junge Studieninteressierte über die ostdeutschen Hochschulstandorte zu informieren und gleichzeitig das Image bei jungen Westdeutschen zu korrigieren. Zum einen waren die Hochschulen trotz langer Tradition, niedriger Studien- und Lebenshaltungskosten und hohem Freizeitwert der Zielgruppe kaum bekannt. Wie das Wortspiel »Meerwert« im Titel der Kampagne andeutet, wurde diesem Manko mit passend aufbereiteten Informationsangeboten begegnet. Zum anderen sollte der Standort (und die *Marke*) Mecklenburg-Vorpommern nicht mehr als dröges, strukturschwaches Bundesland wahrgenommen werden, sondern als modern und, der Markenpositionierung der Dachkampagne »MV tut gut.« entsprechend, als norddeutsch und maritim. In die kommunikative Aufbereitung der Studienangebote wurden weitere Standortfaktoren einbezogen: Die Nähe zu den Metropolen Hamburg und Berlin, die geografische Lage an der Ostsee als Tor nach Skandinavien und zum Baltikum sowie die Stärke, eine der sonnenreichsten und beliebtesten Urlaubsregionen in Deutschland zu sein. Günstige Lebenshaltungskosten, kurze Wege und gebührenfreies Studium komplettieren die Markeneigenschaften. Diese Faktoren mit der eigentlichen Studieninformation verknüpft zu kommunizieren, war Ziel der Kampagne. Der Slogan »Studieren mit Meerwert« sollte dies kurz und prägnant zusammenfassen.

Zielgruppen

Die Analyse der Zielgruppe ist üblicherweise ein umfassender Teil der Arbeit. Im Prozess der Situationsanalyse und Aufsetzung der Kampagne wurde diese Bestimmung relativ knapp gefasst. Die primäre Zielgruppe der Hochschulmarketingkampagne wurde simpel definiert: Studieninteressierte. Mit dieser als Basis so einfach wie möglich gestalteten Zielgruppendefinition wurde der Prozess des Kampagnenaufbaus vorangetrieben. Wie eingangs erwähnt, saßen unterschiedliche Stakeholder mit jeweils eigener Agenda und eigenen »politischen« Hintergründen an einem Tisch. Dementsprechend wurde auf die konstruktive Ausgestaltung der Kampagne hingearbeitet und die Diskussion hierzu auf eine gemeinsame *SWOT-Analyse* fokussiert.

In dieser Analyse wurde auch das Informationsverhalten der Zielgruppe thematisiert: Als primäre Informationsquelle wurde das Internet identifiziert (Heine/Schneider/Willich 2009). Darauf basierte die Entscheidung, die Kampagnenwebsite als zentrales Informationsportal zu gestalten. Mit den Leitungsebenen aus Ministerium und Hochschulen wurde diese Kampagnenlinie verabschiedet. Die Umsetzung und Ausgestaltung oblag dem Landesmarketing sowie der betreuenden Agentur. Auf dieser Fachebene wurde die Zielgruppenansprache verfeinert. So fielen primär Schülerinnen und Schüler in die Zielgruppe, die sich aktiv in der Studienwahlphase befanden. Vor allem die Sekundarstufe II und Abiturienten waren im Fokus der Kampagne, da dort hochschulbezogenes Orientierungs- und Informationsbedürfnis am größten sind und dementsprechend das nachhaltige Wirken eines breiten Informationsangebots mit imagebildenden Inhalten unterstellt wurde.

Weil das Budget im Verhältnis zu ähnlichen Kampagnen moderat – im niedrigen sechsstelligen Bereich – gehalten wurde, entschied man sich dafür, die Kampagne räumlich zu begrenzen. Als primäre Zielregionen wurden die Nachbarbundesländer sowie die Metropolen Hamburg und Berlin gesetzt. Bei Ausweitung der Kampagne im Jahr 2009 wurde das bevölkerungsreiche Nordrhein-Westfalen als weitere Zielregion aufgenommen. Diese Entscheidung basierte auf Zielgruppenstudien, die die Entfernung zum Heimatort als wichtigen Faktor bei der Studienwahl sehen (Heine 2008). Die Chancen, bei vertretbarem Mitteleinsatz aus Süddeutschland zahlreiche Studieninteressierte nach Mecklenburg-Vorpommern zu locken, wurden als eher gering bewertet. Wenn sich junge Menschen für ein Studium fern des Heimatortes entscheiden, spielen Faktoren wie eine anziehungskräftige Großstadt, spezielle Studiengänge oder der Ruf der Hochschule eine große Rolle. Auf diesen Teil der Zielgruppe wurde nicht fokussiert. Die Erfolgsaussichten wurden bei denjenigen Studienbewerbern am höchsten bewertet, die nach einer Hochschule mit guter Lehre suchen sowie eine Affinität zu Norddeutschland und der Küste haben. Größtenteils, dies ergab die Zielgruppenanalyse, kommen diese aus Familien der mittleren Bürgerschicht, in denen Faktoren wie Qualität der Ausbildung, Praxisbezug und günstige Lebenshaltung einen höheren Stellenwert gegenüber Prestige oder Selbstverwirklichung besitzen.

Stakeholder

Die Einbeziehung aller relevanten Stakeholder von Beginn an war Teil des strategischen Ansatzes von »Studieren mit Meerwert«. Es ist nicht selbstverständlich, dass sich zwei Universitäten mit langer Tradition und vier eigenständige, profilierte Hochschulen unter das Dach einer Landeskampagne bringen ließen – theoretisch konnte jede für sich Anspruch auf die Marketingmittel erheben. Wer die deutsche Hochschulwelt und ihre autonomen Akteure kennt, versteht, welche Leistung es war, alle Hochschulen eines Bundeslandes zielorientiert und konstruktiv in einer PR- und Marketingkampagne zu vereinen – noch bevor es die »Hochschulinitiative Neue Bundesländer« mit lockenden Fördermitteln gab.

Nur wenn alle Hochschulen des Landes sich unter dem Dach einer Markenstrategie vereinen ließen, so die Hoffnung der Kampagnenakteure, konnte die Kampagne erfolgreich gestartet werden. Die Basis für »Studieren mit Meerwert« lag im Land selbst: Das Landesmarketing konnte die Kampagne strategisch aufsetzen und vorantreiben, weil sich diese neutrale Institution als Netzwerkpartner und Impulsgeber für alle Akteure im Land versteht. Neben Überzeugungsarbeit auf politischer Ebene waren die von allen Beteiligten erkannten Rahmenbedingungen, das gemeinsame Bekenntnis zur Marke Mecklenburg-Vorpommern und der auf Augenhöhe geführte Dialog ausschlaggebend für den Erfolg. Es wurde Wert darauf gelegt, das Feedback von Hochschulleitungsebene und Pressesprechern sowie Studienberatern der Hochschulen zu integrieren. In bilateralen Vorgesprächen wurde die Struktur des Arbeitsprozesses abgestimmt. Eine begleitende Medienanalyse unterfütterte die Gespräche mit Argumenten zur Notwendigkeit einer konzertierten Hochschulmarketingkampagne.

Praxis

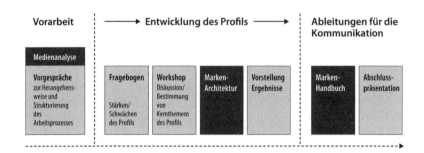

Der Prozess der Kampagnenaufsetzung von 2007 bis 2008
Quelle: Landesmarketing MV

Per Fragebogen wurden Stärken und Schwächen des Profils abgefragt und die Ergebnisse in die Vorbereitung der Stakeholderworkshops integriert. Hier wurden Kernthemen entwickelt, die anschließend in ein Markenprofil eingearbeitet worden sind. Dieses wurde wiederum den Stakeholdern präsentiert und im Anschluss in ein Markenhandbuch umgesetzt, das sich in jenes der Dachkampagne »MV tut gut.« integrierte. Die relevanten Stakeholder konnten somit an mehreren Stellen Einfluss auf die Entwicklung der Kampagne nehmen. Diese Offenheit und Flexibilität, die durch das Landesmarketing als Treiber gleichzeitig zielorientiert gestaltet wurde, war das Erfolgsrezept für die Implementierung einer eigenständigen PR-Kampagne mit breiter Zustimmung der unterschiedlichen Stakeholder.

Die wichtigste Erfahrung aus der Kampagne liegt darin, Detailarbeit auf der passenden Ebene auszuführen, um das Momentum einer Übereinstimmung der Stakeholder produktiv nutzen zu können und – siehe Zielgruppendefinition – frei von Detailfragen zu halten, die erst in der Umsetzung relevant werden. Den Stakeholdern wurde in umfassenden Workshops die Möglichkeit gegeben, subjektiv wahrgenommene Stärken, Schwächen, Chancen und Risiken ihres Standortes einzubringen und gleichzeitig den gemeinsamen Nenner daraus abzuleiten, der bei der Landeskampagne in den Mittelpunkt gestellt werden sollte. Wie diese Kampagne umgesetzt wurde, welche Detailthemen und Maßnahmen in den Kommunikationsplan Eingang fanden, wurde auf der Arbeitsebene mit Pressesprechern und Studienberatern abgestimmt, also den Interessengruppen, die unmittelbar an Themen und Beweggründen der Studieninteressierten arbeiten.

Hochschulmarketingkampagne »Studieren mit Meerwert«

Botschaften
Zum Aufbau des positiven Images wurden aus den Kernthemen prägnante Botschaften geformt, die eine Profilschärfung des Landes als Hochschulstandort ermöglichen sollten. Im Einzelnen waren dies:
- spezifische Studienkultur: Individualität, Transparenz und Nähe;
- authentische, regionsspezifische Lehre: maritime Wissenschaften, Gesundheit, Tourismus, Ernährung, Kulturwissenschaften im Ostseeraum, Energie und Hochtechnologie;
- attraktive, regionsspezifische Freizeitangebote: Meer, Seen, das Ambiente der Hansestädte, Musik- und Kulturfestivals.

Als Werte, die das Leben an den Hochschulen in MV beschreiben, wurden Transparenz, Individualität und »die Stadt als Campus« entwickelt.

Auf Basis dieser Botschaften und der zugrunde liegenden Markenwerte der Dachkampagne »MV tut gut.« – norddeutsch, maritim und Freiraum bietend – wurde ein *Corporate Design* entwickelt, das in jenes der Dachkampagne integriert wurde.

Das Bubble-Logo: jung, einprägsam und norddeutsch-frisch
Quelle: Landesmarketing MV

Der Slogan »Studieren mit Meerwert« hat diese Botschaften in einem Qualitätsversprechen subsumiert, das sich als Kernbotschaft durch alle Informationsangebote zog. In der Tonalität der Kampagne wurde auf Glaubwürdigkeit, Frische und Seriosität Wert gelegt, um nah am norddeutschen, maritimen Bundesland zu bleiben, das sich nicht als etwas anderes inszeniert, sondern authentisch und ehrlich bleibt.

Strategie
Da das Internet als zentraler Kommunikationskanal der Kampagne definiert wurde, sollten begleitende Marketingmaßnahmen unterstützend wirken und stets auf die Kampagnenwebsite verweisen. Die Kampagne wurde strategisch auf enge Einbindung der Stakeholder ausgerichtet, jedoch verantwortlich als integrierte PR-Kampagne beim Landesmarketing angedockt, das die Imagearbeit für den Standort Mecklenburg-Vorpommern als Ganzes konzipiert, verantwortet und vorantreibt. Das vom Landesmarketing als PR-Instrument eingeführte, sehr erfolgreiche *Key Visual* des Landes – der Strandkorb, weltweit bekannt seit dem G8-Gipfel in Heiligendamm 2007 – wurde als »Studienplatz«-Strandkorb für die Kampagne adaptiert und transportierte authentisch und greifbar den Freizeitwert und die norddeutsche Verortung des Hochschulstandortes.

Umsetzung
Das Informationsportal www.studieren-mit-meerwert.de präsentierte als Herz der Kampagne die Studiengänge und Imageinformationen wie Porträts der Städte, Freizeitmöglichkeiten und Kampagnentestimonials.

Zur Kommunikation der Webadresse wurden diverse Marketingmaßnahmen eingesetzt. Hierzu zählen *Suchmaschinenoptimierung* und ein *Suchmaschinenmarketing* mit über 160 verschiedenen *Keywords* und mehr als 50 unterschiedlichen Anzeigentypen, Schaltung von Bannern auf Zielgruppenwebsites, Imageanzeigen in Jugendmedien sowie anlassbezogen in regionalen Tagesmedien. Hinzu kamen Auftritte bei Studieninformationstagen und Jobmessen in den Zielregionen. Diese wurden mit den Auftritten der einzelnen Hochschulen abgestimmt: Den Hochschulen oblag die Studienberatung, während die Landeskampagne durch Strandkorbplatzierung und Give-aways, wie einem Studiengangquartett, für unterstützende Imagekommunikation sorgte. Hierbei erwies sich besonders der Strandkorb als effektives Werbemittel: Aufgebaut vor einer Fotorückwand und mit aufgeschüttetem Sand versehen, konnten die Besucher Videos von sich im Strandkorb aufnehmen lassen und auf einem USB-Stick mit ausführlichen Studieninformationen mitnehmen.

Hochschulmarketingkampagne »Studieren mit Meerwert«

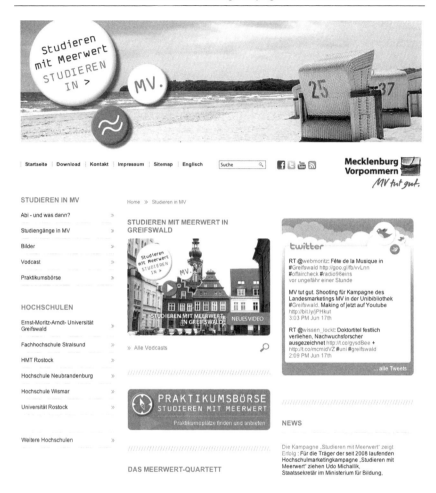

Die Website wurde als Informationsplattform mit verschiedenen Kanälen wie Videofilmen, Twitter-Newsbox und weiterführenden Informationsangeboten gestaltet.
Quelle: Landesmarketing MV

Praxis

Studienplatzstrandkorb als Fotogelegenheit mit Imagetransfer
Quelle: Landesmarketing MV

Die Mischung glaubwürdiger Informationsvermittlung direkt von den Hochschulen und gleichzeitigem Imagetransfer durch »Studieren mit Meerwert« blieb zentraler Gedanke aller Maßnahmen. 2009, im dritten Jahr der Kampagne, wurde unter diesem Leitbild die Website erweitert, um mit neuen Maßnahmen auf das Informationsbedürfnis der Zielgruppe einzugehen. Eine Vodcastserie mit Kurzfilmen aus jedem Hochschulstandort präsentierte Studierende als glaubwürdige *Testimonials*, die gängige Stereotype widerlegten. Über Website, Youtube, iTunes-Abo und Einbindung auf den Internetpräsenzen von Stakeholdern und Partnern wurden die Onlinevideos breit gestreut.

Advertorials in Tageszeitungen und Jugendmedien, eine detaillierte Informationsbroschüre über den Standort sowie ein journalistisch produziertes 12-seitiges Imagemagazin, das an Gymnasien in den Zielregionen verteilt wurde, komplettierten das Informationsangebot der Kampagne.

Da »Studieren mit Meerwert« als PR-Kampagne auch in der Umsetzungsphase von politischen Institutionen und Stakeholdern begleitet wurde, war die Diskussion rund um die Kampagne durch politische Fragestellungen und Aufgaben geprägt. Eine Kampagne vor diesem Hintergrund über mehrere Jahre stringent zu führen und

Hochschulmarketingkampagne »Studieren mit Meerwert«

auf ihr Ziel fokussiert zu belassen erforderte Geschick in Abstimmung und Feinjustierung. Es galt, regelmäßig den Austausch mit den Stakeholdern zu suchen und auf deren Anmerkungen und Bedürfnisse einzugehen. Ein wichtiger Teil der Arbeit bestand darin, die Kampagne vom politischen Abstimmungsraum, in dem die Umsetzung initiiert wurde, auf die operative Arbeitsebene zu transferieren. Regelmäßiger gemeinsamer, aber auch bilateraler Austausch der verschiedenen Partner blieb grundlegend für alle Entscheidungen. Auf der Arbeitsebene waren die Pressesprecher und Studienberater der Hochschulen die Abstimmungspartner. Der Fortschritt der Kampagne wurde darüber hinaus in halbjährlichen Beiratssitzungen des Landesmarketings allen Stakeholdern präsentiert und mit ihnen diskutiert. Die gemeinsame Arbeit aller Partner war die unentbehrliche Grundlage für den Erfolg des integrierten Hochschulmarketings.

Aufgetretene Probleme

Da die Kampagne aus öffentlichen Mitteln eines einzelnen Bundeslandes finanziert wurde, war ihr Wirkungsgrad naturgemäß durch den Budgetansatz begrenzt. In der Imagearbeit des Landesmarketings Mecklenburg-Vorpommern deckte das Hochschulmarketing nur einen Teilbereich ab – umso wichtiger war die konsequente Integration dieses Bereiches in andere laufende Projekte.

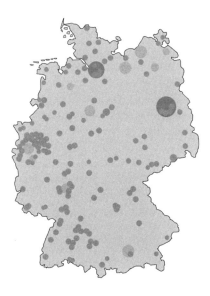

Die Websitezugriffe nach Region spiegeln die Fokussierung der Kampagne wider.
Quelle: Landesmarketing MV/Google Analytics

Eine Herausforderung bei der Kampagne bestand im sorgfältig gewählten Mitteleinsatz. Bewährt hatte sich dazu die Fokussierung auf primäre Zielregionen. Die Bewertung der verschiedenen Marketingkanäle war jedoch oft schwierig. Schüler informieren sich zweifellos vor allem online. Aber welche Marketingmaßnahmen und Informationsangebote erreichten ihre Zielgruppe nicht nur oberflächlich, sondern boten auch hohe Glaubwürdigkeit? Diese Frage begleitete die Arbeit von der Planung einer großen PR-Maßnahme bis hin zu jeder einzelnen Anzeigenschaltung. Insbesondere auf dem Gebiet des Schul- und Hochschulmarketings entwickelte sich sukzessive eine unüberschaubare Vielzahl an Publikationen, Onlineportalen, Direktmarketinganbietern und Agenturen. Die unmittelbare *Evaluation* von Anzeigenschaltungen gestaltete sich oftmals schwierig. Es zeigte sich, dass der erreichte *Äquivalenzwert* nicht alles war, sondern die Qualität der Kontakte den Unterschied ausmachte. Insofern stand die Kampagne immer vor der Herausforderung, den effizientesten Kanal, den am besten erreichbaren Teil der Zielgruppe und die richtige Form der Zielgruppenansprache zu finden. Einzelne Maßnahmen wie Diskussionsveranstaltungen oder großformatige Print-Anzeigenschaltungen erwiesen sich als wenig effizient. Auch darum war es eine Aufgabe der Kampagne, sich im Laufe der drei Jahre neu zu erfinden, um die Zielgruppe immer wieder auf anderen Kanälen anzusprechen. Nur durch Variabilität konnte die Kampagne langfristig interessant bleiben – wobei der Kern der Botschaft stets belassen werden musste.

Ein Problem entstand zudem aus der legitimen Anspruchshaltung der Stakeholder: Von einer PR-Kampagne wurde schneller Erfolg erwartet. Geduld und Ausdauer einzufordern war keine einfache Aufgabe. Es schien so, als wurden an die Arbeit einer imagebildenden Institution bisweilen überhöhte Ansprüche gestellt. Es kann nicht Aufgabe einer PR-Kampagne sein, sich an Problemen wie demografischer Entwicklung und Nachwuchskräftesicherung abzuarbeiten. Die PR kann vorherrschende Rahmenbedingungen zielgruppengerecht aufbereiten und intelligent kommunizieren. Sie hebt dabei die Stärken und Chancen eines Standortes hervor. Schwächen und Risiken zu erkennen und zu bearbeiten bleibt dagegen Aufgabe der Politik.

Evaluation

Eine direkte, quantitative *Evaluation* der Kampagne erfolgte in erster Linie über die Websitezugriffe. Über 10.000 unterschiedliche Besucher informierten sich dort pro Monat über die Studienangebote. Durch eine Analyse der Websitezugriffe konnten sich die Akteure ein Bild davon machen, wie genau und wie nachhaltig die jeweiligen PR-Maßnahmen wirkten, die stets auf die Website verwiesen. Wesentliche Eckpunkte waren folgende Variablen:

- Steigerung der Zugriffszahlen aus den Zielregionen (ca. 75 % der Zugriffe kamen aus den Zielregionen der Marketingmaßnahmen);

Hochschulmarketingkampagne »Studieren mit Meerwert«

- neue Besucher der Website (hier wurden ca. 80 % neue Besucher pro Monat erzielt);
- *Verweildauer* der Benutzer (im Mittel lag diese bei etwa drei Minuten);
- Absprungseite im Informationsportal (über ein Drittel der Besucher verließen die Seite zu speziellen Studiengangsangeboten auf den jeweiligen Hochschulwebsites).

Der mittelfristige Erfolg ließ sich darüber hinaus an Immatrikulationszahlen messen: An sämtlichen Hochschulen Mecklenburg-Vorpommerns stiegen sowohl im Wintersemester 2009/2010 als auch im Wintersemester 2010/2011 die Zulassungszahlen im Vergleich zu den jeweiligen Vorjahren deutlich an (Statistisches Amt Mecklenburg-Vorpommern 2010).

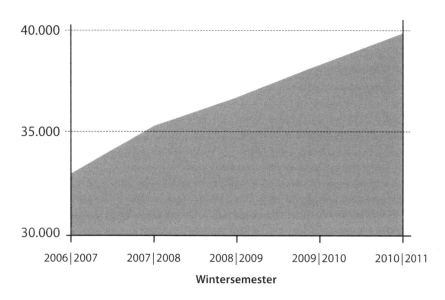

Steigerung der Immatrikulationszahlen an allen sechs Hochschulen in Mecklenburg-Vorpommern seit 2008
Quelle: Landesmarketing MV

Für eine aussagefähige und repräsentative Evaluation hätten gezielt die imagebildenden Faktoren bei sämtlichen Erstsemesterstudierenden an den Hochschulen abgefragt werden müssen. Solch eine ausführliche Analyse für den Bereich des

Hochschulmarketings steht noch aus. Allerdings erfolgte eine qualitative Analyse der Landesmarketingkampagne im Frühjahr 2010 im Rahmen einer *Evaluation der Marke Mecklenburg-Vorpommern* durch das unabhängige Institut TNS Infratest. Als ein Teilbereich wurde dabei die Hochschulmarketingkampagne analysiert. »Studieren mit Meerwert« erzielte in Experteninterviews und Zielgruppenbefragungen sehr gute Werte, vor allem in Bezug auf die Integration in die Dachmarke und Markenwerte sowie die Art der Zielgruppenansprache und Informationsvermittlung (tns Infratest 2010).

Bewertung
Durch Informations- und Marketingmaßnahmen sollte die Kampagne mit vergleichsweise moderatem Budget einen Beitrag dazu leisten, den Wissenschaftsstandort – und damit den Wirtschaftsstandort Mecklenburg-Vorpommern – zu sichern und zu stärken. Die ersten Schritte sind angelegt. Das erste Kommunikationsziel, über die Studienangebote zu informieren und zugleich auf die positiven Standortfaktoren aufmerksam zu machen, wurde erreicht. Das übergeordnete Kommunikationsziel der Imagekorrektur benötigt weitere Ausdauer des Landesmarketings. Alte Stereotype abzubauen und gleichzeitig neue, positive durchzusetzen braucht Zeit und langfristig konsistente Maßnahmen. Die Wirkung von »Studieren mit Meerwert« wird sich erst nach einigen Jahren belegen lassen.

Während der gesamten Kampagne »Studieren mit Meerwert« wurde unter den Stakeholdern fortwährend über die Marketingarbeit abgestimmt und diskutiert – nicht immer waren alle Beteiligten im Detail einer Meinung. Die Kampagne an sich wurde jedoch von allen als unerlässliches Instrument bewertet, den Standort zielgruppengerecht zu vermarkten. Die Stärke ist unverkennbar: Wie dargelegt, liegt die Basis im Land selbst, nämlich im Landesmarketing, das als Impulsgeber die Stakeholder an einen Tisch bringt und gemeinsam mit ihnen eine integrierte, abgestimmte und durchschlagskräftige Kommunikationsarbeit umsetzt. *One Voice* kann auch in einem solchen Umfeld funktionieren. Dass es dazu Geduld und Ausdauer benötigt, wurde bereits erwähnt. Grundlegend kann »Studieren mit Meerwert« belegen, dass verschiedene Stakeholder im Marketing erfolgreich unter dem Dach einer Kampagne zusammenarbeiten können – und dies insbesondere im Standortmarketing tun müssen, wenn sie langfristig etwas bewirken wollen.

Quellen

Beckmann, Julia/Langer, Markus F. (2009): Studieren in Ostdeutschland? Eine empirische Untersuchung der Bereitschaft zum Studium in den neuen Ländern, CHE-Studie, Gütersloh.

Berthold, Christian/Gösta, Gabriel/Stuckrad, Thimo von (2009): Zwei Jahre Hochschulpakt 2020 (1. Phase) – eine Halbzeitbilanz. 16 Länderberichte zu Herausforderungen, Maßnahmen und (Miss-)Erfolgen, CHE Arbeitspapier 118, Gütersloh.

Heine, Christoph (2008): Studienanfänger in den alten und neuen Ländern. Gründe der Hochschulwahl und Bewertungen der Hochschulregionen West- und Ostdeutschland, HIS-Projektbericht, Hannover.

Heine, Christoph/Schneider, Heidrun/Willich, Julia (2009): Informationsverhalten und Hochschulwahl von Studienanfängern in West- und Ostdeutschland. Eine Sekundäranalyse der HIS Studienanfängerbefragung des Wintersemesters 2007/08, HIS Projektbericht, Hannover.

Statistisches Amt Mecklenburg-Vorpommern (2010): Hochschulen – Einzelergebnisse. Entwicklung der Studierendenzahlen, Schwerin.

tns Infratest, im Auftrag des Landesmarketing Mecklenburg-Vorpommern (2010): Evaluation des Markenbildes Mecklenburg-Vorpommern, München.

7 Kampagnen von Nichtregierungsorganisationen

Fall 7: Gegen Zwangsprostitution und Menschenhandel – eine Kampagne des Diakonischen Werkes der Evangelischen Kirche in Deutschland

Michael Handrick

Einleitung

Krystina sitzt vor einem Schminkspiegel und wartet auf Freier. Eigentlich ist sie fast noch ein Kind; und tatsächlich ist es erst wenige Minuten her, dass sie mit anderen Teenagern im Hof herumgetollt hat. Auf den Zuruf einer Frau aus dem Fenster einer Mietskaserne hat sie sich von ihren Spielkameradinnen getrennt und ist ins Haus gelaufen. Schnell geschminkt und in Reizwäsche gekleidet muss sie nun im Bordellzimmer für die »Kundschaft« bereit sein.

Dieses Szenario aus dem Social Spot »Krystina«[1] des Bundesverbandes der Diakonie[2] gegen Zwangsprostitution und Menschenhandel könnte irgendwo im deutsch-tschechischen Grenzgebiet spielen, einer der Armutsgrenzen zwischen dem armen und dem wohlhabenderen Teil Europas. Gut erreichbar für viele Bundesbürger, die nicht nur aufgrund preiswerterer Waren und Dienstleistungen den schnellen »Grenzverkehr« suchen.

Nach Schätzungen gehen rund 1 Million Männer in Deutschland täglich zu Prostituierten – und darunter sind nicht nur in den Grenzgebieten zu Osteuropa zunehmend mehr Zwangsprostituierte und Opfer von Menschenhandel.

Doch was geht uns das an? Mit dieser eingeblendeten Frage endet der Diakonie-Spot. Das darin geschilderte Schicksal der Filmfigur »Krystina« ist gleichzeitig fiktiv und bitter wahr. Insbesondere in Tschechien, Moldawien, Russland, der Ukraine, Rumänien, Polen und Bulgarien hat sich im letzten Jahrzehnt ein dramatisch zunehmender organisierter Handel mit jungen Frauen Richtung Westeuropa entwickelt. Der Weg in die Prostitution ist dabei in manchen verarmten Staaten wie Moldawien mit massiver Arbeitslosigkeit längst zum Kollektivschicksal vieler junger Mädchen geworden. Sie wollen der Armut um jeden Preis entfliehen und lassen sich dafür auf gefährliche Risiken ein. Das Schema ist dabei oft ähnlich: Den

Betroffenen wird eine Anstellung im Westen vorgegaukelt, anschließend wird versucht, ihnen mit Brutalität den Willen zu brechen, um sie für die Arbeit in der Prostitution gefügig zu machen.

Auch Natascha[3] las eine Anzeige in der Zeitung, in der Arbeit als Kellnerin in Deutschland angeboten wurde. »Das war die Chance, meiner Familie und mir ein besseres Leben zu ermöglichen. Zu Hause hatten wir kaum Geld und in unserem Dorf gab es keine Arbeit für mich. Dass es für Menschen aus Osteuropa so gut wie keine legalen Arbeitsmöglichkeiten in Deutschland gibt, wusste ich nicht.« Für die »Vermittlung« bezahlte Natascha 3.000 Euro. »Ich musste unterschreiben, dass ich das Geld zurückzahle, wenn ich in Deutschland bin und gut verdiene.«

Kurz vor der Grenze wurde ihr der Pass abgenommen. In Deutschland brachte man sie in eine Wohnung, in der schon andere Frauen aus Russland und Polen waren. Erst hier erfuhr Natascha, was sie wirklich arbeiten sollte. Als sie sich wehrte, wurde sie von den Menschenhändlern geschlagen und vergewaltigt. »Als meine Schwellungen im Gesicht und am Körper von den Schlägen ein wenig abgeklungen waren, holten sie mich ab und brachten mich in einen Club, in dem ich als Prostituierte arbeiten musste. Ich hatte keine Kraft mehr mich zu wehren und tat alles, was sie von mir verlangten.«

Ohne Aufenthalts- und Arbeitsgenehmigung sind Frauen wie Natascha weitgehend rechtlos. Bei Razzien werden sie als Illegale inhaftiert und später abgeschoben. Zwar dürfen Opfer von Menschenhandel nicht in Haft genommen werden, das setzt aber voraus, dass die Polizei sie als solche anerkennt. Bei Vernehmungen schweigen die Frauen häufig. Nicht nur aus berechtigter Angst um ihr Leben, sondern auch aus Scham gegenüber der Familie in der Heimat.

Die Chance, an die Drahtzieher des Menschenhandels heranzukommen, ist eher gering. Ihr Risiko ist kleiner als beim internationalen Drogenhandel, obwohl die Gewinnspannen längst vergleichbar sind. Selbst wenn die Opfer reden, können die Fahnder nur einige wenige Personen verhaften, an der Grenze nach Osten ist meistens Schluss.

Junge Frauen wie Natascha benötigen vielfältige individuelle Hilfsangebote. Sie reichen von der Vermittlung einer geheimen und geschützten Unterkunft bis hin zu medizinischer Betreuung und der Sicherstellung von lebensnotwendigen Versorgungsleistungen. Hinzu kommen psychosoziale Beratung und Betreuung, Rechtsbeistand und Begleitung zu Gerichtsprozessen, Hilfe bei der Rückkehr ins Heimatland oder zur sprachlichen, schulischen und beruflichen Qualifikation und Integration in Deutschland.

Diese Arbeit leisten bundesweit Fachberatungsstellen der Diakonie[4] für die Opfer von Zwangsprostitution und Menschenhandel – Zentren für eine sehr spezialisierte soziale Arbeit. Viele dieser Hilfeeinrichtungen haben eine lange Tradition, die bis ins frühe 19. Jahrhundert zurückreicht. Die Wurzel dieser Arbeit ist bis heute die gleiche geblieben: Aus dem evangelischen Glauben heraus setzt sich die Diakonie für schwache und hilfebedürftige Menschen anwaltschaftlich ein.

Situationsanalyse

In den Jahren bis 2004 hatten es die Sozialarbeiterinnen der Diakonie immer häufiger mit Fällen zu tun, die dem Nataschas vergleichbar sind, so dass diese stark anwachsende Problematik zunehmend im bundesweiten Netzwerk der Fachreferentinnen und Gremien thematisiert wurde[5]. Diese Diskussion wurde vom Zentrum Kommunikation des Bundesverbandes der Diakonie aufgenommen, die Idee einer Informationskampagne entstand.

Dabei war allen Beteiligten klar, dass es bei dieser Kampagne zunächst vor allem um Aufklärung ging. Aufklärung als erster unerlässlicher Schritt, um die Öffentlichkeit überhaupt für dieses Problem zu sensibilisieren. Weitere Planungen ergaben, dass diese Kampagne in einem zweiten Schritt dann Freier und Opfer ansprechen sowie insbesondere den Handlungsdruck für die Politik erhöhen sollte.

Die Planungen fokussierten sich im ersten Abschnitt auf das Ziel, über die Problematik zu informieren, und darauf, die gesellschaftliche Wahrnehmung von professioneller Prostitution zu schärfen. Es war von Anfang an klar, dass die professionelle Prostitution mit ihrem moralischen »Für und Wider« intern kein Kampagnenthema ist, sondern dass es ausschließlich darum ging, auf das vergleichsweise »neue« Problem des Menschenhandels und der Zwangsprostitution hinzuweisen.

Dieses Bewusstsein war vor Beginn der Kampagne in der gesellschaftlichen Wahrnehmung und in der Medienberichterstattung nicht erkennbar. Ein schwieriges Thema also, das in der Grauzone eines tabuisierten Bereiches angesiedelt ist, zumal es zwischen Profi- und Zwangsprostitution fließende Übergänge gibt.

Zielsetzung

Für den ersten Abschnitt der Kampagne (2003 bis 2005)[6] wurde ein TV- und Kinospot als zentrale Kommunikationsmaßnahme konzipiert, um die Rezipienten emotional zu erreichen. Flankierend zu diesem TV- und Kinospot wurden eine Reihe zentraler PR-Maßnahmen geplant, um über das Thema prinzipiell aufzuklären. Das zentrale PR-Instrument dabei waren bundesweite Informationsveranstaltungen, vor allem in Form von *Soireen* in deutschen Autorenfilm-Kinos[7] anlässlich der Vorführung des schwedischen Spielfilms »Lilja 4-ever«[8]. Diese Veranstaltungen sollten das Interesse der regionalen Presse nach weiteren Hintergrundinformationen wecken.

Die zweite Kampagnenstaffel (2006 bis 2007)[9] wendete sich mit einer bundesweiten Plakatkampagne und vertiefender PR-Arbeit an Politik, Opfer und Freier sowie natürlich an die allgemeine Öffentlichkeit im Sinne weiterer Aufklärung. Der Handlungsdruck auf die Politik sollte erhöht werden. Als PR-Instrument wurde hierbei auf Skandalisierung nach dem Vorbild von Pressure-Group-PR gesetzt.

Dabei sollte ebenfalls grundsätzlich vermieden werden, mit der Kampagne »als Nebeneffekt« zielgruppenseitig in die sozialpolitische Diskussion über professionelle Prostitution hineinzugeraten. In der deutschen Sozialpolitik bestehen hier sehr kontroverse Ansätze, die von rigorosem Verbot (z. B. nach skandinavischem Vorbild) bis zu einer Anerkennung als »normaler Beruf« mit Sozialversicherungs- und Rentenanspruch (z. B. nach niederländischem Modell) reichen.

Im Zentrum der PR-Arbeit stand zudem in beiden Kampagnenabschnitten die Information über die Aufgaben der Fachberatungsstellen der Diakonie für die Opfer von Zwangsprostitution und Menschenhandel[10]. Um diese individuellen Hilfsangebote jedoch dauerhaft erbringen zu können, benötigen die Beratungsstellen auch Spenden. Der TV-Spot endete deshalb mit einem Spendenhinweis. Dieser Spendenappell sollte verdeutlichen, dass es sich bei der Diakonie um eine spendensammelnde Organisation handelt; die Kampagne war per se als Informations- und nicht als Spendenkampagne konzipiert worden.

Zielgruppen

Die Kampagne richtete sich in beiden Abschnitten im Allgemeinen an die breite Bevölkerung und im Besonderen an weitere Zielgruppen:
- die Medien,
- die Politik,
- wichtige Stakeholder wie Ministerien, Polizei, Behörden, Kommunen, Verbände, Institutionen, Non-Profit-Organisationen,
- die Opfer,
- die Freier und
- die innerdiakonische und innerkirchliche Öffentlichkeit.

Es ging also im ersten Schritt darum, zielgruppenseitig Aufklärung und Involvement für ein Thema herzustellen, ein Thema »sichtbar« zu machen, es auf die Agenda der Medien zu setzen. Die zweite Kampagnenetappe zielte darauf ab, Opfer und Freier anzusprechen sowie den Handlungsdruck auf die Politik zu erhöhen, um damit Zwangsprostitution und Menschenhandel zukünftig durch engmaschigere Gesetze zu erschweren. Den Opfern sollte die Möglichkeit der Hilfe durch die Diakonie kommuniziert werden, bei den Kunden sollte auf eine Verhaltensänderung[11] (Sensibilisierung für ihre Verantwortung) hingewirkt werden.

Dabei spielen die Medien als Multiplikator eine herausragende Rolle. Nicht zuletzt entsteht durch ihre Berichterstattung der Druck auf die Politik, wirksamere Gesetze gegen Zwangsprostitution und Menschenhandel auf den Weg zu bringen. Wichtig war es auch, die relevanten Stakeholder zu erreichen und in die Kampagne einzubinden, die ebenfalls täglich mit diesem sozialen Problem konfrontiert sind, um die Zusammenarbeit im Sinne der Opfer zu verbessern und um ein Fördernetzwerk für die Kampagne aufzubauen. Hier sind z. B. vor allem die Polizei und die Sozialbehörden der Kommunen als sehr wichtige Partner zu nennen.

Um die Politik als Adressat zu erreichen, wurde die Kampagne von Anfang an dem entsprechenden Referat im Bundesministerium für Familie, Senioren, Frauen und Jugend (BMFSFJ) vorgestellt und diese Abteilung in das Projekt informativ eng mit einbezogen.

Nicht zuletzt stellte die innerdiakonische und innerkirchliche Öffentlichkeit eine wichtige Zielgruppe dar, da dieses deutschlandweite Verbandsnetzwerk Kampagnen vor Ort in Veranstaltungen bzw. in Presse- und Medienarbeit umsetzt.

Stakeholder

Neben Polizei, Kommunen und Behörden, die selbst unmittelbar mit dem Problem des Menschenhandels und der Zwangsprostitution konfrontiert sind, galt es, weitere Stakeholder, die mit dem Thema befasst sind, in die Kampagne einzubinden:
- das Bundesministerium des Inneren (BMI),[12]
- Institutionen[13], die sich ebenfalls gegen Zwangsprostitution und Menschenhandel engagieren, z. B. Fachberatungsstellen,[14] und
- Journalisten, die dieses Thema schwerpunktmäßig verfolgen.[15]

Botschaften

Sowohl der Social Spot als auch das Plakat setzen auf starke Emotionalisierung. Der Rezipient wird mit einem Thema konfrontiert, das in seiner sozialen Härte durchaus zu schockieren vermag und in der Werbewelt in dieser Tonalität sehr ungewöhnlich ist.

Durch die PR-Arbeit wurden parallel die Hintergründe dieses sozialen Problems sowie die sozialpolitischen Positionen und Forderungen der Diakonie in zwei großen Aktionsstaffeln differenziert vermittelt, die sich – bundesweit verteilt – über den gesamten Kampagnenzeitraum erstreckten.

Hinsichtlich der Markenkommunikation wurde deutlich, dass die Diakonie eine Instanz für Menschlichkeit und evangelische Werte ist, die sich u. a. besonders für Menschen am Rande der Gesellschaft einsetzt.

Abb. 1: Plakat: »Zwangsprostitution« – ein Tabuthema im öffentlichen Raum
Quelle: Bundesverband Diakonie

EKD-Kampagne gegen Zwangsprostitution

Abb. 2: Plakat Bahnhof Ludwigsburg: Die bundesweite Citylicht-Posterkampagne auf Bahnhöfen und S-Bahnhöfen
Quelle: Bundesverband Diakonie

Strategie

Die Strategie dieser Kampagne war es, durch sehr schockierende Charity-Werbung[16] (Film, Plakat) Involvement zu erzielen und das erweckte Informationsbedürfnis der Medien und Rezipienten anschließend mit Hintergrundinformationen zu versorgen. So konnten Werbung und PR ihre jeweiligen Stärken in einer integrierten Kommunikationskampagne gezielt ausspielen, was die Gesamtwirkung verstärkte.

Der PR-Arbeit kam dabei die Rolle zu, die Kampagne zu erklären und das Anliegen der Diakonie zu vermitteln. Bundesweit haben sich alle Landesverbände der Diakonie, aber auch viele regionale Werke an der PR-Umsetzung beteiligt. Dabei wurden bestimmte Muster entwickelt *(Soireen in Kinos, Skandalisierung[17] im WM-Jahr 2006)*, die eine Regionalisierung der Kampagne für diakonische Werke vor Ort ermöglichten.

In der Kommunikationsarbeit wurde dabei antizipiert, dass der Themenkomplex »Rotlicht« für die Medien generell einen hohen Nachrichtenwert besitzt und per se schon Agenda-Setting-fähig[18] ist. Es war evident, dass hier eine mediale Nachfrage nach Fakten, Zahlen und Fallbeispielen bestehen würde.

Eine wichtige Rolle spielte bei dieser Kampagne auch die intensive Lobbyarbeit eines großen Verbandes gegenüber den Stakeholdern, da bei allen gesellschaftlich relevanten Schnittstellen erfolgreich für die Kampagne interveniert werden konnte[19].

Umsetzung
Die Kampagne wurde als integrierte Kommunikationskampagne geplant, in der sich Werbe- und PR-Elemente gegenseitig ergänzen und verstärken.

Cross-Media-Kampagne:
- Spot im TV: Ausstrahlung auf diversen Fernsehsendern (Teil 1)
- Spot im Kino: Schaltung in deutschen Autorenfilm-Kinos bundesweit (Teil 1) (Vertrieb zusammen mit dem Spielfilm »Lilja 4-ever« als Vorfilm)
- Spot auf Video-Displays: in U-Bahnen in Großstädten (mehrsprachig, Teil 1)
- Citylight-Plakate bundesweit (Bahnhöfe, S-Bahnhöfe, Teil 2)
- mehrsprachige Colorama-Plakate an Flughäfen (Teil 2)
- Freecards bundesweit in Gaststätten (mehrsprachig, Teil 2)
- Anzeigen in Tageszeitungen und vielen Zeitschriften bundesweit (Teil 2)
- im WM-Jahr 2006: Plakate auf öffentlichen Herrentoiletten in allen WM-Spielorten, an den Bahnhofsmissionen, an den Fan-Botschaften, in kommunalen Verwaltungsgebäuden, an Polizeidienststellen
- Informationsplattform im Internet (alles Teil 2)

PR-Kampagne:
- Bundespressekonferenz in Berlin zum Kampagnenstart (Start Teil 1)
- Filmpremierenfeier mit Politik und Prominenz in Berlin (Start Teil 1)
- parallele Pressekonferenzen in den Landesverbänden (Start Teil 1)
- Pressekonferenz am Dienstsitz des Bevollmächtigten des Rates der EKD
- am Sitz der Bundesregierung, Berlin (Start Teil 2)
- zwei große Staffeln von PR-Maßnahmen bundesweit (Teil 1: *Soireen* in Autorenfilm-Kinos, Teil 2: Mediale Skandalisierung); in beiden Fällen Angebot von aktuellen Zahlen und Fakten zum Thema, von Fallgeschichten (Storytelling), Experteninterviews u.v.m.
- koordinierte Zusammenarbeit im WM-Jahr 2006 mit über einem Dutzend anderer Hilfs- und Menschenrechtsorganisationen, die sich ebenfalls gegen Zwangsprostitution und Menschenhandel einsetzten; erst dadurch entstand ein verstärkter Agenda-Setting-Effekt (Teil 2)

Kampagnenbegleitende Maßnahmen:
- Schulung eines speziellen, auf soziale Themen spezialisierten Callcenters (alles Teil 2)
- Kommunikation einer 24-Stunden-Hilfe-Hotline ins Callcenter für Opfer und Bereitstellung eines angedockten Tag-und-Nacht-Notdienstes in den Fachberatungsstellen
- vorbereitete Schutzräume in Bahnhofsmissionen in Deutschland
- Einbeziehung der Flughafenseelsorger und -seelsorgerinnen[20]
- im WM-Jahr 2006: Unterstützung durch die Fan-Botschaften des Deutschen Fußball-Bundes (DFB) und damit Einbindung in die Kampagne

Abb. 3: Eindringliche Bilder, die berühren: der Diakonie-Spot »Krystina«
Quelle: www.youtube.de

Dramaturgie, Teil 1. Für die Dramaturgie der Kampagne war im ersten Abschnitt die Zusammenarbeit mit dem Filmverleih Arsenal Film entscheidend. Im Vorfeld der Planung war bekannt geworden, dass der Spielfilm »Lilja 4-ever« des schwedischen Regisseurs Lukas Moodysson zum vorgesehenen Kampagnenstart nach Deutschland kommen würde. Die Kooperation von Filmverleih, Filmmachern und der Diakonie war von Anfang an ein wesentlicher Teil der Diakonie-Kampagne: Der Diakonie-Spot »Krystina« wurde als Trailer mit jeder Filmrolle von »Lilja 4-ever« an die Kinos in Deutschland ausgeliefert. Für beide Akteure entstand durch dieses wechselseitige »Favour Management« zusätzliche PR.

So startete Teil 1 der Kampagne zusammen mit dem Spielfilm, der das Schicksal einer in die Prostitution nach Schweden verschleppten jungen Russin erzählt und in deutschen Autorenfilm-Kinos lief. Dazu gehörte auch eine gemeinsame Premierenfeier in Berlin mit zahlreichen Prominenten sowie eine bis auf den letzten Platz besetzte Bundespressekonferenz. Die Filmvorführungen in deutschen Autorenfilm-Kinos boten einen idealen Rahmen für die Regionalisierung der Kampagne sowie für anknüpfende PR-Arbeit. Dies geschah insbesondere in Form von Soireen in bundesweiten Kinos anlässlich der Filmvorführung von »Lilja 4-ever« und des Diakonie-Spots, bei denen z. B. Sozialarbeiterinnen der Diakonie, Fachleute der Polizei und auch Exzwangsprostituierte aus ihren Erfahrungen berichteten. Diese Soireen wurden anlässlich der Vorführung von »Lilja 4-ever« in Autorenfilm-Kinos in Deutschland wiederholt.

Dramaturgie, Teil 2. Teil 2 der Kampagne wurde gezielt im WM-Jahr 2006 gestartet, da die Expertinnen der Diakonie und anderer Hilfs- und Menschenrechtsorganisationen aufgrund vieler Hinweise aus der Szene mit einem deutlichen Anstieg der Zwangsprostitution (sowie der Prostitution überhaupt) in Deutschland rechneten[21].

Diese These, von über einem Dutzend Hilfsorganisationen eines runden Tisches gemeinsam im Stil von Pressure-Group-PR skandalisierend in die Öffentlichkeit gebracht[22], und zwar nach dem Motto »Warum unternimmt die Politik nichts?«, wurde wochenlang auf der Agenda der Medien diskutiert. Die Strategie dabei war, dass immer wieder eine andere Organisation das Thema zu lancieren versuchte und somit mit neuem Nachrichtenwert versah. Verstärkend wirkte sich dabei aus, dass sich Politikerinnen verschiedener Parteien[23] hinter diese Skandalisierung stellten.

Unter diesem Gesichtspunkt war die WM im eigenen Land natürlich ein besonders gutes Vehikel, um Aufmerksamkeit für ein solches Brennpunktthema zu schärfen.

Parallel fand eine bundesweite Plakatkampagne statt, die mit einem einprägsamen Motiv vielfältige mediale Präsenz im öffentlichen Raum zeigte und aufgrund von gespendeten Werbeleistungen ein leistungsstarkes Budget mit entsprechenden Reichweiten erlangte.

EKD-Kampagne gegen Zwangsprostitution

Abb. 4: Zeitleiste für den Social Spot
Quelle: Bundesverband Diakonie

Praxis

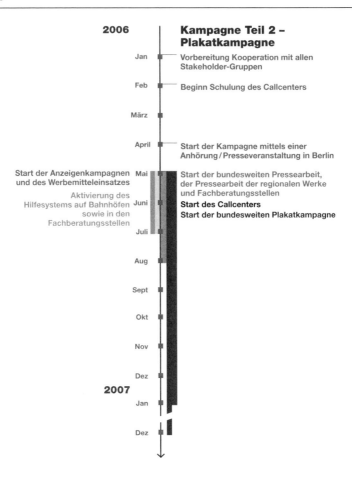

Abb. 5: Zeitleiste für die Plakatkampagne
Quelle: Bundesverband Diakonie

Im Rahmen dieses zweiten Teils stand auch das Ziel, Opfer und Freier zu erreichen und ein Teil der Kommunikationsmaßnahmen war insbesondere darauf abgestellt. So wurde auf allen Plakaten der Citylight-Kampagne sowie auf Anzeigen in Zeitungen und Zeitschriften eine 24-Stunden-Hotline kommuniziert, die mit einem speziell geschulten Callcenter in Verbindung stand. Dieses Callcenter wurde von einem ehemaligen Diakonie-Mitarbeiter gegründet und ist auf soziale Themen spezialisiert.

Das Callcenter sollte eine Anlaufstelle für Freier sein, die z. B. Hinweise geben wollten auf Opfer von Zwangsprostitution. Es sollte aber auch den Opfern selbst helfen, Zugang ins Hilfesystem der Diakonie zu finden. Für beide Fälle hatten die Callcenter-Agenten, die von Diakonie-Expertinnen geschult wurden, genaue Gesprächsleitfäden und Handlungsanweisungen parat.

Aufgetretene Probleme
Das Diakonische Werk der EKD finanziert den Löwenanteil des Mediabudgets von Kampagnen stets über Sponsoren, Spender und ehrenamtliche Leistungen. Theoretisch besteht also immer das Problem, keine entsprechenden Förderer zu finden. Die vorliegende Kampagne basierte jedoch fast vollständig auf den genannten Säulen. Beide Abschnitte der Kampagne erreichten über gespendete Werbung ein Mediavolumen in der Höhe von mehreren Millionen Euro. In dieser Größenordnung kann man sicher davon ausgehen, dass Werbung bundesweite Präsenz erreicht und von einem deutschlandweit verzweigten Verband auch flächendeckend in der PR-Arbeit flankiert werden kann.

Ein Problem ist jedoch, dass keine zusätzlichen Mittel für eine umfassende Evaluation eingeworben werden konnten, so dass sich die Ergebnisse beider Kampagnenabschnitte nur teilweise in Zahlen und Fakten darstellen lassen.

Evaluation
- Nach einer Auswertung der insgesamt 204 ernsthaften Callcenter-Anrufe[24] konnten sowohl Kunden wie auch Opfer der Zwangsprostitutionsszene erreicht werden. Über die Kunden erfolgten Hinweise auf illegale Bordelle an die Behörden. 25 Opfer fanden Zuflucht im Hilfesystem der Diakonie. 44 % der Anrufe waren weiblich.
- Eine Evaluation aller Diakonie-Kampagnen seit 2002 durch das Marktforschungsinstitut AEXEA aus Leipzig 2010 ergab speziell für Abschnitt 1 dieser Kampagne[25], dass
  – der Spot »Krystina« von 43.600 Besuchern in Kinos gesehen wurde,
  – 827-mal im Fernsehen ausgestrahlt wurde (mehrere Sender) und dabei Bruttokontakte im zweistelligen Millionenbereich verzeichnete und
  – 12.703-mal bis heute auf Youtube abgerufen wurde (Messungsupdate: Oktober 2010).
- Die weiteren Maßnahmen der Kampagne gegen Zwangsprostitution und Menschenhandel sind nur als Teil der Gesamtkampagnen-Aktivität des Bundesverbandes der Diakonie im Zeitraum von 2002 bis 2009 mit Fokus auf die Werbeaktivitäten evaluiert worden (ca. 136.000 Werbeschaltungen auf 16 verschiedenen Werbeträgern in sieben Jahren[26]).
- Es haben sich alle Landesverbände der Kampagne angeschlossen.

Praxis

- Aufgrund des föderal aufgebauten Verbandswesens der Diakonie (ca. 450.000 Beschäftigte, ca. 27.500 Einrichtungen) ist eine einhundertprozentige Auswertung der Umsetzung oder Nutzung der Kampagne durch Mitglieder letztlich nicht ermittelbar.
- Aus vielfältigen Vernetzungen mit der Politik ist der Diakonie bekannt, dass dieses Kampagnenthema in der deutschen Sozialpolitik eine hohe Wahrnehmung hat. In den letzten Jahren wurden entsprechende Gesetze kontinuierlich verschärft[27].
- Der Spot »Krystina« (hager moss, München[28]) wurde 2004 beim Houston Worldfest Filmfestival in den USA mit einem Platinum Remi Award[29] ausgezeichnet. Das Plakat »Zwang(s)prostitution« (Morgenstern & Kaes, Stuttgart[30]) wurde 2006 von der Bank für Sozialwirtschaft beim 5. Wettbewerb Sozialkampagne unter die fünf besten Sozialkampagnen Deutschlands gewählt[31].

Bewertung

Die Kampagne hat in ihren beiden Etappen dazu beigetragen, diesem Thema in den letzten Jahren mehr Öffentlichkeit zu verschaffen, da der Werbeeinsatz auf der Budget- und Wirkungsebene von Konzernkampagnen[32] angesiedelt war und in der PR, und zwar insbesondere in der Phase der Skandalisierung 2006, immer wieder Agenda-Setting gelungen ist[33].

Das Mädchen Krystina in dem TV-Spot der Diakonie steht stellvertretend für viele tausend »verkaufte« Frauen, deren namenloses Leid nie aktenkundig wird. Aber es steht auch stellvertretend für viele Fälle, denen bis heute durch den Einsatz der Beratungsstellen der Diakonie geholfen werden konnte, und zwar über das gesamte Spektrum dieser speziellen Sozialarbeit hinweg bis zur Heimreise in ihre Heimatländer und der Unterstützung der präventiven Arbeit vor Ort – damit sich die schreckliche Odyssee der Betroffenen nicht von Neuem wiederholt.

Für die Filmfigur Krystina ist in dem TV-Spot am Ende jedoch keine Hilfe in Sicht. Der Zuschauer erlebt mit, wie ihr hübsches Spiegelbild wie im Zeitraffer altert und schließlich das einer zerbrochenen Frau ist.

Anmerkungen

[1] http://www.youtube.com/watch?v=XN0uWd1YKPQ (07.09.2007).
[2] Das Diakonische Werk ist der zweitgrößte Wohlfahrtsverband in Deutschland. Mehr zur Diakonie unter www.diakonie.de (24.11.2010).
[3] Fallbeispiel aus einer diakonischen Fachberatungsstelle.
[4] http://www.diakonie.de/adressen-von-beratungsstellen-2178.htm (24.11.2010)
[5] Initiiert von der ehemaligen Fachreferatsleiterin im Diakonischen Werk der EKD, Rosemarie Daumüller.
[6] http://www.diakonie.de/pressemitteilung-dw-ekd-1330-krystina-und-lilja-4-ever-im-kino-986.htm (28.11.2003);

http://www.diakonie.de/prostitution-und-menschenhandel-2127.htm (28.11.2004).
7 http://www.agkino.de/mitglieder/kinos.html (24.11.2010)
8 Der Spielfilm erzählt die Geschichte einer aus Russland nach Schweden in die Prostitution gelockten jungen Frau. Regie: Lukas Moodyson, Schweden 2002; http://www.filmszene.de/kino/l/lilja.html (04.12.2003).
Der Diakonie-Spot »Krystina« lief in allen deutschen Kinos als Trailer dieses Spielfilms.
9 http://www.diakonie.de/handeln-gegen-zwangsprostitution-2176.htm (28.11.2003);
http://www.diakonie.de/zwangstprostitution-3127.htm (28.11.2003);
http://www.mo-ka.net/dia/dia/dia-zw.html (24.11.2010).
10 Beispiel einer solchen Beratungsstelle: die Dortmunder Mitternachtsmission (http://www.standort-dortmund.de/mitternachtsmission/, 24.11.2010).
11 Aus Studien ist bekannt, dass die typischen Freier von Prostituierten häufig gut ausbildet sind und durchaus keine Zwangsprostitution fördern möchten: http://www.diakonie.de/Rosowski_Maennerverantwortung.pdf (02.12.2004), http://www.maenner-online.de/html/freier-vortrag.html (21.06.2005).
12 Das BMI initiierte im WM-Jahr 2006 zusammen mit dem Deutschen Fußball-Bund (DFB) einen »runden Tisch« von über einem Dutzend Hilfsorganisationen, die sich gegen Zwangsprostitution und Menschenhandel engagieren. Das war ein PR-Erfolg der medialen Thematisierung anlässlich der Fußball-WM.
13 Über die AG zur Prostitution und zum Menschenhandel im Diakonischen Werk der EKD.
14 Wie z. B. FIM Frankfurt (http://www.fim-frauenrecht.de/, 24.11.2010) oder FIZ Stuttgart (http://www.vij-stuttgart.de/einrichtungen/fraueninformationszentrum-fiz, 24.11.2010).
15 Hier ist insbesondere die Journalistin Inge Bell zu nennen: http://www.ceiberweiber.at/index.php?type=review&area=1&p=articles&id=720 (30.10.2007).
16 Vgl. den flexiblen, auf vielseitige Wirkung abgestellten Kampagnenansatz von Peter Metzinger, den er in seinem Buch Business Campaigning (2004) beschreibt.
17 Vgl. die Polarisierungmethode des ehemaligen Greenpeace-Campaigners Andreas Graf Bernstorff in seinem Beitrag Kastanie Häusserstraße! – Wie Andreas Bernstorff einen Baum retten würde, in: Brodde, Kirsten (2010): Protest!: Wie ich die Welt verändern und dabei auch noch Spaß haben kann, S. 84-86, http://www.bernstorff-camp.de (24.11.2010).
18 Vgl. Auflistung sicher funktionierender Nachrichtenwerte von Hajo Schuhmacher auf dem Agenda-Setting-Kongress 2008, Berlin, http://de.wikipedia.org/wiki/Hajo_Schumacher (24.11.2010);
http://depak.de/tagungen/index.php?id=14 (07.05.2009).

[19] Vgl. die intervenierende Kampagnentheorie von Metzinger, Peter (2004): Business Campaigning.
[20] Die Flughafenseelsorger sind in die Problematik involviert, da sie z. B. bei Abschiebungen von Zwangsprostituierten hinzugezogen werden.
[21] http://evangelische-kirche.de/aktuell/060602_wm_zwangsprostitution.html (02.06.2006).
Die WM 2006 in Deutschland wurde von ca. 700.000 Gästen besucht, darunter größtenteils Männer (http://www.diw.de/documents/publikationen/73/diw_01.c.56559.de/rn19.pdf, 05.2007).
[22] http://www.spiegel.de/panorama/justiz/0,1518,419297,00.html (08.06.2006); http://www.stern.de/sport/sportwelt/wm-2006-doch-keine-prostituiertenflut-561710.html (23.05.2006).
[23] http://www.ftd.de/politik/deutschland/:union-droht-freiern-mit-strafen/35893.html (22.12.2005)
[24] Durch die katholische FH für Sozialwesen, Berlin, 2007.
[25] AEXEA Marktforschung, Evaluation der Diakonie-Kampagnen 2002 – 2009, Leipzig 2010; www.aexea.de (24.11.2010)
[26] Großflächenplakate, Citylight-Plakate, Gebäudeposter, Videoboards, Coloramen, TV- und Kinospots, Radiospots, Infoscreens in Zügen und S-Bahnen, Sonderwerbeformen (Plakate auf Herrentoiletten), Citycards, Werbung auf Drucksachen der DB (z. B. »Ihr Reiseplan«), Anzeigen in ca. 300 Tageszeitungen und in rund fünfzehn Magazinen und Zeitschriften (Spiegel, Stern, Focus u. a.), Wochenzeitungen (z. B. Die Zeit, Rheinischer Merkur), Plakate an Kirchen und auf Bahnhofsmissionen u.v.m.
[27] Die Bundesregierung hat z. B. einen Gesetzentwurf in Arbeit, nach dem sich Freier von Zwangsprostituierten strafbar machen (Freiheitsentzug bis zu fünf Jahren) sowie einen weiteren Gesetzesentwurf, der die Erlaubnis von Bordellen und bordellartigen Betrieben (BordG) eindeutiger regelt.
[28] http://www.hager-moss.de/ (24.11.2010)
[29] http://www.worldfest.org/downloads/winnerslist2004.pdf (2004)
[30] http://www.mo-ka.net/ (24.11.2010)
[31] http://www.sozialbank.de/finale/inhalt/banklei/PDFs/BFS_Doku_Sozialkamp_0407.pdf (2006)
[32] AEXEA Marktforschung, Evaluation der Diakonie-Kampagnen 2002 bis 2009, Leipzig 2010: Die Diakonie-Kampagnenkommunikation lässt sich in der Quantität der Schaltungen mit der Werbeaktivität von Konzernen wie Springer oder Vodafone vergleichen.
[33] http://www.zeit.de/2006/20/Fuballdeutschland_20 (11.05.2006);

http://www.welt.de/vermischtes/article232884/Schlappes_Geschaeft_waehrend_WM.html (01.08.2006);
http://jetzt.sueddeutsche.de/texte/anzeigen/316712 (20.06.2006).

Literatur & Quellen

Graf Bernstorff, Andreas (2010): Kastanie Häusserstraße! – Wie Andreas Bernstorff einen Baum retten würde, in: Brodde, Kirsten: Protest!: Wie ich die Welt verändern und dabei auch noch Spaß haben kann, München, S. 84–86.

Metzinger, Peter (2004): Business Campaigning. Berlin Heidelberg.

AEXEA Marktforschung (2010): Evaluation der Diakonie-Kampagnen 2002 bis 2009, Leipzig

Fall 8: Begeisterung für politische Themen wecken – die Kampagne »Gold für Menschenrechte« von Amnesty International

Jessica Schallock

Einleitung

Anlässlich der Olympischen Sommerspiele 2008 in China führte die deutsche Sektion von Amnesty International die Kampagne »Gold für Menschenrechte« durch mit dem Ziel, Öffentlichkeit für die Menschenrechtslage in China herzustellen. Der Kampagnenzeitraum begann etwa ein Dreivierteljahr vor der Olympiade und lag zwischen Dezember 2007 und Juli 2008. Die siebenmonatige Kampagne gilt als eine der erfolgreichsten Kampagnen der Menschenrechtsorganisation Amnesty International (AI).

Die international agierende Nichtregierungsorganisation (NGO) setzt sich weltweit für die Durchsetzung aller Rechte ein, die von den Vereinten Nationen in der Allgemeinen Erklärung der Menschenrechte festgehalten sind. AI hat etwa 2,8 Millionen Mitglieder und Unterstützer in 150 Ländern und Regionen weltweit, davon über 110.000 in Deutschland. Sie ist überparteilich und arbeitet unabhängig von politischer oder wirtschaftlicher Finanzierung. Nach eigenen Angaben ist Amnesty International in über 100 Ländern vertreten. In Deutschland engagieren sich die Unterstützer in 700 lokalen Gruppen: Jugend-, Länder- und Themenkoordinationsgruppen.

Ihre Arbeitsweise beschreibt die NGO als Zusammenspiel von Aufdecken, Handeln, Aufklären und Verändern. Sie setzt dazu Rechercheure und Berichterstatter ein, wendet sich gezielt an Regierungen oder ruft zu Protesten auf und informiert anhand von Medienarbeit, Veranstaltungen und öffentlichen Aktionen, um Gesetzesänderungen oder eine Verbesserung festgestellter Missstände zu bewirken.

China hat in den Augen von Menschenrechtsorganisationen einen im internationalen Vergleich sehr geringen Menschenrechtsstandard. Kein Land der Welt vollzieht derart viele Todesurteile. Zudem wird von Folter, Umerziehung von Dissidenten in Arbeitslagern und weiteren Menschenrechtsverletzungen berichtet. Auch die Presse- und Meinungsfreiheit ist kein gesichertes Recht für chinesische Bürger.

Situationsanalyse

Während Amnesty International in zahlreichen Ländern der Welt und insbesondere in Deutschland höchste Glaubwürdigkeit und hohe Imagewerte genießt, gilt sie in China als verbotene Organisation. Seit Jahren veröffentlicht AI Berichte, in denen sie die Menschenrechtslage anprangert, und führt sogenannte Einzelfallaktionen für politische Gefangene und inhaftierte Dissidenten durch. Die Berichte werden vereinzelt von den Medien aufgegriffen, verlieren jedoch schnell wieder an Nachrichtenwert, wenn kein aktueller Berichterstattungsanlass gegeben ist. Daher eröffnete sich durch die Austragung der Olympischen Spiele in China ein ideales Zeitfenster, um die Menschenrechtslage im Gastgeberland mit einem aktuellen Aufhänger zu thematisieren.

Es waren die ersten Olympischen Spiele in China. Unter dem Motto »Eine Welt, ein Traum« fanden vom 8. bis 24. August 2008 die Olympischen Sommerspiele im »Reich der Mitte« statt, zu großen Teilen in Peking. Organisiert werden die Spiele durch das *International Olympic Committee*, eine Nichtregierungsorganisation mit Sitz in der Schweiz zur Organisation und Durchführung der Olympischen Spiele und zur Förderung der Olympischen Idee. Zur Philosophie der Olympischen Idee gehört, durch Sport die Völkerverständigung und den Frieden zu fördern mit dem Ziel einer friedlichen und gerechten Welt (Excellence, Respect, Friendship).[1] Die Durchführung der Spiele lag in der Hand des *Beijing Organizing Committee for the Games* (BOCOG).

Bereits in der Bewerbungsphase wurden kritische Stimmen laut. Auch die Entscheidung des Internationalen Olympischen Komitees für den Austragungsort China wurde von verschiedenen Seiten kritisiert. AI hatte sich jedoch weder für einen Boykott ausgesprochen, noch die Wahl Chinas als Gastgeberland infrage gestellt. Die NGO plädierte lediglich für die Einhaltung der Menschenrechte. Dagegen erwogen Staatschefs mehrerer Länder einen Boykott oder sprachen sich gegen die Olympiade in China aus. IOC-Präsident Jacques Rogge zeigte jedoch wiederholt seine Unterstützung für die »weise Entscheidung« der Austragung in China.[2]

Menschenrechte wurden in der Vergangenheit auch im Zusammenhang mit der chinesischen Politik gegenüber Tibet thematisiert. Im Herbst 2007 hatte Bundeskanzlerin Angela Merkel das im Exil lebende geistige Oberhaupt der Tibeter, den Dalai Lama, in das Kanzleramt nach Berlin eingeladen. Diese Begegnung führte zu einer Verschlechterung der diplomatischen Beziehungen mit China, die in der folgenden Zeit jedoch stabilisiert wurden.[3]

Während des Bewerbungsverfahrens für den Austragungsort und auch nach der Entscheidung für Peking gab es verschiedene Haltungen zu China als Gastgeberland der Olympischen Spiele. Befürworter betonten, dass gerade die »Olympische Idee« Anstöße zur gesellschaftlichen Veränderung geben könnte, und es nur im Sinne der internationalen Gemeinschaft sein könne, wenn die Weltöffentlichkeit auf China schaue, während sie Spiele austrage, die eine friedliche und gerechte Welt zum Ziel hätten.

Die Olympischen Spiele werden von hunderten Millionen von Fernsehzuschauern verfolgt. Sie sind eines der Medienereignisse, die eine Weltöffentlichkeit erreichen.[4] Neben der Berichterstattung aus den Stadien und dem Olympischen Dorf verfolgen die Redaktionen der Zeitungen, Radiostationen und Fernsehsender stets auch Themen rund um die Spiele und insbesondere über das Gastgeberland. Damit öffnete sich bereits im Vorfeld der Spiele ein Themenfenster für kritische Töne über China und damit für die Anliegen von Amnesty International. Das IOC versteht sich selbst als neutrale und unpolitische Organisation, die unpolitische Spiele veranstaltet. Diese Haltung im Sinne der Völkerverständigung durch Sport ist einer der Gründe für die leidenschaftliche Begeisterung der Olympiafans. Boykottaufrufe oder der Versuch, die Spiele zu politisieren, können leicht dazu führen, im wahrsten Sinne des Wortes zum »Spielverderber« zu werden.

Ein Kritikpunkt an Chinas Menschenrechtspolitik betraf die Meinungs- und Pressefreiheit, zu der auch gehört, sich ungehindert aus verschiedenen Informationsquellen zu unterrichten. In China ist der Internetzugang reguliert, Inhalte werden zensiert und die Regierung behält es sich vor, Seiten für chinesische Internetnutzer komplett zu sperren. Die Journalisten aus aller Welt, die vor Ort für ihre Länder berichteten, erwarteten einen freien Zugang zum Internet. Die chinesische Regierung ließ sich darauf ein, den ausländischen Journalisten freien Internetzugang im Pressezentrum zu gewähren, ließ jedoch Internetseiten chinakritischer Organisationen und Medien weiterhin sperren.[5]

Diese öffentliche Debatte im Vorfeld der Olympischen Spiele bot einen idealen Rahmen, um mit eigenen Themen Anschluss an die Diskussion zu finden.

Zielsetzung

Das Ziel der Kampagne »Gold für Menschenrechte« ist im Kontext des Organisationsziels von Amnesty International zu sehen, die Rechte der Allgemeinen Erklärung der Menschenrechte (UN-Resolution 217 A III vom 10.12.1948) weltweit durchzusetzen. Die Kampagnenziele gliedern sich in übergeordnete Ziele auf politischer Ebene und in Kommunikationsziele.

Ziel von Amnesty International war es nicht, einen Boykott der Olympiade zu erreichen. Vielmehr nutzte die Organisation die weltweite Aufmerksamkeit für die Spiele, um politischen Druck aufzubauen und Öffentlichkeit für Menschenrechtsverletzungen in China herzustellen.[6] China hatte Verbesserungen im Bereich Menschenrechte in Aussicht gestellt. Die Kampagne sollte an die großen Problemfelder erinnern und innerhalb dieser ihre konkreten Forderungen bekannt machen. Die folgenden Forderungen wurden an die Mitglieder von Amnesty International in Aktionsanleitungen weitergegeben, mit denen sie für ein eigenes Engagement im Rahmen der Kampagne informiert wurden.

Politische Ziele. Abschaffung der Todesstrafe. Auf dem Weg zur Abschaffung sollte die chinesische Regierung dafür sorgen, dass bis Ende 2008 weniger Menschen zum Tode verurteilt und hingerichtet werden. Die Zahl der Straftaten, die zur Todesstrafe führen können, sollte verringert werden. Konkret wurde gefordert, künftig genaue Zahlen und Statistiken zu Verurteilungen und zum Vollzug der Todesstrafe zu veröffentlichen. Todeskandidaten sollten Besuch von Angehörigen und ihren Anwälten empfangen dürfen und Informationen über das laufende Rechtsverfahren erhalten.

1) Abschaffung willkürlicher Inhaftierung ohne Gerichtsverfahren
Inhaftierungen ohne Anklage und nur auf Anordnung der Polizei sollten künftig nicht mehr möglich sein. Bei jeder Inhaftierung sollten die Internationalen Menschenrechtsstandards eingehalten werden. Dazu gehört der Anspruch auf ein faires Gerichtsverfahren und Schutz vor Folter. Bis Ende 2008 sollten »Umerziehung durch Arbeit«, »zwangsweise Drogenrehabilitierung« und »Verwahrung und Erziehung« als Grundlage für Verwaltungshaft ausgeschlossen werden.

2) Schutz und Freiheit für Menschenrechtsverteidiger
Neben der Freilassung inhaftierter Menschenrechtsaktivisten, die wegen ihrer nicht gewalttätigen Aktivitäten hinter Gitter kamen, forderte AI Freiheit für die friedliche Ausübung von Menschenrechtsarbeit. Es sollte erlaubt werden, dass Menschenrechtsverteidiger ohne Angst vor Bedrohung oder Strafe ausländische Journalisten informieren dürfen.

3) Abschaffung der Internet- und Medienzensur
Alle Personen, die aufgrund von Internetnutzung in Gefangenschaft kamen, sollten vor Beginn der Olympischen Spiele freigelassen werden. Die Nutzung des Internets zur Informationssuche oder zur freien Meinungsäußerung sollte straffrei werden.[7]

Kommunikationsziele. Die Kommunikationsziele wurden als taktische Ziele verstanden. Eine breite Öffentlichkeit sollte mit dem Thema Menschenrechtsverletzung in China erreicht und für die Problematik sensibilisiert werden. In diesem Zuge sollten etwas über 100.000 Unterschriften von Unterstützern der Kampagne und ihrer Forderungen gesammelt werden. Ein weiteres Kommunikationsziel war es, die Organisation »Amnesty International« als anerkannten Experten und Informanten beim Thema Menschenrechte zu platzieren.

Zielgruppen

Zielgruppe war die chinesische Regierung, die durch politischen Druck einer weltweiten Öffentlichkeit zum Handeln im Sinne der Kampagnenziele bewegt werden sollte.

Für die Kampagne »Gold für Menschenrechte« zählten deutsche Politiker, (Sport) Journalisten und die eigenen AI-Mitglieder sowie die breite Öffentlichkeit zu den Zielgruppen. Diese sollten über Multiplikatoren wie führende Medien und Nachrichtenredaktionen erreicht werden. Parallel mit öffentlicher Wahrnehmung durch Medienresonanz sollten auch die Organisationsmitglieder mobilisiert werden, um die Kampagne durch eigene Aktionen zu unterstützen und Unterschriften zu sammeln.

Hinsichtlich der politischen Entscheidungsträgern war die Kampagne an die deutsche Regierung adressiert, die das Thema auf der politischen Agenda halten sollte. Der hohe Bekanntheitsgrad der Olympischen Spiele sollte in der deutschen Öffentlichkeit das Ideal fairer sportlicher Wettbewerbe mit der Forderung nach Gerechtigkeit, wie sie von Amnesty International formuliert wird, verknüpfen.

Stakeholder

Deutsche Regierung. China gehört zu den wichtigsten Handelspartnern der Bundesrepublik. Es kann nicht im Interesse der Regierung sein, wenn chinakritische Proteste in der Bevölkerung die diplomatischen Beziehungen belasten.

BOCOG und IOC. Sowohl die Organisatoren vor Ort als auch das Internationale Olympische Komitee wurden durch den Austragungsort Teil der Debatte um die Frage der Menschenrechte in China. Dennoch stehen sie für eine der bekanntesten und beliebtesten internationalen Sportveranstaltungen und sind damit Sympathieträger. Hätte die Amnesty-Kampagne sich explizit gegen die Veranstalter gerichtet, hätte sie womöglich Kritik auf sich selbst gezogen. Entsprechende Äußerungen oder Reaktionen seitens der Veranstalter hätten diesen Eindruck als »Spielverderber« verstärken können.

Sportler. Die Olympischen Spiele haben für Millionen von Sportlern eine enorme Anziehungskraft. Auch zahlreiche Sportler in Deutschland messen diesen Wettkämpfen größte Bedeutung bei und identifizieren sich mit der Olympischen Idee. Für manche von ihnen ist die Verknüpfung des sportlichen Wettkampfs mit Menschenrechtsthemen daher sehr bedeutsam.

Andere Menschenrechtsorganisationen. Amnesty International ist nicht die einzige Organisation, die sich für die Einhaltung oder gesetzliche Verankerung der

Allgemeinen Menschenrechte einsetzt. Überschneidungen in der Strategie, in der Themenwahl oder der Auswahl zentraler Kampagnentermine waren zu vermeiden.

Botschaften
Unter dem Kampagnenslogan »Gold für Menschenrechte« sollten besonders vier Bereiche in das Licht der Öffentlichkeit gerückt werden: Verwaltungshaft, Todesstrafe, Internetzensur und die Gefahr für Menschenrechtsverteidiger. Die Kernbotschaften der Kampagne spielten mit Formulierungen rund um die Olympischen Spiele, so z. B. mit dem Ziel aller Olympioniken, der Goldmedaille.

Das Thema Verwaltungshaft war der erste Schwerpunkt der Kampagne, es stand zwischen Dezember 2007 und Februar 2008 im Vordergrund. Bei AI rechnete man damit, dass im Vorfeld der Olympischen Spiele hart gegen Dissidenten durchgegriffen werden würde und viele von ihnen zur »Umerziehung« inhaftiert werden würden. Daher wurde dieses Thema als Erstes eingeplant.

Auf Kampagnenpostkarten wurde verdeutlicht, dass Menschen in China dazu gezwungen werden, ihre Meinung zu ändern, wenn sie der offiziellen Haltung widerspricht. Die Botschaft dazu lautete: »In China werden Andersdenkende zur ›Umerziehung‹ in Arbeitslagern inhaftiert.«

ICH SAGE, WAS ICH DENKE.
ICH SAGE, WAS ICH DENKE.
ICH SAGE, WAS ICH DENKE.
ICH SAGE, WAS ICH DENKE.
ICH SAGE, WAS ICH DENKE.
ICH SAGE, WAS ICH DENKE.

ICH SAGE, WAS ICH DENKEN SOLL.

Kampagnenpostkarte zum Thema »Verwaltungshaft«
Quelle: Website der Agentur Zum Goldenen Hirschen (www.hirschen.de)

Kampagne »Gold für Menschenrechte«

Für das Thema Todesstrafe wurde die Botschaft »Weltmeister im Hinrichten« formuliert. Diese Aussage macht lakonisch deutlich, dass in keinem anderen Land der Welt so viele Todesurteile vollstreckt werden. Es wird ein Unterschied zwischen der Regierung und der Bevölkerung gemacht. Die chinesische Regierung wird als Vollstrecker der Todesstrafe dargestellt, der Leben auslöscht. Das Land wird jedoch als Weltmeister im Hinrichten bezeichnet. Die Themen Todesstrafe und Internetzensur standen in den Monaten März bis Mai 2008 im Fokus.

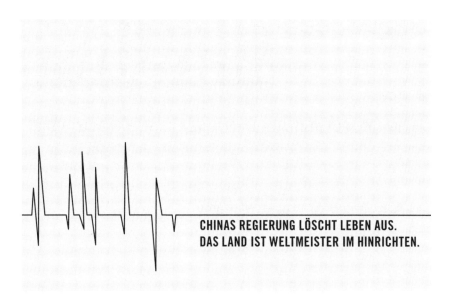

Kampagnenpostkarte zum Thema »Todesstrafe«
Quelle: Website der Agentur Zum Goldenen Hirschen (www.hirschen.de)

Die Internetzensur und damit die Beschränkung der freien Information und der Meinungsäußerung wurde mit der Botschaft »In China werden Webseiten kontrolliert, zensiert und blockiert!« beschrieben.

Praxis

Kampagnenmotiv zum Thema »Internetzensur«
Quelle: Website der Agentur Zum Goldenen Hirschen (www.hirschen.de)

Letzte Kernbotschaft oder auch letztes Querschnittsthema war die Situation von Menschenrechtsverteidigern, die als Anwälte der Menschenrechte Gefahr laufen, mundtot gemacht, unter Hausarrest gestellt oder inhaftiert zu werden. Diese Problematik wurde laufend im Rahmen der Gesamtkampagne thematisiert.

Außerdem hatte Amnesty insgesamt sieben Einzelfälle aus China zusammengetragen. Die Schilderung ausgewählter Fälle gab den Statistiken und Zahlen ein menschliches Gesicht. Über den gesamten Kampagnenzeitraum wurde dafür geworben, Appelle zur Freilassung an die chinesische Regierung zu schicken. Zentrale Plattform für diese Einzelschicksale war die Kampagnenwebsite.

Strategie
Bei »Gold für Menschenrechte« handelte es sich um eine Informations- und Mobilisierungskampagne für Deutschland. In erster Linie sollte sie zur Menschenrechtslage in China informieren und zur Teilnahme an Petitionen, Protesten und Veranstaltungen mobilisieren. Die grundsätzliche Strategie für diese und alle anderen weltwei-

Kampagne »Gold für Menschenrechte«

ten Kampagnen legte die Amnesty-International-Zentrale in London fest, die auch die strategische Kampagnensteuerung übernahm.

Obwohl man China oder die chinesische Regierung als Gegner hätte verstehen können, wurde nicht konfrontativ mit Vorwürfen und Anschuldigungen gearbeitet, sondern eine kooperative Strategie gewählt. Ganz bewusst wurde auf zugespitztes »China-Bashing« verzichtet. Die Kampagne sollte an Zusagen seitens der chinesischen Regierung erinnern, im Zuge der Olympischen Spiele im eigenen Land auch die Menschenrechte stärker zu berücksichtigen. Dieser Ansatz sollte vermeiden, dass die chinesische Bevölkerung sich als Zielscheibe chinakritischer Äußerungen versteht. Vielmehr sollte die Regierung Chinas dazu aufgerufen werden, internationale Standards im Bereich Menschenrechte einzuhalten.

Die drastische Schilderung von Einzelschicksalen diente der Personalisierung der Fakten als auch ihrer Emotionalisierung. Die Verknüpfung der Kampagne mit der Olympischen Idee und der meist sehr leidenschaftlichen Sportberichterstattung brachte zusätzliche Emotionalisierung.

Zentrales Kampagnenmotiv: jubelnde Menschen in Arena mit Kampagnenarmbändern »Goldband«
Quelle: Website der Agentur Zum Goldenen Hirschen (www.hirschen.de)

Strategische Kooperationen sollten für größere und kontinuierliche Aufmerksamkeit und Medienresonanz sorgen. Kooperationspartner waren die gemeinnützigen Initiativen »World Yoga Day« und »Sports for peace« sowie im Bereich Medien das Onlinemagazin »Netzathleten« und die Tageszeitung taz.

Insgesamt setzte Amnesty auf Öffentlichkeit durch Multiplikatoren wie Journalisten sowie auf das Einbeziehen der eigenen Mitglieder.

Die Auftaktveranstaltung sowie wesentliche Kampagnenaktionen wurden auf strategisch ausgewählte Termine gelegt. Die Kampagnendramaturgie sah als Höhepunkt und Abschlussaktion den Endeinlauf in Berlin des eigens durchgeführten bundesweiten Fackellaufs vor.

Umsetzung

Die Kampagnenumsetzung enthielt grob die Elemente Kampagnenwebsite, Werbemittel, Direktmarketing, öffentliche Aktionen, Medienarbeit (Pressekonferenzen, Interviews, Pressemitteilungen, Veranstaltungen für Journalisten), Fotoausstellung, Lobbying gegenüber Politikern sowie dem Deutschen Olympischen Sportbund und Unterschriftensammlung.[8]

Klassische Werbung. In Zusammenarbeit mit einer Werbeagentur wurden Key Visuals, Kampagnenmotive und Printmedien sowie eine Kampagnenwebsite entwickelt. Passend zum Corporate Design von Amnesty wurde mit Schwarz, Weiß und Gelb gearbeitet. Das zentrale Kampagnenmotiv ist eine Schwarz-Weiß-Fotografie, die in Richtung Himmel gereckte Arme einer jubelnden Menge in einer Sportarena zeigt, die leuchtend gelbe Schweißbänder mit AI-Logo und dem Kampagnenslogan »Gold für Menschenrechte« zeigen. Das Motiv drückt Jubel, Begeisterung und euphorisches Sportfieber aus.

Plakate. Das zentrale Kampagnenmotiv wurde als Plakat gedruckt und verteilt.

Flyer. Ein Kampagnenflyer thematisierte die vier Kampagnenschwerpunkte. Auf der Rückseite war ein Postermotiv abgedruckt, das aufgefaltet eine brennende Fackel zeigte.

Postkarten. Aktions- und Appellpostkarten informierten über die Kampagnenthemen und sollten an die chinesische Regierung geschickt werden. Sie wurden den Amnesty-Mitgliedern zum Verteilen im eigenen Umfeld und bei Kampagnenveranstaltungen zur Verfügung gestellt.

Merchandising. Alle Kampagnenmaterialien konnten über den Onlineshop auf der Website von Amnesty International Deutschland bestellt werden. Neben den Informationsmaterialien waren gegen eine Spende von einem Euro die leuchtend gelben Schweißbänder erhältlich, die auf dem zentralen Kampagnenmotiv zu sehen sind, die sogenannten »Goldbänder«.

Direktmarketing. Bei Kampagnen werden potenzielle Spender sowie Unterstützer durch AI einzeln angeschrieben, über die Ziele und Vorhaben informiert und um Unterstützung und Mithilfe gebeten. Diese Anschreiben dienen dem Einwerben von Unterschriften sowie dem Fundraising. Auch bei »Gold für Menschenrechte« erhielten die Amnesty-Unterstützer »Mailings« mit Spendenaufrufen.[9]

Öffentliche Aktionen. Es gab zwei große öffentliche Aktionen. Die erste Aktion war der Kampagnenstart im Dezember 2007 mit einer Pressekonferenz und anschließender Kundgebung am Brandenburger Tor. Diese fand mit zwei Fürsprechern der Kampagne statt, mit dem Sportreporter Michael Steinbrecher und einem chinesischen regierungskritischen Anwalt. Die zweite Aktion war der Abschluss des »Fackellaufs der Menschenrechte«, der in Anlehnung an den Fackellauf zur Eröffnung der Olympischen Spiele von den Amnesty-Hochschulgruppen veranstaltet wurde. Startdatum war der Internationale Tag der Pressefreiheit am 3. Mai. Der Lauf ging durch 34 größere Städte und das Eintreffen in den einzelnen Orten wurde jeweils von der lokalen Amnesty-Hochschulgruppe betreut. Los ging es in Freiburg, den Schlusspunkt bildete der Zieleinlauf in Berlin-Mitte, der gleichzeitig das Kampagnenende markierte.

Beim Zieleinlauf erwarteten Amnesty-Mitglieder die Läufer und gaben ihnen einen feierlichen Empfang. Die damalige Generalsekretärin von Amnesty International hielt eine Rede zur Menschenrechtslage in China und stellte die sieben Einzelfälle bedrohter oder inhaftierter Dissidenten als »Unsere Olympia-Auswahl« vor. Außerdem präsentierte sie eine überdimensional große Unterschriftenliste mit den deutschen Unterzeichnern der Amnesty-Petition. Nach Ende der Kampagne sollte diese Petition mit den vier Hauptforderungen an die chinesische Regierung übergeben werden. Zum Abschluss ließen die Veranstalter zahllose gelbe Luftballons mit Kampagnenslogan in den Himmel steigen.[10]

Medienarbeit. Im Rahmen der Medienarbeit wurden diverse PR-Maßnahmen durchgeführt. Zum Auftakt der Kampagne am 10. Dezember 2007, dem Internationalen Tag der Menschenrechte, veranstaltete Amnesty International eine Pressekonferenz. Es nahmen ca. 20 Journalisten der führenden deutschen Medien teil, darunter die Süddeutsche Zeitung, die Frankfurter Allgemeine Zeitung, Arte, rbb, Reuters und ARD sowie sieben Fotografen aller Agenturen. Im Verlauf der Kampagne gab die deutsche Sektion von Amnesty International sieben Pressemitteilungen mit Bezug zu »Gold für Menschenrechte« heraus.

Praxis

Speziell für Journalisten, die zu den Olympischen Spielen nach China fahren wollten, wurde eine Informationsveranstaltung durchgeführt und ein Infopaket mit den aus AI-Sicht wichtigen Hintergrundinformationen verteilt.

Darüber hinaus organisierten Mitarbeiter und Mitglieder im Kampagnenzeitraum zahlreiche Medien-, Lobby- und Fachveranstaltungen. So fanden im Bundesministerium für wirtschaftliche Zusammenarbeit und dem Auswärtigen Amt Lobbytermine zwischen AI-Vertretern und Politikern statt. Zudem gab es eine Öffentliche Anhörung im Deutschen Bundestag auf Initiative des Sport- sowie des Menschenrechtsausschusses, zu dem ein AI-Experte eingeladen wurde.[11]

Screenshot der Nachrichtensendung Tagesschau vom 13. Juli 2008 mit Bericht über den Fackellauf von Amnesty International
Quelle: Mediathek der ARD (www.tagesschau.de)

Internet und Web 2.0. Für die Kampagne wurde eine eigene Website mit der URL www.goldfuermenschenrechte.de als Kampagnenplattform eingerichtet. Die Startseite zeigte das zentrale Kampagnenmotiv mit den »Goldbändern« und bot Informationen und Bestellmöglichkeiten für Kampagnenmaterial. Das Herzstück der Website war jedoch die Onlinepetition, bei der die Internetnutzer direkt im Netz ihre Unterschrift leisten konnten.

Auf der Videoplattform Youtube waren Interviews und einzelne Videoberichte zu den Aktionen online zu sehen.

Aufgetretene Probleme

Laut Amnesty International habe es sich regelrecht um eine Modellkampagne gehandelt. Es seien keine größeren Schwierigkeiten oder negativen Vorkommnisse festgestellt worden. Da das Kampagnenteam üblicherweise sehr klein ist, hätte es Probleme geben können, wenn eine der verantwortlichen Personen ausgefallen wäre. Dieser Fall sei jedoch nicht eingetreten.[12]

Dem Kampagnenteam ist es nicht gelungen, Kontakt zur chinesischen Botschaft herzustellen. Alle Anfragen für eine Terminvereinbarung waren auch vor der Kampagne erfolglos geblieben. Die Annahme, im Vorfeld der Olympischen Spiele auf mehr Offenheit zu stoßen, erwies sich als haltlos. In wenigen anderen Ländern war es AI-Mitarbeitern gelungen, einen Besuchstermin bei der örtlichen Botschaft zu bekommen. Einziges Signal zur Dialogbereitschaft war die Zusage des chinesischen Botschafters in Deutschland, an einer Podiumsdiskussion teilzunehmen, die allerdings zurückgenommen wurde, als er davon erfuhr, dass die Chinaexpertin von Amnesty International, Verena Harpe, teilnehmen würde.

Außerdem blieb der erwünschte Erfolg bei dem weltweiten Einsatz für sieben Gefangene aus, die als ausgewählte Einzelfälle in der Kampagne vorgestellt wurden. Ein Häftling kam in der Zeit zwar frei, jedoch nach Ablauf der regulären Haftzeit. Dies gilt als kleiner Erfolg, da auch eine Haftverlängerung denkbar gewesen wäre. Allerdings konnte diese als kleiner Erfolg gewertete Freilassung nicht publik gemacht werden, denn diese Öffentlichkeit hätte seine Sicherheit gefährden können. In solchen Fällen stuft die NGO die Sicherheit von Personen höher ein als die Möglichkeit, Erfolge zu vermelden.

Evaluation

Bei Kommunikationszielen sehr erfolgreich. Bei den Kommunikationszielen stand die Sensibilisierung der Öffentlichkeit für Menschenrechtsverletzungen in China im Vordergrund. Zudem wollte die Organisation Amnesty International ihre Stellung als Experte im Bereich Menschenrechte verdeutlichen.

Die Resonanz in deutschen Medien brachte eine Reichweite von ca. 9 Millionen Kontakten. Allein in Deutschland kamen 118.000 von weltweit 300.000 Unterschriften zusammen. Kampagnenmanagerin Annette Hartmetz sagt dazu rückblickend: »Wir haben es mit unseren Themen oft nicht leicht beim Agenda-Setting, aber bei dieser Kampagne haben uns die Journalisten fast die Türen eingerannt.«[13]

Praxis

Bei der Abschlussveranstaltung waren Reporter von Tagesschau, Tagesspiegel, Focus online, taz und dem Deutschlandfunk (Köln) vor Ort und berichteten.

Die folgende Tabelle zeigt die auf deutschen Printmedien basierende Verteilung der Medienberichte über den Kampagnenzeitraum. Besonders in den Monaten Dezember, Mai und Juli fand sich für »Gold für Menschenrechte« eine verstärkte Medienresonanz. Das lässt sich erstens auf den Kampagnenauftakt am Internationalen Tag der Menschenrechte am 10. Dezember 2010, zweitens auf den Start und die Abschlussaktion des Fackellaufs und drittens auf die allgemeine Medienberichterstattung kurz vor Beginn der Olympischen Spiele zurückführen.

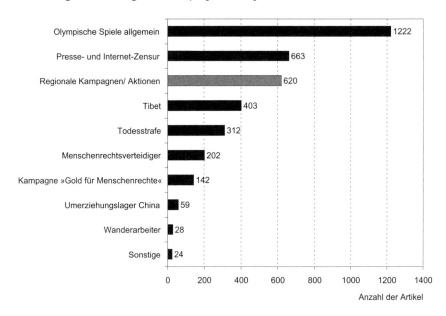

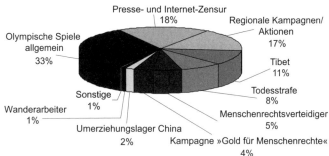

Anzahl von Medienberichten zu Kampagnenthemen
Quelle: Medienauswertungsdienst Cision

Dabei ist zu berücksichtigen, dass nicht allein die explizite Nennung der Kampagne eine erfolgreiche Medienresonanz bedeutet. Vielmehr stehen die Inhalte der Kampagnenthemen im Vordergrund, z. B. die Presse- und Internetzensur in China oder die dortige prekäre Lage von Menschenrechtsaktivisten. Hier kann sich AI berechtigterweise zuschreiben, das Thema auf die Agenda der Medien gebracht zu haben, die im Rahmen der Olympischen Spiele eine verstärkte Aufmerksamkeit für Menschenrechtsthemen aus dem »Reich der Mitte« aufbrachten. Die folgende Übersicht veranschaulicht die Reichweite, die mit den Kampagnenthemen erreicht wurde.

Übersicht: Überregionale Themen	Artikelanzahl	Erreichte Auflage
Olympische Spiele allgemein	1222	117.338.226
Presse- und Internet-Zensur	663	63.455.325
Tibet	403	40.939.968
Todesstrafe	312	28.960.129
Menschenrechtsverteidiger	202	21.006.164
Kampagne »Gold für Menschenrechte«	142	9.157.213
Umerziehungslager China	59	6.242.597
Wanderarbeiter	28	2.897.297
Sonstige	24	3.531.122

- Die Olympischen Spiele führten besonders im März/April und im Juli/August zur verstärkten Berichterstattung deutscher Medien zum Thema »Menschenrechte in China«.
- Zweithäufigstes Thema war im Juli/August die Presse- und Internetzensur, die während der Spiele verhängt wurde.

Praxis

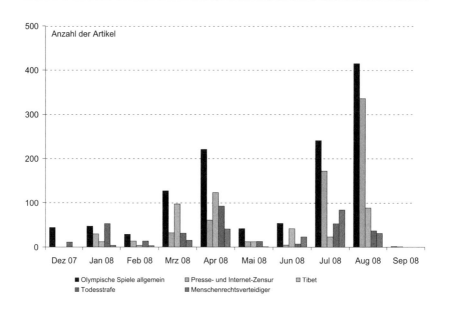

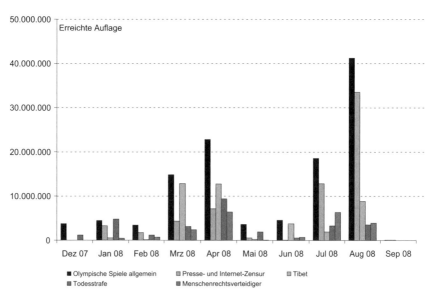

Überregionale Themen im Zeitverlauf, Teil 1: Olympische Spiele und die Zensur der Medien fördern Interesse an Menschenrechtssituation
Quelle: Medienauswertungsdienst Cision

Kampagne »Gold für Menschenrechte«

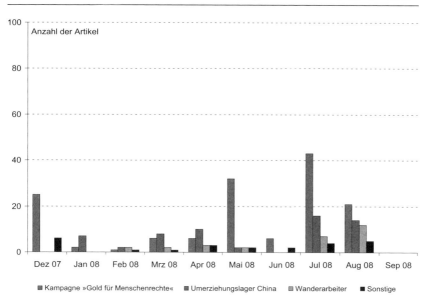

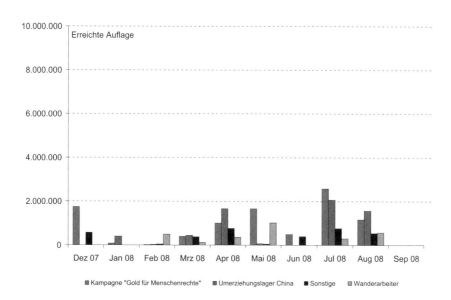

Überregionale Themen im Zeitverlauf, Teil 2: Olympische Spiele und die Zensur der Medien fördern Interesse an Menschenrechtssituation

Quelle: Medienauswertungsdienst Cision

Praxis

- Die amnesty international-Kampagne »Gold für Menschenrechte« erreichte besonders im Dezember, Mai und Juli verstärkte Berichterstattung.
- Das Umerziehungslager China thematisierten die Medien im Januar, März/April und Juni/Juli.

Kampagne gewann einen Politikaward. Beim Politikaward 2008 der Zeitschrift politik&kommunikation wurde »Gold für Menschenrechte« in der Kategorie »Kampagnen von gesellschaftlichen Institutionen« ausgezeichnet. Der Preis ehrt jährlich die besten Arbeiten aus dem Bereich der politischen Kommunikation.[14]

Bei politischen Kampagnenzielen erwartungsgemäß geringer Erfolg. Die übergeordneten Kampagnenziele sind äußerst schwer zu messen. So schaffte die chinesische Regierung – erwartungsgemäß – die Todesstrafe nicht ab. Sie ergriff auch keine Maßnahmen zum Schutz von Menschenrechtsverteidigern und nimmt Menschen weiterhin in Verwaltungshaft. Zudem veröffentlicht der Staat weiterhin keine offiziellen Statistiken zu diesen Themen.[15] Es sei jedoch allen Beteiligten klar gewesen, dass die Erfüllung dieser Ziele zum aktuellen Zeitpunkt eher unrealistisch waren, so Anette Hartmetz. Nichtsdestotrotz seien sie zur Ausrichtung der Kampagne wichtig gewesen.[16]

Bewertung

»Gold für Menschenrechte« gilt als eine der erfolgreichsten Kampagnen von Amnesty International. Das lässt sich auch am Engagement der Mitglieder ablesen. Bei über 300 Gruppenaktionen, die in 196 Städten oder Orten stattfanden, wurden 40.000 »Goldbänder« und 50.000 Flyer verteilt. Die Fotoausstellung wurde insgesamt 150-mal gezeigt. Die Microsite der Kampagne erreichte während des Kampagnenverlaufs eine Besucherzahl von ca. 134.000 Nutzern.[17]

Im Kampagnenzeitraum wurde ein Menschenrechtsaktivist aus der Haft entlassen und zumindest für die ausländischen Journalisten wurde der Zugriff auf das Internet ermöglicht und die strengen Berichterstattungsregeln gelockert. Nicht zuletzt wurde neu eingeführt, dass Todesurteile vom Obersten Volksgericht überprüft werden den müssen, was dazu führt, dass etwa 15 % weniger Todesurteile verhängt werden.

Diese Aktionen der chinesischen Regierung lassen sich jedoch kaum allein auf die Kampagne zurückführen, zumindest kann man aber bei öffentlichkeitsstarken politischen Kampagnen immer einen hohen Grad an Mitwirksamkeit unterstellen.

»In diesem Jahr werden die Menschenrechte sicher kein Gold gewinnen«, resümierte die damalige Generalsekretärin der deutschen Sektion von Amnesty International, Barbara Lochbihler, bei der Abschlussveranstaltung im Juli 2008. Sie ließ ihr Publikum jedoch wissen: »Wir machen trotzdem weiter.«[18]

Anmerkungen

1. http://www.olympic.org/en/content/The-IOC/The-IOC-Institution1/ (10.10.2010)
2. http://www.spiegel.de/politik/ausland/0,1518,545650,00.html (10.10.2010)
3. Vgl. Klett 2009: 43 f.
4. http://www.olympic.org (10.10.2010)
5. Dazu erschienen zahlreiche Berichte, z. B. im Spiegel: http://www.spiegel.de/sport/sonst/0,1518,569280,00.html (22.10.2010).
6. Vgl. Bugajski 2010.
7. Zu den Forderungen vgl. auch ebd.: 28.
8. vgl. Klett 2009
9. Vgl. Bugajski 2010: 56.
10. Die 20 Läufer der Amnesty-Hochschulgruppen wurden von ca. 60 Amnesty-Mitgliedern empfangen. Ein Bericht dazu findet sich unter http://www.taz.de/1/berlin/artikel/1/lange-fackeln-fuer-die-menschenrechte (14.10.2010).
11. Vgl. https://intranet.amnesty.de/Aktionen-Auswertung.371.0.html#c1052 (19.07.2010), vgl. auch Gruber 2008: 111.
12. Telefonat mit Anette Hartmetz am 07.11.2010.
13. Telefonat mit Anette Hartmetz am 28.09.2010.
14. www.politikaward.de/gewinner2008/index.php (05.11.2010)
15. Vgl. Klett 2009.
16. Telefonat mit Anette Hartmetz, 07.11.2010
17. Vgl. Bugajski 2010: 53.
18. http://www.taz.de/1/berlin/artikel/1/lange-fackeln-fuer-die-menschenrechte/ (27.09.2010)

Literatur

Bugajski, Eveline (2010): Erfolgreiche Kampagnenführung von NGOs. Bachelorarbeit, vorgelegt an der Macromedia Hochschule für Medien und Kommunikation, Köln.

Gruber, Petra C. (2008): Nachhaltige Entwicklung und Global Governance. Verantwortung, Macht, Politik. Opladen & Farmington Hills.

Hoffmann, Florian (2008): Amnesty International. Charakterisierung einer NGO, Norderstedt.

Klett, Katharina (2009): Transnationale NGO-Kampagnen, Bachelorarbeit, vorlegt an der Macromedia Hochschule für Medien und Kommunikation, München.

Ramge, Thomas (2009): »Glaubwürdigkeit als Kapital«, in: BrandEins Nr. 2/2009, S. 44–51.

Teil 3
Ausblick

8 PR-Kampagnen und Social Media

Günther Suchy

»Social Media und Kampagnen« – dieses Begriffspaar ist eigentlich ein Widerspruch in sich. Ein Widerspruch deshalb, da Kampagnen definitionsgemäß befristet sind. Social Media, verstanden als Summe aller Online-Kommunikationsmaßnahmen eines Unternehmens im Sinne eines aktiven Dialoges mit Bezugsgruppen, sollte per se langfristig angelegt sein. Hier steht die Dauerhaftigkeit dieser Kommunikationsebene im Sinne eines langfristigen Einsatzes von ausgewählten Social-Media-Instrumenten als Variable für den Erfolg, und zwar im Sinne der kommunikationswirtschaftlichen Erfolgsgröße *Reputation* bei den Rezipienten. Oder besser: Reputation bei den Dialogpartnern. Denn die klassischen Rezipienten einer Einwegkommunikation gibt es im Bereich des Social-Media-Instrumentariums nicht mehr. Vielmehr stehen die verschiedenen Zielgruppen im Bereich Social Media im steten Austausch mit Unternehmen oder Organisationen. Scott Monty, Chef des Social Media Teams des Autoherstellers Ford, bringt den Tatbestand, dass Social Media nicht als befristete Kampagne zur Realisierung kurzfristiger Ziele dient, wie folgt auf den Punkt: »We're not interested in advertising on social networks; we're interested in getting in there and interacting with people« (vgl. www.scottmonty.com/2009/02/business-of-social-media.html (23.11.2010).

Diesen Zusammenhang gilt es grundsätzlich zu berücksichtigen, wenn in den folgenden Ausführungen von »Social Media und PR-Kampagnen« gesprochen wird. Im klassischen Sinne hat jede Kampagne einen Anfang und ein Ende. Dagegen ist Social Media etwas Dauerhaftes, das sich zwar zeitlich befristet bestimmten Themen widmet, nicht aber die Anwendung bestimmter Instrumente (Instrumente im Sinne von Social-Media-Anwendungen wie Facebook oder Twitter). Die Auswahl der verschiedenen Anwendungen ist vielmehr Teil eines strategischen Planungsprozesses, auf den im weiteren Verlauf dieses Beitrages noch ausführlicher eingegangen wird.

Vor diesem Hintergrund soll im Folgenden aufgezeigt werden, wie der klassische, befristet angelegte Kampagnenbegriff in der PR und das aktuelle Verständnis von Social Media als fortwährendes Instrumentarium in der Unternehmenskommunikation erfolgreich umgesetzt werden kann. Insbesondere soll dabei betrachtet werden, dass sich im Zuge der Integration von Social Media in die Unternehmenskommu-

Ausblick

nikation auch die Hoheit der Themensetzung verschoben hat. Diese liegt nunmehr gleich verteilt auf den Schultern aller beteiligten Akteure, und zwar sowohl auf interner als auch externer Ebene.

Die grundlegende Bedeutung von Social Media
Das Schlagwort dieser Tage lautet: Social Media. *Schlag*wort deshalb, weil Social Media (oder auch Social Networking) un*schlag*bare Anwendungen bereithält, um sowohl interne als auch externe Zielgruppen der Unternehmenskommunikation erreichen zu können. Besonders interessant machen diese Technologien des »Mitmachnetzes« die Tatsache, dass sie einen Dialog in Echtzeit mit den jeweiligen Zielgruppen ermöglichen. Damit wird das beherrschende Paradigma der Unternehmenskommunikation, bei der über lange Zeit die asymmetrische Kommunikation im Fokus stand, zunehmend herausgefordert. Im Vergleich zu den klassischen Kommunikationswegen ist daher eine umbruchartige Verschiebung des Kommunikationsfokus auf eine dialogische Kommunikation über die verschiedenen Social-Media-Anwendungen festzustellen. Eine echte Zweiwegekommunikation entsteht, die zu drastischen Veränderungen des Kommunikationsgefüges bei den Unternehmen führt. Informationen werden nicht mehr nur über Push-Technologien verteilt, auf Informationen wird heute in Echtzeit geantwortet und in den verschiedenen, auch offenen Kanälen werden zu Personen, Produkten oder Meinungen Fragen gestellt.

Die Relevanz öffentlich induzierter PR-Kampagnen. Vor dem Hintergrund der aktiven Beteiligung der Net-Community an Social-Web-Aktivitäten von Unternehmen oder Organisationen gilt es festzustellen, dass auch von externer Seite Themen in den verschiedenen Kanälen gesetzt werden. Und ganz im Sinne eines klassischen Agenda-Settings wollen diese auch im Dienste der jeweils interessierten Teilöffentlichkeit ernsthaft behandelt und ebenso kurzfristig beantwortet werden. Entsprechend ihrer öffentlichen Relevanz (bezogen auf die Net-Community) werden diese in einschlägigen Blogs oder auf Plattformen diskutiert und können mitunter als »PR-Kampagnen« bezeichnet werden. Der wesentliche Unterschied zur klassischen PR-Kampagne besteht allerdings darin, dass diese Themen von den Kommunikationsverantwortlichen des Unternehmens nicht bewusst geplant und nur eingeschränkt kontrollierbar und steuerbar sind. Insoweit stellen diese öffentlichen initiierten PR-Kampagnen im Social Web die eigentliche Herausforderung im Kontext von »Social Media PR-Kampagnen« dar. Aufgrund der grundsätzlichen Bedeutung dieses Aspektes soll im weiteren Verlauf dieses Beitrages ein Praxisbeispiel näher dargestellt werden.

Die PR-Herausforderung – Kampagnenplanung im Social Web. Durch die aufgezeigten Entwicklungen wird die Unternehmenskommunikation insgesamt sehr viel schneller und um ein Vielfaches unberechenbarer. Und genau darin zeigen sich die Chancen, die diese neuen Kommunikationsplattformen für die Public Relations haben. Denn gerade die aufgezeigte grundsätzliche Beschleunigung des Informationsaustausches erfordert eine langfristige Planung von PR-Kampagnen. Dabei wird auf der strategischen Entscheidungsebene vor allem der langfristige Mitteleinsatz bezogen auf die jeweiligen Social-Media-Anwendungen festgelegt. Auf operativer Ebene gilt es schließlich, die PR-spezifischen, tagesaktuellen Themen und Feedback-Inhalte zeitnah im Sinne des externen Dialogpartners zielführend zu realisieren. Der Begriff der »Langfristigkeit« ist in diesem Kontext besonders zu beachten, denn die Halbwertzeit von technologischen Anwendungen im Bereich Social Media ist mitunter sehr begrenzt. Beispielsweise verliert der Micro-Blogging-Dienst Twitter aktuell an Bedeutung als Instrument der Social-Media-Kommunikation. Daraus folgt, dass als Teil eines strategischen Planungsprozesses jeder PR-Kampagne im Bereich Social Media auch die Offenheit gegenüber neuen Entwicklungen und Anwendungen sowie die entsprechende Flexibilität, sich auf Trends und Entwicklungen einstellen zu können, als absolut systemrelevant erweist.

Social Media und PR-Kampagnen – Mehrwerte durch Feedback. Versteht man Kampagnen im Bereich der Public Relations grundsätzlich als gebündelte Kommunikationsmaßnahmen mit einer identischen inhaltlichen Zielrichtung, so können diese in Verbindung mit dem Einsatz von Social-Media-Anwendungen aufgrund ihrer Feedback-Funktionen kommunikative Mehrwerte schaffen. Mehrwerte, die schließlich zu einer tatsächlichen Wertschöpfung im Bereich der Unternehmenskommunikation führen können. Es entstehen neue Herausforderungen, weil PR-Kampagnen im Kontext von Social Media im Sinne einer flexiblen und dialogischen Ansprache den Menschen noch weiter in den Mittelpunkt der thematisch gebündelten Kommunikation rücken können. Informationen und Botschaften zu den jeweiligen Kampagnenthemen werden gesendet, Fragen und Antworten kommen in Echtzeit als »Feedback« zurück. Im Sinne einer nachhaltigen Imageprofilierung ist eine derartige Dialogbereitschaft, wie sie Social-Media-Instrumente in der PR signalisieren, ein erheblicher Mehrwert für das jeweilige Kampagnenziel. Vorausgesetzt, alle Kommunikationsinstrumente sind auf ihre Dialogfähigkeit hin konstruiert, langfristig über den Zeithorizont geplant und bezogen auf die dialogische Reaktionsgeschwindigkeit kurzfristig aktivierungsfähig. Wenn diese Voraussetzungen erfüllt sind, dann ermöglichen auch Social-Media-PR-Kampagnen, die vom Unternehmen selbst initiiert sind, eine bis dato unbekannte Nähe zur jeweiligen Zielgruppe einer Kampagne.

PR-Kampagnen und Medienarbeit. Die Möglichkeiten des sozialen Netzes zeigen, dass es im Bereich der Public Relations umzudenken gilt. Dies hat Bedeutung ins-

Ausblick

besondere auch für den Bereich der Presse- und Medienarbeit als ein wesentlicher Teil klassischer PR-Kampagnen, denn hier schaffen die Instrumente des Social Webs neue Möglichkeiten, um mit den Multiplikatoren der klassischen Medien in Kontakt zu treten. Die Zeiten von gedruckten Pressemitteilungen sind längst passé. Heute gilt es in vielen Branchen und Unternehmen bereits als gesetzt, den Medien über ihre Informationen schnell und digital zu übermitteln. In diesem Zusammenhang überrascht es daher nicht, dass sich bereits in vielen sozialen Netzwerken, wie z. B. Facebook, die Gatekeeper der klassischen Medien mit den Konsumenten verbünden und gemeinsam die Pressemeldungen der Unternehmen lesen. Dass diese Entwicklung prinzipiell als positiv im Sinne der Kommunikation mit den verschiedenen Bezugsgruppen ist, scheint zweifelsfrei. Allerdings gilt dies nur so lange, als sich die Web-Community im »medialen Einklang« mit den Botschaften des Unternehmens befindet und nicht selbst als Initiator von (PR-)Botschaften in Erscheinung tritt.

Um die daraus erwachsenden Gefahren anhand eines Beispiels aus der Kampagnenpraxis besser aufzeigen zu können, soll an dieser Stelle zunächst eine detaillierte Auseinandersetzung mit den grundsätzliche Chancen und Risiken des Social Webs erfolgen.

Chancen und Risiken des Social Webs. Die folgende Übersicht stellt wesentliche Chancen und Risiken des Social Webs dar. Das Entscheidende dabei ist, dass die aufgezeigten Parameter die langfristigen Verhaltensregeln im Kontext einer Kommunikation mit den verschiedenen Zielgruppen determinieren:

Chancen	Risiken
• Bindung durch Interpersonalität und Identität • hohe Reichweiten und Nutzerzahlen • exakte Platzierung von Nachrichten • ständige Informationsverfügbarkeit • dauerhafte Präsenz der Mitteilungen • Bereitschaft zum Empfang von Informationen und Werbung • geringe Kosten • Nutzung kollektiver Intelligenz • hohe Aktualität • hohe Wertschöpfung möglich • gute Möglichkeiten zur Evaluation • Nutzung des kommunikativen Potenzials von Mitarbeitern	• Macht der User • Kontrollverlust • hohe Personalkosten durch Inhaltspflege • Informationsüberfluss • Datenmissbrauch

Analyse des Social Webs
Quelle: in Anlehnung an Suchy/Kraak 2010: 24

Die Gegenüberstellung der Chancen und Risiken zeigt, dass der Einsatz von Social Media im Bereich der Public Relations einen bewusst gesteuerten und verantwortungsvollen Umgang mit den jeweiligen Informationen und Zielgruppen erfordert. Der direkte Kontakt mit dem Empfänger, die Möglichkeit des unverzüglichen Feedbacks sowie die Hebelwirkung über die verschiedenen (technischen) Multiplikatoren können bei Nichtbeachtung dieser Determinanten zu schwerwiegenden Kommunikationsfehlern und damit nicht unerheblichen Kommunikationskrisen führen.

Handlungsempfehlungen für das Social Web. Vor dem Hintergrund, dass sich bei Kommunikationsfehlern die wohl behütete Fangemeinschaft mitunter gegen ein Unternehmen wendet, gilt es bei der Integration von Social-Media-Aktivitäten in die Unternehmenskommunikation die folgenden Punkte zu beachten:

- Grundsätzlich gilt: Verbote durch den Betreiber einer Social-Media-Anwendung multiplizieren das öffentliche Webinteresse.
- Bei jeder Social-Media-Kampagne muss ein ernst gemeinter, wechselseitiger Austausch auf Augenhöhe mit den Kommunikationspartnern stehen.
- Entscheidend für einen erfolgreichen Social-Media-Einsatz sind die bereitgestellten unternehmensinternen Kompetenzen für den Umgang mit den Neuen Medien.
- Die Erreichung der Kampagnenziele hängt ab von der Qualität des bereitgestellten Social-Media-Contents (z. B. die Ausgestaltung des Unternehmensprofils auf Facebook, Twitter etc.) sowie der Qualität und Frequenz der Social-Media-Dialoge.
- Eine adäquate Dialog- und Contentqualität erfordert die Integration von Fachabteilungen (Technik, Kundendienst etc.) in die operative Ausgestaltung einer Social-Media-PR-Kampagne. Das heißt, ein kommunikativer Ordnungsrahmen muss geschaffen werden.
- Starke Unternehmenskulturen unterstützen grundsätzlich den Erfolg einer PR-Kampagne im Social Web aufgrund einer höheren Kreativität im Umgang mit den verschiedenen Anwendungen sowie einer offeneren Kommunikation mit den verschiedenen Stakeholdergruppen.
- Professionelle Erfahrungen im Umgang mit den klassischen Kommunikationsdisziplinen bilden die Basis für die Realisierung eines Dialoges auf Augenhöhe mit den verschiedenen Zielgruppen im Social Web.

Welche Auswirkungen die Nichteinhaltung dieser Grundsätze auf die Entwicklung einer von außen initiierten PR-Kampagne hat, zeigt das folgende Praxisbeispiel.

Ausblick

Social Media und die Kampagnen-Praxis

Nach der Klärung grundlegender Anwendungen, Begrifflichkeiten und Entwicklungen im Spannungsfeld »PR-Kampagnen und Social Media« soll an dieser Stelle die Umsetzung der erfolgsrelevanten Parameter anhand einer beispielhaften PR-Kampagne im Social Web dargestellt werden.

Zur besseren Einordnung des PR-Kampagnen-Begriffes im Social Web soll zunächst eine für das Verständnis des Kampagnenbegriffes im Umfeld von PR und Social Media grundsätzliche Definition vorgenommen werden.

Aufgrund der Dialogfunktion in sozialen Netzen können PR-Kampagnen grundsätzlich von zwei verschiedenen Bezugsgruppen auf den Weg gebracht werden. Sowohl das Unternehmen als auch die verschiedenen Teilöffentlichkeiten im Social Web haben die Möglichkeit, ihre Themen in Blogs, auf Fanseiten oder über Micro-Blogging-Dienste zu kommunizieren. Derlei Aktivitäten können als PR-Kampagnen verstanden werden, denn

- die Botschaften werden in ausgewählten Medien kommuniziert,
- die Ansprache erfolgt jeweils zielgruppenspezifisch und
- nach Erreichen der Zielsetzung ist die Kampagne beendet (zeitliche Befristung).

Gleichwohl die Kriterien für das Bestehen einer Kampagne zunächst identisch erscheinen, muss beim Kriterium »Erreichen der Zielsetzung« weiter differenziert werden.

Hier gilt für den Kampagneninitiator »Unternehmen« das Kampagnenziel als erreicht, sobald sich über die Auseinandersetzung mit dem Kampagnenthema in der Web-Community eine »Fanbase« entwickelt. Diese ist quantifizierbar und im Rahmen des Prozesses der Kampagnenplanung festzulegen. Entscheidend aber dabei ist, dass die Kampagneninhalte plan- und steuerbar sind. Entsprechend gering ist auch das Eskalationspotenzial.

Im Gegensatz dazu steht das Maß für die Erreichung der Zielsetzung für den Kampagneninitiator »Web-Community«. Für diesen »Sender« von Botschaften ist das Kampagnenziel dann erreicht, wenn das jeweils gesetzte Thema aus Sicht der interessierten und am Thema beteiligten Weböffentlichkeit vollständig aufgearbeitet ist. Hier kann es um die schlichte Beantwortung von Fragen zu Produkten, Personalien oder anderen unternehmensspezifischen Themen gehen. Es können aber auch ernsthafte Attacken gegen das Unternehmen auftauchen, die den Fortbestand des Unternehmens gefährden. Die Gefahren der Nichtsteuerbarkeit und der Nichtkontrollierbarkeit wurden bereits an anderer Stelle genannt.

Vor dem Hintergrund dieser Abgrenzung soll im Folgenden eine Social-Media-PR-Kampagne dargestellt werden, die beispielhaft für die neue Dimension der PR im Social-Media-Bereich steht. Beispielhaft deshalb, da dieser Fall eine geeignete Klammer über die oben beschriebene »Dualität von Social-Media-Kampagnen«

setzt: Sowohl der Kampagneninitiator als auch das »Kampagnenopfer« ist eine Organisation, und keine der primär Beteiligten entstammt der vielfach üblichen anonymen Weböffentlichkeit.

Praxisbeispiel: PR-Kampagne Greenpeace gegen Nestlés Kitkat-Riegel. Anfang März 2009 startete Greenpeace mit einer PR-Kampagne gegen den Lebensmittelkonzern Nestlé. Konkret ging es um eine Kampagne gegen die Verwendung von Palmöl. Der öffentliche Vorwurf von Greenpeace: Der Kitkat-Riegel enthalte ein Pflanzenfett, für dessen Gewinnung der indonesische Regenwald abgeholzt werde. Hierdurch würden die Reservate bedrohter Orang-Utans zerstört, wodurch Nestlé zu einem »Affenmörder« würde. Obwohl Greenpeace keine stichhaltigen Beweise für diese These lieferte, wurde die Kampagne offensiv aufgesetzt. Konkret wurden die folgenden sozialen Medien bespielt:
- Ein Video wurde auf Youtube gestellt, in dem sich ein Kitkat-Riegel während des Verzehrs zu einem abgehackten Orang-Utan-Finger verwandelt.
- Vor der Deutschlandzentrale von Nestlé wurde eine Twitter-Wand aufgestellt.
- Der Claim »Give the orang-utan a break« wurde von Greenpeace kommuniziert.
- Ein eigenes »Killer«-Logo im Kitkat-Stil wurde von Aktivisten auf der britischen Facebook-Fanseite gepostet. Das »Killer«-Logo wurde als Profilfoto integriert.
- Die Nutzung des »Killer«-Logos wurde umgehend vom Nestlé-Administrator verboten, worauf sich die Fanpage gegen ihren Betreiber richtete und sich kurzfristig zu einer echten Protestplattform entwickelte.
- Kurz nach Beginn der Kampagne »explodierte« in Blogs, in weiteren Social-Media-Anwendungen, z. B. Twitter, und auf Newsseiten der Begriff »Palmöl«.
- Vor allem wurde Nestlés Fanpage ins Visier der Greenpeace-Aktivisten und »Folger« genommen: Unzählige Kommentare befassten sich mit diesem Thema. Teilweise gab es Boykottaufrufe.

Diese Reaktionen der Social-Web-Community zeigen, dass sich hier die Meinung im Web eindeutig gegen das Unternehmen gewandt hat. Die Konsequenzen des Unternehmens lassen sich wie folgt darstellen:
- Der Administrator von Nestlé reagierte mit sehr persönlichen Aussagen gegen die »Web-Aktivisten«.
- Die Verwendung der »Killer«-Logos wurde vom Administrator verboten.
- Die Löschung entsprechender Einträge wurde von Nestlé angedroht.
- Kritik innerhalb der Community bezüglich dieser rigiden Vorgehensweise wies Nestlé zudem unverzüglich zurück.
- Auch echte Fans wurden durch die Androhung von Verboten aufgeweckt, weil auch ihnen die Kommentierung des Themas verboten wurde.

Ausblick

Das Fazit dieser von Greenpeace ins Leben gerufenen Social-Media-PR-Kampagne: Vor dem Hintergrund der zwischenzeitlich weltweit mehr als 500 Millionen Mitgliedern ist ein Profil auf Facebook eine echte kommunikative »Waffe«, die entsprechende Kompetenzen und das Einhalten entsprechender Richtlinien erfordert. Die oben beschriebenen Handlungsempfehlungen sollen primär dazu dienen, die verschiedenen sozialen Netze nicht nur potenziellen Kritikern als Plattform anzubieten, sondern insbesondere der Unternehmenskommunikation ein Regelwerk an die Hand zu geben, um Worst-Case-Szenarien zu vermeiden. Dabei muss es stets das oberste Ziel sein, über einen offenen Dialog sich allen Fragen offensiv zu stellen. PR-Kampagnen im Social Web funktionieren wie beschrieben in beide Richtungen. Das macht den großen Nutzen, aber auch die Gefahr dieses Instrumentariums aus.

Ausblick – Die Zukunft von Social Media und PR-Kampagnen

Abschließend stellt sich nunmehr die Frage, welchen Einfluss das Social Web auf die PR-Kampagnen der Zukunft haben wird? Die klassischen PR-Instrumente werden sicher weiterhin ihre Berechtigung haben und bei Kampagnen ihre Anwendung finden. Allerdings werden die neuen »sozialen Tools« hinzukommen und die bestehenden Kanäle unterstützen. Dies gilt insbesondere für die Planung und Umsetzung von PR-Kampagnen als Teil einer integrierten Unternehmenskommunikation.

Der Vorteil des direkten Dialoges mit der jeweiligen Bezugsgruppe ist unumstößlich, weil ein offener, transparenter und sehr schneller Informationsaustausch stattfinden kann. Über das Social Web können PR-Kampagnen ihre Zielgruppen punktgenau ansprechen und permanent erreichen. Dadurch können Streuverluste minimiert und das Zeitfenster zur Zielerreichung einer Kampagne variabel gestaltet werden.

Der Anteil von Social-Media-Aktivitäten bei der Durchführung von PR-Kampagnen wird wachsen und zu einem festen Bestandteil der verschiedenen Kommunikationsaktivitäten werden. Dabei werden die Grenzen zwischen Social Media Marketing und Social Media Public Relations zunehmend fließend sein. Denn Social Media kann per se auch die klassischen Absatzfunktionen übernehmen und damit Marketingziele erfüllen. Und solange es keine eigenständigen Social-Media-Kanäle für die »reine« Public Relations gibt, werden die Markenseiten der Marketingabteilungen, z. B. auf Facebook, für die Informationsbeschaffung der verschiedenen Zielgruppen genutzt. Dies gilt übrigens auch für Journalisten und ihre Recherchen. Und da die Kommunikation im marketingpolitischen Kontext keinen Selbstzweck, sondern die Absicht der Beeinflussung von Meinungen, Einstellungen und Erwartungen verfolgt, bedarf es an dieser Stelle aus Sicht der klassischen PR einer Ergänzung der Social-Media-Angebote. Hier bietet Twitter z. B. derzeit eine gute Plattform, um die vier Basisfunktionen der Public Relations gewährleisten zu können:

- Erhöhung des Bekanntheitsgrades,
- Herstellung von Vertrauen,
- Herstellung von Akzeptanz und
- Verbesserung des Images.

Als Teil einer neuen gesellschaftlichen Kommunikationskultur ist der Bereich Social Media längst in der Unternehmenskommunikation angekommen. Dementsprechend wird Social Media in Zukunft als ein weiterer Medienkanal noch stärker in die Kommunikationsmaßnahmen zu integrieren sein.

Vor diesem Hintergrund sowie den technologisch-kommunikativen Möglichkeiten hat das Social Web sogar das Potenzial, sich zum Flaggschiff der Public Relations zu entwickeln. Denn die verschiedenen Plattformen bieten im Kontext von PR-Kampagnen ganz neue Aktionselemente, die für zusätzliche mediale Reize und vor allem ein Millionenpublikum sorgen können. Gleichermaßen entscheidend ist, dass die Möglichkeit des Dialoges im günstigsten Fall »steuerbare Streitpunkte« bietet, die die Botschaft einer Kampagne sogar verstärken können. Mit dieser flexiblen und integrativen Ansprache stellt Social Media am Ende den Menschen in den Mittelpunkt der Kommunikation: Zuhören, das Gespräch suchen, möglicherweise auch Schwächen oder Fehler eingestehen. Nur über diese grundlegende kommunikative Ausrichtung ist eine effektive und nachhaltige Imageprofilierung zugunsten des Unternehmens über »klassische« PR-Kampagnen und den Einsatz der Neuen Medien realisierbar.

Entscheidend dabei ist, themenspezifische PR-Kampagnen im Bereich Social Media bis zum Ende durchzuführen. Kritische Stimmen, negatives Feedback sollten nicht sofort und unüberlegt zum Gegensteuern veranlassen. Kritik ist in der Social-Media-Kommunikation vielfach sehr befruchtend. Bleibt der erwartete Kommunikationserfolg dennoch aus, sollte bereits in der strategischen Planungsphase der Kampagne ein alternatives Kommunikationsszenario entwickelt werden.

Literatur

Suchy, G./Kraak, T. (2010): »Social Media und Public Relations in der deutschen Automobilindustrie«, in: ZfAW (Zeitschrift für die gesamte Wertschöpfungskette Automobilwirtschaft), 13. Jahrgang, Heft Nr. 4/2010, S. 24 ff.

9 Kampagnen in den USA

Bradley E. Wiggins, Mary Beth Leidman und Matthew McKeague*

Definition von Kommunikationskampagnen

Eine Kampagne kann als ein öffentliches Serviceprogramm verstanden werden, das zumindest von Teilen einer Gemeinschaft oder von politischen Entscheidungsträgern unterstützt wird. Kampagnen zielen in der Regel entweder auf das Gemeinwohl ab oder beinhalten Befürwortungsstrategien, insbesondere bei gesellschaftlich kontroversen Themen.

Kommunikationskampagnen verwenden Ideen für einen oder mehrere strategische Zwecke. Sie werden eingesetzt, um das Verhalten von Menschen in eine bestimmte Richtung zu lenken. Sie sind gekennzeichnet durch den Einsatz von Medien, Datenaustausch und organisierten Kommunikationsnetzen, um bestimmte Ergebnisse bei einer großen Anzahl von Individuen innerhalb eines festgelegten Zeitraums zu erreichen (Coffman 2003; Dutta-Bergman 2005). Während die Autoren dieses Beitrags der Ansicht sind, dass Kommunikationskampagnen nicht notwendigerweise einen Medieneinsatz benötigen, ist unstrittig, dass Massenmedien einen maßgeblichen Einfluss auf Menschen haben können. Dies wird insbesondere in Forschungsarbeiten zu Kommunikationskampagnen im Gesundheitsbereich deutlich (Abroms/Maibach 2008).

Es existieren unterschiedliche Typen von Kommunikationskampagnen. Coffman beschreibt zwei Hauptarten. Eine Art, die *Kampagne zur Verhaltensänderung*, ist darauf ausgerichtet, eine Verhaltensänderung auf individueller Ebene zu bewirken. Diese Art von Kampagnen werden eingesetzt, um einen persönlichen oder gesellschaftlichen Zustand zu verbessern. Solche Kampagnen können auch als öffentliche Serviceinitiativen verstanden werden (Paisley 2001). Die andere Art der Kampagne zielt auf die *öffentliche Meinung*. Sie ist darauf gerichtet, die Öffentlichkeit für einen Politikwechsel auf einzelnen Feldern oder insgesamt zu mobilisieren. Eine solche Kampagne zur Beeinflussung der öffentlichen Meinung versucht in der Regel ein gesellschaftliches Problem an die Öffentlichkeit zu bringen, um einen Politik-

---

* Übersetzt aus dem Englischen von Steffi Wiggins.

wandel zu bewirken. Die Öffentlichkeitskampagne ähnelt der Befürwortungsstrategie, die oben beschrieben wurde.

Bei einer geschichtlichen Betrachtung von Kommunikationskampagnen hält Paisley (2001) den Zweiten Weltkrieg für einen entscheidenden Wendepunkt. Vor diesem Ereignis waren freiwillige Zusammenschlüsse, die Massenmedien (Zeitungen, Radio etc.) und die Regierung die einzigen Akteure, die Medien gestalteten und Kommunikationskampagnen durchführten. Nach dem Krieg waren die Akteure zunehmend Stiftungen, Gewerkschaften und Unternehmen.

Für bestimmte Themen waren Freiwilligenorganisationen besser geeignet. Später führten Stiftungen jedoch auch sehr kontroverse Kampagnen durch und begannen innovative Kampagnenmethoden zu nutzen. Dabei veränderten sie zum Teil ihre Botschaften während mehrerer Wahlperioden. Regierungskampagnen hingegen sind in der Regel politisch deutlich zugespitzter und können auf wesentlich mehr Finanzmittel zurückgreifen. Allerdings haben in den letzten Jahren auch Stiftungen zum Teil erhebliche Gelder in ihre Kampagnen investiert.

Doch was ist das eigentliche *Ziel* von Kommunikationskampagnen? Bei Kampagnen zur Beeinflussung der öffentlichen Meinung ist die entscheidende Rolle des öffentlichen Raums zu betonen. In eben jener Sphäre treffen Haupt- und Nebenströmungen von Meinungen und Fakten aufeinander, vermischen sich, nehmen neue Form an und bilden das Material, auf dessen Basis verschiedene Stakeholder ihre Entscheidungen treffen (Castells 2008).

Public Diplomacy

Das Ziel von »public diplomacy« ist die Herstellung einer Öffentlichkeit, in der verschiedene Stakeholder ihre divergierenden Perspektiven, Werte und selbst unvereinbare Interessen zum Ausdruck bringen können (Habermas 1989). Dabei ist es erforderlich, dass die einzelnen Stakeholdergruppen zumindest zum Teil gemeinsame Interessen und Werte haben. Da Kampagnen, egal welcher Art, »Strategien gesellschaftlicher Kontrolle« sind (Paisley 2001: 6), ist es wesentlich, dass die Initiatoren einer Kampagne die gewünschten Zielgruppen auch erreichen. So argumentieren Pace et al. (2010) in einer Studie für wirksame Kommunikationsstrategien zwischen Vertretern einer ökologischen Lebensweise und der Öffentlichkeit, dass erstere unbedingt auf nichtwissenschaftliche Zielgruppen zugehen müssen, um ihre Ziele zu erreichen.

Diese Einbindung von betroffenen Stakeholdergruppen in der öffentlichen Sphäre zeigt, wie wichtig es ist, die Bedürfnisse der Zielgruppe – hinsichtlich der beabsichtigten Verhaltensänderung durch eine Kampagne – zu identifizieren und zu analysieren (Lowery/DeFleur 1995). Es gibt somit eine Überschneidung zwischen der Konzeption von öffentlichen Kommunikationskampagnen und ihrer instrumentellen Umsetzung.

Paisley (2001: 8) erklärt, dass es für die Kampagnenverantwortlichen unabdingbar sei, ihre Ziele klar darzustellen, sich in ihren Ansätzen an der Zielgruppe auszurichten, die einzelnen Kampagnenschritte aufeinander abzustimmen, Kampagnen im Feldversuch genau zu beobachten und zu verbessern und Erfolge auf andere Kampagnen zu übertragen (post-iteratives Design). Heute wie früher sind Kampagnen ein Mittel, um Menschen zu mobilisieren. Ihre Effektivität ist zu messen an der Angemessenheit der Sprache für die angesprochene Zielgruppe sowie am Grad der erreichten Ziele.

Universelle Merkmale von Kommunikationskampagnen

Wenn man in den Vereinigten Staaten von *Kampagnen* spricht, denkt der durchschnittliche Amerikaner an politische Kampagnen. Der Grund dafür liegt darin, dass politische Kampagnen in der zweiten Hälfte des 20. Jahrhunderts an Länge und Intensität zugenommen haben und dieser Trend auch in der zweiten Dekade des 21. Jahrhunderts noch anhält.

Die Konzepte und Regeln von Kampagnen sind jedoch nicht nur auf die politische Arena beschränkt. Es gibt vielmehr universelle Prinzipien bei Kampagnen, die in der Politik deutlich werden, aber ebenso in anderen Zusammenhängen genutzt werden können, und zwar von gemeinnützigen Organisationen über Regierungen bis Unternehmen. In Amerika geht das Gewinnen über alles: entweder bei Wahlen, beim Profit oder auch bei Zielen im Bereich gemeinnütziger Organisationen.

Wie wird eine Kampagne zum Erfolg? Um die amerikanische Herangehensweise zu verstehen, können zwei theoretische Ansätze in Betracht gezogen werden. Diese müssen dann in die »Arena der öffentlichen Meinung« überführt werden. Die Ansätze stammen von generellen Technologiemodellen wie ADDIE (Strickland 2006) und der Theorie der Kraftfeldanalyse von Lewin (1943). Die treibende Kraft einer jeden Kampagne liegt im Wesentlichen in der Erschaffung und im Vertrieb (eines Produkts oder einer Idee).

Schritte bei der Erstellung von Kampagnen in den USA:
1) Schaffung eines Bedarfs
2) Schaffung einer Rolle, die den Bedarf erfüllt
3) Erstellung eines Detailkonzepts (Konkretisierung des Abstrakten)
4) Management des Vertriebs der Botschaft
5) Management des Wo und Wann: wo und wann die Zielgruppe die Botschaft bekommen soll
6) Auswertung der Ergebnisse
7) Anpassung der Kampagne (z. B. Imagesteuerung) – je nach Bedarf

Eingebettet in diese Reihenfolge ist eine postiterative Auswertung der Kampagne. Dieses Modell ist sehr allgemein und kann auf alle Arten von Kampagnen angewendet werden. Wenn es erfolgreich eingesetzt wird, gewinnt der Kandidat die Wahlen, die gemeinnützige Organisation erhält Spenden von der Öffentlichkeit, die Universität bekommt mehr private Gelder und Bewerbungen und das Unternehmen verkauft mehr Widgets – um nur einige der gegenwärtigen Folgen von erfolgreichen Kampagnen in den Vereinigten Staaten zu nennen.

Das Ineinandergreifen zwischen den einzelnen Elementen des oben aufgeführten Instruktionsmodells von Kampagnen ist leicht erkennbar. Übersetzt in operative Handlungen bedeutet dies: Untersuchung der Bedürfnisse, Bewertung des Publikums, Festsetzen von Zielen, Auswahl von Kampagnentechniken, Auswahl von Medien, Entwicklung der Inhalte, Planung des Zusammenspiels von Kommunikationsinstrumenten, Auswertung des Kampagnenverlaufs (formative Evaluation) und Auswertung der Ergebnisse (Summative Evaluation) (Strickland 2006; Wiggins/McTighe 2005). Dies sind wesentliche Punkte jeder Kampagne.

Es gibt außerdem ein zeitliches Element, das bei Kampagnen zu beachten ist. Kampagnen besitzen die Kraft, Menschen zu bewegen und Ereignisse zu beeinflussen (Lewin 1943), doch ihre Effektivität ist zeitlich begrenzt. Dies bedeutet, dass die Botschaft immer wieder aufs Neue vermittelt werden muss, dass sie regelmäßig überarbeitet und möglichst einzigartig erscheinen sollte.

Der öffentliche Bereich – Politik, Gemeinnützige Vereine und die Kirche

Politik. Vielen mögen die politischen Kampagnen aus den Vereinigten Staaten als gut inszeniert erscheinen, bei denen genau kontrolliert wird, wer was wann sagt. Hier gilt das geläufige Motto: Passe Deine Botschaft an die speziellen Bedürfnisse des Publikums an, gehe damit früh raus und verbreite sie, wo immer Du kannst. Gebrauche dafür öffentliche Auftritte, gedruckte Medien sowie alle Arten von Werbung und Social Networking. All dies dient dazu, dass der Kandidat so oft wie möglich mit der Öffentlichkeit in Kontakt tritt (»face-time«), um die Bemühungen des Gegenkandidaten zu schwächen und gleichzeitig möglichst hunderte Millionen nicht steuerlich absetzbarer Spenden einzuwerben, um für die gesamte Kampagne aufzukommen.

Die Art und Weise, in der Wahlkampagnen präsentiert werden, erinnert an die Werbekampagnen großer Unternehmen. Dies wirft die Frage auf, ob US-amerikanische Wahlkampagnen auch nichts anderes sind als ein großes Geschäft.

Dass politische Kampagnen Werbetechniken aus der Geschäftswelt nutzen, ist seit Langem üblich. Für amerikanische Kandidaten ist es nichts Außergewöhnliches, je nach Auftritt ihre Botschaften an bestimmte demografische Gruppen anzupassen. Ältere Bürger sorgen sich hauptsächlich um ihre Krankenversicherung? – Verbreite besonders viel Informationsmaterial in den Medien zum Thema medizinische Versorgung. Junge Menschen zeigen wenig Interesse am politischen Leben? – Nimm Youtube und Facebook zu Hilfe und veröffentliche kurze Videoclips gemeinsam mit populären Rockstars oder anderen Prominenten. Hispanoamerikaner haben Angst, dass sie ihre Familien in Mexiko nie wieder sehen? – Sende deine politischen Botschaften auf Spanisch und beruhige sie. Wenn diese Techniken beim Verkauf von Autos und HDTV-Fernsehern erfolgreich sind, warum sollten Kandidaten sie nicht auch in der Politik verwenden? Hier lautet die Regel: Beginne sehr früh mit deiner Kampagne (noch vor dem traditionellen Septemberbeginn als Start für die Wahlen im November) und baue sie immer weiter aus, wie eine anschwellende Welle. Versuche dich so häufig wie möglich deinen potenziellen Wählern bis zum Höhepunkt der Wahlen zu zeigen. Erfinde den Kandidaten während der Kampagne immer wieder aufs Neue (postiterative Evaluation) und achte dabei darauf, dass keine Unwahrheiten verbreitet werden.

Noch nie war dies so offensichtlich wie im Präsidentschaftswahlkampf des Jahres 2008, als zwei Protagonisten die Bühne für sich eingenommen hatten. Einer davon war natürlich jener, der schließlich die Wahl zum Präsidenten gewann, Barack Obama. Der zweite Kandidat war jedoch nicht der Kandidat der Republikaner, John McCain, sondern seine Wahl für die Vizepräsidentschaft, die damalige Gouverneurin von Alaska, Sarah Palin. Obama und Palin standen im Mittelpunkt des Medienrummels und nahmen die Nachrichten im 24-Stunden-Zyklus in Anspruch.

Obama stellte ein Team zusammen, das es schaffte, sein Image und seine Ideologie zum Topthema der Medien zu machen. Er nutzte für sich alle Möglichkeiten klassischer sowie Onlinemedien, um seine Wählerschaft zu erreichen. Virtuos orchestrierte er seine gut durchgeplanten »Übergriffe« auf Social Networking Sites wie Facebook, Linkedin, Youtube, und Myspace.

Palin machte sich selbst zur Mediensensation, indem sie sich als »süßes Zuckerschnäuzchen« der republikanischen Maschinerie inszenieren ließ. Der Nachrichtenzyklus und ihre Kampagne wurden dadurch jedoch oberflächlich. Letztlich trug jene Kampagne den Sieg davon, die am effektivsten und in konsistenter Weise ihre Botschaften der amerikanischen Bevölkerung vermittelte. Obama und sein Team sprachen mit visionären Claims die Gefühle der Bürger an, »Yes We Can« (Ja, wir können es), »Hope« (Hoffnung) und »Change« (Veränderung) im Gegensatz zu »More of the same« (Immer das Gleiche). Die Leitidee war perfekt gewählt. Die amerikanische Öffentlichkeit reagiert erfahrungsgemäß positiv auf Offenheit und Lächeln, Selbstvertrauen und Charme, egal ob es dabei um den Super Bowl geht oder um eine politische Botschaft. Erfolgreiche Kampagnen beinhalten ein Versprechen für eine bessere Zukunft. Besonders politische Kampagnen sind Zeugnisse von ungezügelter Hoffnung und Optimismus – eine Widerspiegelung amerikanischer Mentalität.

Gemeinnützige Organisationen und eine Kirche. Die folgenden Beispiele zeigen, wie gemeinnützige Organisationen erfolgreiche Kampagnen in den USA entwickeln und ausführen. Die Dimensionen ihres Erfolgs beruhen auf ihrem Image, der Anpassung bzw. Verstärkung eines bestimmten Bildes der Organisation in der Öffentlichkeit und/oder der Zunahme von Spenden.

Ein Merkmal US-amerikanischer Kultur ist, dass Amerikaner mehr Zeit für gemeinnützige Arbeit verwenden als Bürger anderer Länder und dass sie außerdem pro Kopf mehr Geld spenden. Wann immer Hilfe benötigt wird, kann dies manchmal zu einem wahren Spendenrausch führen. Die Welt als globales Dorf weiß, dass Amerikaner entgegenkommend sind, egal ob es sich dabei um das Erdbeben in Haiti, ein Tsunami in Sumatra oder die Flut in New Orleans handelt. Kurz gesagt, Amerikaner helfen gerne. Professionell agierende amerikanische und internationale Hilfsorganisationen wissen sehr genau, wie man die amerikanische Öffentlichkeit erreichen kann, und sie können normalerweise den Erfolg voraussagen. So wurden zum Beispiel in den ersten neun Tagen nach der Erdbebenkatastrophe in Haiti 528 Millionen Dollar für die Überlebenden und den Wiederaufbau gespendet. Eine solche Spendenbereitschaft ist kein Einzelfall (The Chronicle of Philanthropy, 27. Januar 2010).

Die neueste Innovation, um Geld für Katastrophenhilfe zu sammeln, ist das Spenden mit Hilfe des Handys. Handynutzer wählen einfach eine angekündigte Nummer und durch das Drücken von zwei oder drei Tasten können sie zehn Dollar spenden, die bei der nächsten Handyrechnung einfach dazu addiert werden. Das ist effektiv, schnell und einfach. Vor allen Dingen gibt es den Amerikanern ein gutes Gefühl, ohne dass sie sich persönlich mit den Betroffenen befassen müssen, denn alles läuft über den Bildschirm und das Touchpad ab.

Diese Kampagnen zur Spendenakquise waren bisher sehr effektiv. Andere gemeinnützige Organisationen haben die Massenmedien einbezogen, um ihr Image zu verändern. Die Kirche »Jesu Christi der Heiligen der letzten Tage« (auch bekannt als Mormonen) hatte schon seit einiger Zeit ein »Imageproblem«. Das liegt an der weit verbreiteten Annahme, dass es sich bei Mormonen um einen Kult handle. Diese Wahrnehmung beruht darauf, dass sich wesentliche Glaubenssätze stark von der Hauptströmung der jüdisch-christlichen Tradition abheben, die sich in den USA finden. Zudem werden die Traditionen der Mormonen im Regelfall hinter verschlossenen Türen praktiziert. Diese Auffassung ist allerdings trügerisch, denn die Mormonen sind die am schnellsten wachsende religiöse Gruppe in Amerika und mit einem Vermögen von über 30 Milliarden Dollar ist sie außerdem mit erheblichen Finanzmitteln ausgestattet (Ostling/Ostling 2000).

Im Jahre 2010 riefen die Mormonen eine von Experten entwickelte und mit hohem Budget ausgestattete Kampagne ins Leben, um ihr Image aufzubessern. Die Kampagne beinhaltet eine Reihe von Fernsehwerbespots im 30-Sekunden-Format, die die Geschichte einer Person erzählen. Darunter ist ein Arzt, der derzeit in Afrika arbeitet, ein Medienexperte, der in der Bibliothek des Kongresses beschäftigt ist, und ein junger Mann, der sich aus schwierigen sozialen Verhältnissen lösen konnte. Alle Spots enden damit, dass die betreffende Person sagt: »Mein Name ist * * * und ich bin ein Mormone«. Dazu erscheint die Internetseite der Mormonen unten rechts auf dem Bildschirm. Diese Spots decken die diversen ethnischen Bevölkerungsgruppen in den USA sowie beide Geschlechter weitgehend ab. Sie bringen den Zuschauer dazu, tief verwurzelte Wahrnehmungsmuster zu überdenken.

Amerikaner überwanden erst kürzlich andere lang anhaltende Vorurteile und ernannten den ersten Afroamerikaner zum Präsidenten, nachdem einige Jahre zuvor erstmalig ein orthodoxer Jude als Vizepräsident kandidiert hatte. Es kann vermutet werden, dass die aktuelle Imagekampagne der Mormonen damit zu tun hat, den Grundstein für eine mögliche US-Präsidentschaftskampagne zu legen. Die aktuelle Kampagne würde es zumindest erleichtern, einem Mormonen, zum Beispiel Mitt Romney, im Jahr 2012 die Präsidentschaftsnominierung zu gewähren.

Eine Prognose – Wohin führt dies alles?
»Morgenstund hat Gold im Mund«. In der nahen Zukunft wird man sich bereits lange vor einer Kampagne auf das Image und die Reputation einer Person oder Organisation konzentrieren. Recherche und Planung sind schon immer ein fester Bestandteil der Öffentlichkeitsarbeit gewesen. Wenn schon vor der eigentlichen Kampagne ein Großteil der Arbeit erledigt ist, können viele potenzielle Probleme vorab in Erwägung gezogen und einige Schwierigkeiten verhindert werden. Besonders im Fall von Krisenkommunikation können PR-Manager auf diese Weise vorausschauend eine Strategie entwickeln und damit relativ sichergehen, auch konfliktreiche Situationen unter Kontrolle zu behalten. Auf der anderen Seite müssen diejenigen, die erst reagieren, wenn ein Problem vorliegt, unter viel mehr Druck arbeiten. Sie erscheinen dann in der Öffentlichkeit häufig unvorbereitet oder sorglos, wenn nicht sogar verantwortungslos.

Die Technologie verändert derzeit rasant die Art und Weise, wie PR-Manager ihre Botschaften an ein Zielpublikum adressieren. Wenn früher Personen oder Organisationen Fehler machten, wurde in den traditionellen Medien kurz darüber berichtet, und man ging zu interessanteren Themen über. Das gilt insbesondere seit Beginn der Nachrichtenkanäle, die 24 Stunden am Tag Nachrichten senden. Doch mit Online-Video-Sharing-Sites wie Youtube, Livevideo oder Dailymotion können mit der Kamera eingefangene Patzer von Nutzern hochgeladen und einem Millionenpublikum zum jederzeitigen Abruf zur Verfügung gestellt werden. Diese Macht, bestimmte Taten unauslöschlich festzuhalten, führt dazu, dass jeder selbst zum Manager seiner Öffentlichkeitsarbeit wird und Imagekampagnen in die eigene Hand nimmt.

Das ist letztlich der Fall bei Facebook, wo jeder der rund 500 Millionen aktiven User (Facebook 2010) täglich seine eigene Kampagne steuert. In einem Interview aus dem Jahr 2010 mit dem CEO von Google, Eric Schmidt, sagte dieser voraus, dass man in der Zukunft das eigene Image kaum mehr kontrollieren könne. Er bemerkt, dass die junge Generation, die mit dem Internet aufwächst und dabei unzählige Fotos und status updates auf Social-Networking-Seiten hinterlässt, wohl so weit gehen muss, ihre Identität komplett zu erneuern, um der Vergangenheit zu entkommen (Jenkins 2010). Sowohl der User, der jeden Tag im Internet ist, als auch der klassische PR-Manager sind daher gezwungen, ihre Kampagnen vorausschauend zu planen, um am Ende ein Desaster zu vermeiden.

»**Passive Rezeption und Eingriff in die Privatsphäre**«. Selbst die umsichtigsten Internetnutzer, die ihre Onlineprofile behutsam im Auge behalten und ihre Privatsphäre schützen, geben Informationen Preis, die andere letztlich nutzen werden. Im Internet gibt es keinen absoluten Datenschutz, schon gar nicht wenn man an den weltweiten Informationsaustausch und an individualisierte Werbung denkt. So hat beispielsweise die Agentur für nationale Sicherheit (Department of Homeland Security) in den USA mit Google kooperiert, um mehr über Cyberattacken oder verdächtige Einzelpersonen zu erfahren, auch wenn deren Nutzerprofile ausschließlich für den privaten Gebrauch eingestellt waren (Gorman/Vascellaro 2010). Deshalb werden Internetnutzer regelmäßig dazu aufgefordert, im Netz nicht den eigenen Namen zu verwenden und nicht alle Informationen zu offenbaren. Es ist anzunehmen, dass in Zukunft der Kampf zwischen Unternehmen, die Daten sammeln und auswerten wollen, und Privatpersonen, die ihre Onlineprivatsphäre schützen möchten, noch zunehmen wird.

Betrachtet man die Entwicklung von Werbekampagnen in den USA, wird deutlich, dass diese immer darauf gerichtet waren, ein Massenpublikum zu erreichen. Die Zahl der Kontakte war entscheidend. Als jedoch immer mehr Werbeträger auf den Markt kamen und die Konkurrenz zunahm, rückte man davon ab, möglichst viele zu erreichen, und versuchte vielmehr, einzelne Zielgruppen mit speziellen Interessen und Merkmalen zu adressieren. So wird z. B. eine Firma es wesentlich einträglicher finden, Werbung für ein Luxusauto (ein Auto das, nach R. L. Polk and Company, mehr als 100.000 Dollar kostet) in einer Nischenzeitschrift zu schalten, deren Leserschaft ein hohes Einkommen hat, als in einer General-Interest-Zeitschrift, die alle möglichen Interessen bedient. Da die Art des Publikums nun häufig wichtiger ist als die schiere Größe, ist es von großem Nutzen, dass Botschaften auf bestimmte Länder, Regionen, Städte und Suchbegriffe zugeschnitten werden können. 2008 erörterte Peter Novig, Leiter der Forschungsabteilung von Google, eine Technologie, die durch das Mikrofon des Computers Geräusche oder Klänge mithören kann und dann passende Werbung zeigt (Greene 2008). Würde das Mikrofon z. B. das Bellen eines Hundes »hören«, würde die Software diesem Internetuser Werbung für Hundefutter anzeigen. Software und Technologie werden in Zukunft die Möglichkeiten der Öffentlichkeitsarbeit und der Werbung verbessern, um das Zielpublikum noch genauer zu erreichen. Dabei muss man sich jedoch fragen, ob man damit nicht einer Vision des Informationsmanagements von George Orwell nahekommt.

»**Medienkompetenz – Nein, Medienflut – Ja**«. Medien sind ein Geschäft und müssen mithilfe von Werbung Geld einbringen, um erfolgreich zu sein. Yankelovich, ein Unternehmen für Marktforschung, hat geschätzt, dass ein Stadtbewohner außerhalb seines Zuhauses am Tag bis zu 5.000 Werbebotschaften ausgesetzt ist (Story 2007). Wenn man diese Reizüberflutung mit dem Medien-Multitasking der jüngeren Generation kombiniert, wirft dies die Frage auf: Kommt es irgendwann zur Medienüberlastung?

Aus aktuellen Forschungsergebnissen geht hervor, dass unser Gehirn durch ständigen Medienkonsum ermüdet. Nach einer Studie der Universität von Michigan lernten Versuchsteilnehmer nach einem Spaziergang durch die Natur deutlich besser, als nach einem Gang durch eine dicht besiedelte Stadt. In einer anderen Studie der Universität von Kalifornien erforschten Wissenschaftler die Gehirnaktivität von Ratten. Sie fanden heraus, dass Ratten erst dann bestimmte Prozessmuster dauerhaft speichern konnten, wenn ihnen eine Pause gewährt wurde (Richtel 2010). Menschen nutzen immer mehr Medien und lernen immer besser mit verschiedenen Medientechnologien umzugehen, das heißt aber nicht, dass sie gleichzeitig eine höhere Medienkompetenz entwickeln.

Diese Ergebnisse stützen eine Theorie von Paul Lazarsfeld, einem einflussreichen Soziologen und Medienforscher der USA. Lazarsfeld erklärt, dass wenn der Mensch zu viel Informationen zu einem bestimmten Thema ausgesetzt ist, dies zu einer »Überladung« führt und er apathisch wird. Dies kann sich jedoch kein Kampagnenleiter wünschen. In einer immer medienreicheren Gesellschaft mag es zunehmend einfacher werden, bestimmte Zielgruppen zu erreichen, die medienüberfluteten Individuen dazu zu bringen, einer Kampagne Aufmerksamkeit zu schenken, dürfte aber in Zukunft noch schwieriger werden. Zwei Auseinandersetzungen werden noch an Schärfe gewinnen: zum einen das Bestreben von Kampagnenverantwortlichen in dem Mediendschungel, das Publikum für sich zu gewinnen, und zum anderen der Kampf jedes Mediennutzers, mit den aktuellen technologischen Möglichkeiten mitzuhalten, ohne dass dabei die Medien das Leben ganz beanspruchen.

Eine »Anything Goes«-Herangehensweise wird entwickelt werden müssen, in der die Medien traditionelle Mittel mit neuen Möglichkeiten verbinden, um eine Zielgruppe zu erreichen. Beispielsweise könnten Kampagnenmanager die aktuelle Ortungstechnologie von Handys nutzen, um Einzelpersonen ausfindig zu machen, bis sie an einem bestimmten Ort in einer Stadt angelangt sind, wo rasch Werbeprospekte gedruckt werden, die ihnen dann ausgehändigt werden. Weiterhin könnten in Geschäften mithilfe von Computeralgorithmen Broschüren mit einem Foto von Kunden beim Kauf eines bestimmten Produktes erstellt werden. Durch solche persönlichen Informationen aus dem Internet und von diversen Datenbanken könnten Kampagnen individualisiert werden. Wenn man bedenkt, dass die Überflutung mit Sendern, Programmen und Inhalten Generationen hervorbringt, die an Medienübersättigung leiden, ist es möglich, dass die traditionellen Medien wieder an Attraktivität gewinnen werden. Obwohl eine Renaissance der traditionellen Medien eine Möglichkeit ist, dürfte es noch wahrscheinlicher sein, dass ein Kampagnenmanager letztlich nur noch für ein weit akzeptiertes kleines tragbares technisches Gerät arbeitet, das aufgrund der zunehmenden Medienkonvergenz als Fernseher, Radio, Audiospieler, Computer und Telefon dient. Schreibstile und Design von Kampagnen werden vermutlich deutlich überarbeitet werden müssen, um auf diesen kleinen Geräten gut kommunizieren zu können. Voraussichtlich wird dies ein Konkurrenzniveau für Aufmerksamkeit auf einem Gerät schaffen, das es bisher noch nicht gab.

Fazit

Es ist unmöglich, die Überlappung von Geschäftswelt mit Politik und Technologie außer Acht zu lassen, wenn man die Entwicklung der amerikanischen Öffentlichkeitsarbeit voraussagen möchte. Die Zukunft deutet auf eine Ausbreitung der Kommunikationsdynamik hin, und sie ist und bleibt getrieben von Markt und Kapital. Obwohl Vorhersagen schwer sind, kann man wohl sicher annehmen, dass die treibenden Kräfte weiterhin das Wachstum der Internetkommunikation, die technologische Entwicklung, die kulturelle Globalisierung und die Glokalisierung sein werden sowie die ständig wachsende Macht weltweit operierender Unternehmen. Diese Konzerne sind symbiotisch voneinander abhängig und miteinander verbunden. Am Ende trägt jener den »Sieg« davon, der eine bestimmte Kampagne zum Rollen gebracht hat. Denn das ist, was Amerika ausmacht: eine Wirtschaft, die auf Kampagnen aufbaut. Es ist eine Industrie, die Methoden aus anderen Gebieten synthetisiert, integriert, handhabbar macht und sie für das jeweils vorliegende Anliegen verwendet.

Eines kann wohl mit Sicherheit gesagt werden: Die Kampagnen der Zukunft werden durch die neuesten technologischen Entwicklungen geprägt sein. Die Technologie, angefangen von den Massenmedien bis hin zu Social Networks, gibt den Kampagnenmanagern zunehmend die Möglichkeit, derart individuell zugeschnittene Botschaften zu verbreiten, dass der Konsument oder Wähler sich persönlich angesprochen und auserkoren fühlt. Das Motto lautet: Erreiche die Konsumenten an ihrem Wohnort und gestalte die Botschaft bedeutungsvoll und anwendbar.

Amerikaner tendieren dazu, extrovertiert zu sein. Es gibt kaum Zweifel daran, dass der amerikanische Unternehmergeist sowohl die Methoden als auch die Ergebnisse von Kampagnen über den derzeitigen Rahmen vorantreiben wird. Wir können nur hoffen, dass dabei weise Entscheidungen getroffen werden.

Literatur

Abroms, L. C./Maibach, E. W. (2008): »The effectiveness of mass communication to change public behavior«, in: Annual Review of Public Health 29, S. 219–234.

Castells, M. (2008): »The new public sphere: Global civil society, communication networks, and global governance«, in: The ANNALS of the American Academy of Political and Social Science, 616, S. 78–93.

Dutta-Bergman, M. J. (2005). Theory and practice in health communication campaigns. A critical interrogation. Health Communication, 18(2), 103–122.

Habermas, J. (1989): The structural transformation of the public sphere. Cambridge, UK.

Lewin, K. (1943): »Defining the ›field at a given time‹«, in: Psychological Review. 50, S. 292–310.

Lowery, S. A./DeFleur, M. L. (1995): Milestones in mass communication research. (3rd Ed.). White Plains, NY.

Ostling, R./Ostling, J. K. (2000): Mormon America: The Power and the promise. San Francisco.

Pace, M. L./Hampton, S. E./Limburg, K. E./Bennett, E. M., et al. (2010): Communicating with the public: opportunities and rewards for individual ecologists. Frontiers in Ecology and the Environment. 8, S. 292–298.

Paisley, W.J. (2001): »Public Communication Campaigns, the American Experience«, in: Rice, R. E./Atkin, C. K. (Eds.): Public Communication Campaigns, Thousand Oaks, S. 3–21.

Rodesiler, L. (2010): »Empowering students through critical media literacy: This means war«, in: The Clearing House, 83, S. 164–167.

Wiggins, G./McTighe, J. (2005): Understanding by design, 2nd Ed. Expanded. USA: Association for Supervision and Curriculum Development.

Quellen

Coffman, J. (2003): Lessons in evaluating communications campaigns: Five case studies. Harvard Family Research Project.
http://www.mediaevaluationproject.org/HFRP2.pdf (23.08.2010)

Facebook (2010): Press room. Facebook.
http://www.facebook.com/press/info.php?statistics (12.9.2010)

Gorman, S./Vascellaro, J. (2010): Google working with NSA to investigate cyber attack. Wall Street Journal. http://online.wsj.com/article/NA_WSJ_PUB:SB10001424052748704041504575044920905689954.html (12.9.2010)

Greene, K. (2008): Q&A Peter Novig. Technology Review.
http://www.technologyreview.com/web/19868/ (12.9.2010)

Jenkins, H. (2010): Google and the search for the future. Wall Street Journal. http://online.wsj.com/article/SB10001424052748704901104575423294099527212.html (12.9.2010)

Richtel, M. (2010): Digital devices deprive brain of needed downtime. New York Times. http://www.nytimes.com/2010/08/25/technology/25brain.html (12.9.2010)

Story, L. (2007): Anywhere the eye can see, it's likely to see an ad. New York Times. http://www.nytimes.com/2007/01/15/business/media/15everywhere.html (12.9.2010)

Strickland, A.W. (2006): ADDIE. Idaho State University College of Education Science, Math & Technology Education. http://ed.isu.edu/addie/index.html (15.08.2010)

10 Kampagnen in Religion und Politik

Wolfgang Kreuter

Kaum je schien die Kernkategorie der *Public Relations*, das öffentliche, messbare *Vertrauen* in Institutionen und Ideensysteme so sehr in Erosion begriffen wie heute. Von den massenmedial veröffentlichten *Meinungsbildnern* wird dieser *Vertrauensschwund* überwiegend mit wachsender Sorge betrachtet. Vielfältige Verdrossenheiten und der Verlust ehedem geltender Werte[1] scheinen das Gefüge der Wirtschafts-, Sozial- und Rechtsordnung langfristig stärker herauszufordern. Ein permanenter Wandel, durch die globale Öffnung von Märkten und Kulturen in alle Lebensbereiche der Gesellschaft hineinwirkend, ist zum Stressfaktor der Einzelnen und zum Bezugspunkt sozialer Auseinandersetzungen von vielen geworden.

Die Einzelnen nehmen sich als hilflos und verlassen wahr angesichts der Mächte, die anscheinend von niemandem mehr wirklich beherrscht werden, zumindest augenscheinlich nicht von jenen, die doch das Vertrauen der Gesellschaft in ihre eigene Führungs- und *Orientierungsfähigkeit* beständig für sich reklamieren, den Funktionseliten in Wirtschaft, Politik und Religion.

Bislang als mächtig angesehene Institutionen und Systeme durchleben *Vertrauenskrisen*, deren Ausmaße noch vor wenigen Jahren kaum jemand für möglich gehalten hätte. Der rasche öffentliche Zerfall der katholischen Moralinstanz durch Missbrauchsskandale und religiöse Sektierer, der plötzliche Abgrund, vor dem die Weltwirtschaft durch die Finanzkrise stand, der deutlich gebremste Fortschritt in eine chancengerechte Zukunftsgesellschaft des freien Austauschs und der freien Entfaltung aller durch die als soziokulturelle Zumutung empfundenen Probleme einer vornehmlich die Länder der westlichen Hemisphäre betreffenden und zunehmenden Migration – all dies verweist auf eine konfliktträchtige Veränderungsdynamik, die neue Herausforderungen an das Management der hier zugrunde liegenden Prozesse, insbesondere aber auch an die *Mobilisierung von Konsens* durch *Kommunikationsangebote* und -kampagnen der betroffenen Institutionen stellt.

Worin bestehen die *kommunikativen Herausforderungen*, denen sich hierbei insbesondere Religion und Politik als gesellschaftliche Leitsysteme[2] ausgesetzt sehen? Wie reagieren diese Systeme bereits jetzt darauf und wie werden sie künftig mit diesen Herausforderungen umgehen müssen? Wie können *Kommunikationskampa-*

Ausblick

gnen dazu beitragen, die für die Stabilität der Institutionen nötige *Legitimation* und das zugrunde liegende Vertrauen zu generieren?

Die Kommunikation der Religion. Wenn von Religion in Deutschland gesprochen wird, müssten die hier gelebten Weltreligionen in den Blick genommen werden: das Christentum in seinen drei wichtigsten Ausprägungen Katholizismus, Protestantismus und griechisch-orthodoxer Ritus, der Islam, das Judentum, der Buddhismus.

Allen diesen Religionen müsste eigen sein, dass sie an einer oftmals behaupteten Renaissance der Religion in den westlichen, hier: europäischen, Gesellschaften partizipieren. Jedoch scheint diese Renaissance eher eine publizistische denn eine wirkliche zu sein. Zwar gehen Untersuchungen von einer gleichbleibend hohen Religiosität aus. Stabil über 70 % der Deutschen z. B. erklären sich in Befragungen als hochreligiös oder religiös.[3] Selbst unter den dezidiert nicht religiösen Befragten glauben immerhin noch 12 % an die Existenz eines Gottes. Aber offenbar gibt es keinen Trend zur Ausweitung religiösen Lebens, und dort, wo Religiosität sich wieder aktualisiert, schlägt sich dies oft außerhalb der großen religiösen Institutionen nieder.[4] Man kann zunächst davon ausgehen, dass sich die Religionen in ihrem Geltungsanspruch, ihrer Bindekraft, ihrem weltlichen Aktionshorizont und damit ihren jeweiligen *kommunikativen Herausforderungen* erheblich unterscheiden. Während die traditionellen christlichen Religionen eher unter den Auswirkungen eines säkularen Trends[5] zu leiden haben und die Kirchenaustritte die Eintritte bzw. natürlichen Zugänge hier weit überwiegen, kann vermutet werden, dass z. B. der Islam nach wie vor eine weitgehend stabile Glaubensgemeinschaft darstellt. Der Buddhismus wiederum, aufgrund seiner Spiritualität zu einer religiösen Attitüde im *postmateriellen Milieu*, unter christlichen »Bildungsbürgern« sogar oft zu einer Zweitreligion geworden, dürfte wiederum eher als *Lebensstil-Phänomen* denn als spezifische Religiosität erfolgreich sein. Der als *Säkularisierung* bezeichnete soziokulturelle Prozess läuft also nicht auf eine automatische Entgottung der Welt hinaus, sondern hat durchaus unterschiedliche Verlaufsformen und Auswirkungen auf die jeweiligen Religionsgemeinschaften wie auch auf deren Einbettung in die gesellschaftliche Umwelt. Er kennt offenkundig sogar Phasen gegenläufiger religiöser Revitalisierung.

Jürgen Habermas hat, diese postsäkulare Entwicklung kommentierend, bereits in seiner Rede zur Verleihung des Friedenspreises des Deutschen Buchhandels 2001[6] eine bemerkenswerte Abkehr vom Säkularisierungstheorem der Moderne, der Erwartung einer religionslosen Zukunft, vollzogen, indem er feststellte, dass moderne Gesellschaften sich auf das Fortbestehen religiöser Gemeinschaften in einer sich fortwährend stärker säkularisierenden Umwelt einrichten müssen. Er insistierte dabei sogar darauf, dass religiöse Sinnsysteme eine wichtige vorpolitische Ressource für ein liberales Gemeinwesen darstellen. Da die Grenzen zwischen religiösen und säkularen Gründen ohnehin fließend seien, komme es darauf an, dass sich die jeweiligen Seiten semantisch zu lesen lernen, um das Ideal einer vielstimmigen, nicht diskriminierenden *Öffentlichkeit* zu leben.[7]

Diese postsäkulare Liberalität müsste gute Voraussetzungen für die kommunikative Anknüpfung und strategische Missionierung durch die vorhandenen Religionen darstellen. Doch offenkundig tun sich insbesondere die christlichen Kirchen mit der erfolgreichen *Konversion* der sinnsuchenden und potenziell religiös handlungsbereiten sozialen Milieus schwer. Den großen christlichen Kirchen kommen die Mitglieder sukzessive, phasenweise sogar galoppierend, in erheblichen Größenordnungen abhanden. Und fast scheint es, als ob es hier kein Halten gibt und neue Rekrutierungen nicht gelingen. Es ist zudem zu vermuten, dass sich auch die anderen Weltreligionen innerhalb der europäischen Gesellschaften nur in geringem Umfang trendgemäß verstärken.[8]

Sind institutionalisierte Religionen im (post)säkularen gesellschaftlichen Umfeld also überhaupt noch konversionsfähig, können sie neue, selbstbewusste Mitglieder rekrutieren und aktivieren?

Der Islam in der kommunikativen Moderne. Über eine *Konversionsfähigkeit* des Islam kann an dieser Stelle nur spekuliert werden. Zunächst muss vermutet werden, dass der Islam, betrachtet man die ihn hierzulande überwiegend konstituierenden Migrantenmilieus aus dem vorderasiatischen und arabischen Kulturraum, in erster Linie eine besondere soziale und kulturelle Schutzfunktion gegen die Zumutungen der postsäkularen Moderne darstellt, von der die gläubigen Muslime sich in vielfacher Hinsicht, ökonomisch wie soziokulturell, herausgefordert sehen müssen. Die Traditionalität und kulturelle Versicherung der religiösen Bindung sowie seine Gehorsamkeitspflicht machen den Islam allerdings über die eigene – natürliche – Anhängerschaft hinaus im postsäkularen öffentlichen Raum westlicher Gesellschaften auch kaum kampagnenfähig. Zu sehr belastet der vom gesellschaftlichen Umfeld vorgetragene Vorwurf einer besonderen Radikalität und Gewaltbereitschaft sowie das offenkundig patriarchal dominierte Frauenbild und Sexualitätsverständnis das öffentliche Vertrauen, zu wenig auch scheinen die verantwortlichen Vertreter des Islam selbst an einer missionierenden, religiös argumentierenden Kommunikation nach außen überhaupt interessiert zu sein.[9] Vielmehr beschränken sich die erkennbaren Kommunikationsanstrengungen in Richtung der nicht islamischen Öffentlichkeit auf klassische *Taktiken* wie den Aufbau von Verständnis mittels Tagen der offenen Tür in den Moscheen und anlassbezogene TV-Auftritte legitimierter Sprecher islamischer Verbände.

Mittelfristig scheint jedoch auch der Islam, möglicherweise gerade in den Zentren der Migration beginnend, in eine Situation zu geraten, bei der eine stärkere Kommunikations- und *Dialogfähigkeit* mit der Umwelt westlicher Gesellschaften auch innerhalb der muslimischen Gemeinden eingefordert werden könnte. Derzeit

Ausblick

überwiegt bei den Muslimen noch, so die Beobachtung islaminterner Kritiker, die Vorstellung einer *asymmetrischen Kommunikationssituation* mit dem säkularen Westen, von dessen als aggressiv und überlegen empfundener globaler Wirtschaftspolitik sowie seiner als dekadent bewerteten öffentlichen Moral man sich abzugrenzen bestrebt ist.[10] Bliebe diese Haltung, trotz vielfältiger auch *interreligiöser Dialogangebote*, bestehen, müsste der Islam in den westlichen Gesellschaften eine Projektionsfläche für wechselseitige Schuldzuweisungen hinsichtlich mangelnder Integration und Dialogfähigkeit bleiben. Wahrscheinlicher ist allerdings eine weitere, vorsichtige Modernisierung.

Die kommunikative Herausforderung, die den Islam als Religion in den westlichen Gesellschaften betrifft, könnte daher zunächst eine interne werden. Dies ist zumindest von zwei *Einflussebenen* her zu erwarten. Die Gespräche, die staatlicherseits derzeit in Deutschland im Rahmen der Deutsche Islam Konferenz (DIK) geführt werden, berühren mittlerweile eine ganze Reihe von Fragen der Integration in die bürgerliche Rechtsordnung, die auch dezidierte Veränderungen des innerislamischen Verständnisses zentraler *Moralkategorien,* wie z. B. jene des Geschlechterverhältnisses oder legitimer Gewalt, nach sich ziehen könnten.[11] Zum anderen gerät auch das islamische Kulturgefüge unter Anpassungsdruck durch die normativ-faktische Macht säkularisierender Verhältnisse. Je erfolgreicher sich eine soziokulturelle Integration muslimischer Migranten hinsichtlich der *Adaptation* bürgerlich-liberaler Wertmuster vollzieht, umso stärker dürften die tradierten *Rollen- und Verhaltensmuster* sowie der Gehorsamkeitsanspruch des Islam praktisch infrage gestellt werden. Es ist daher verständlich, dass es einen aus Selbsterhaltungswillen resultierenden innerislamischen Widerstand gegen eine säkular inspirierte Integrationserwartung der nicht islamischen westlichen Gesellschaften gibt, der allerdings in Zukunft eher in eine vorsichtige *edukative Kommunikation* innerhalb der islamischen Glaubensgemeinschaft selbst münden könnte, da die Muslime auf eine Adaptation relevanter *Wertmuster* der Mehrheitsgesellschaften eingestimmt werden müssen, um sozial erfolgreicher zu sein. Die Grenzen zwischen religiösen und säkularen Gründen scheinen zumindest angesichts westlicher Rechtsordnungen, die die Überwindung archaischer Rechts- und Moralvorstellungen implizit fordern, in der Beziehung des Islam als Religion und Lebensweise mit der westlichen Gesellschaft noch nicht so fließend zu sein, wie sich dies beim – von Habermas wahrscheinlich normativ beispielhaft vorgestellten – Christentum aufgrund seiner grundsätzlich mit dem bürgerlichen Rechtsgefüge konformen Ethik und Moral darstellt.[12]

Die Kampagnenfähigkeit der Christen. Die christlichen Kirchen sind hinsichtlich ihrer Kommunikationsfähigkeit auf Augenhöhe mit den methodologischen und strategischen Standards der modernen *Kommunikationsindustrie*. Mehr noch: Mit vielen ihrer Kommunikationskampagnen haben sie selbst Standards der *Aktivierung* gesetzt. Insbesondere die *Markenkraft* der Hilfswerke »Brot für die Welt« und »Caritas« zeugt von einem – über Jahrzehnte weitgehend gleichbleibenden – nachhaltigen Kommunikationserfolg des christlich geprägten Hilfekonzepts im öffentlichen Raum.[13] Grob kann man drei Arten von Kampagnen der christlichen Kirchen unterscheiden: funktionale, edukative und existenziale. Als *funktionale Kampagnen* sollen hier all jene verstanden werden, die auf Aktivierungen einer christlich motivierten Nächstenliebe ausgerichtet sind. Diese Kampagnen, zu denen insbesondere die der großen christlichen Hilfswerke zählen, aber auch jene, die zu bürgerschaftlichem Engagement im Rahmen der christlichen Hilfsorganisationen motivieren, funktionieren heute überwiegend als *integrierte Kommunikationsprogramme*, die *crossmedial* alle gängigen Instrumentierungen, von der klassischen *Above-the-line-Werbung* über die vielfältigen digitalen und nicht digitalen Methoden des *Dialogmarketings* bis zur redaktionellen *PR*, vereinen.

Jedoch scheinen diese Kampagnen zwar funktional erfolgreich zu sein, aber wenig zur *Markenpositionierung* ihrer jeweiligen Absender beizutragen[14].

Edukative Kampagnen zielen auf die Reaktivierung spezifischer christlicher Werte respektive auf die *Nachfragesteigerung* für seelsorgerische oder Beratungsangebote ab, die zum karitativen und sozialen Handlungsrahmen der christlichen Kirchen gehören, wie zum Beispiel die Schwangerenberatung der katholischen Kirche. Mit *existenzialer Kampagne* schließlich ist eine Kommunikation gemeint, die unmittelbar auf *Missionierung* oder Imagebildung zielt, also Menschen gewinnen will, um die Fortexistenz der Kirche und damit christlicher Kultur insgesamt zu sichern. Hier hinein fällt auch die *Werbung* um den Priesternachwuchs.

Insbesondere in dieser *existenzialen Kommunikation* stehen nun beide großen christlichen Kirchen vor teilweise dramatischen Herausforderungen, die katholische Kirche dabei offenbar noch mehr als die evangelische. Denn die Missbrauchsthematik hat ja nicht allein diese Kirche als Institution, sondern ihr wichtigstes personales Bindeglied, den Priester, in erheblichem Maße im Ansehen beschädigt. Es wird sicherlich noch einigen zeitlichen Abstand brauchen, um eine valide empirische Untersuchung über das tatsächliche Ausmaß dieser Schädigung zu realisieren. Unabhängig davon aber kann angesichts der Mechanismen massenmedialer *Skandalisierung* davon ausgegangen werden, dass ein öffentliches Misstrauen in die grundsätzliche Kompatibilität von Zölibat und integrer Lebensweise eines Menschen, der weitreichende Verantwortung für andere trägt, jederzeit reflexhaft gegen die Institution und den Priesterberuf insgesamt mobilisierbar bleibt. Damit aber scheint insbesondere die katholische Kirche in einer *strukturellen Defensive* gegenüber den *Meinungsmächten* der postsäkularen Welt und darin so lange erhöht angreifbar zu sein, wie eine nachprüfbare Risikominimierung sexueller Devianzen auch in der priesterlichen Ausbildung nicht erkennbar ist.[15]

Ausblick

Anker werfen in der Lebenswelt. Worin aber könnte ein neuer *Kommunikationsansatz* für die existenzialen Kampagnen insbesondere der christlichen Kirchen bestehen? Zunächst müsste hier die Erkenntnis reifen, dass die gegenwärtigen Verwerfungen eine Durchgangskrise darstellen, die in ein modernisiertes Verständnis religiöser Lebensweisen aufseiten der Kirchen, insbesondere der katholischen, münden muss. Diese hat, zumindest erscheint dies einer medial geprägten Öffentlichkeit so, zu sehr die Verteidigung *ritueller Muster* und theologischer Dogmen im Blick, als dass sie sich den wirklichen seelischen Herausforderungen der Menschen stellte. In der Lebenswelt sind z. B. die Pluralität und Diversität von Lebenspartnerschaften und damit einhergehende Veränderungen beim Verantwortungsbewusstsein und Partnerschaftsverhalten, die Patchworkfamilie mit der Verbindung unterschiedlicher Glaubensrichtungen und Lebensweisen längst – nicht nur im urbanen Raum – die Regel. Gerade in einer postsäkularen Umwelt, in der die Rationalisierung nicht zum automatischen Verschwinden der Religionen führt, sondern die Koexistenz und wechselseitige Befruchtung religiöser und säkularer Lebensweisen das vorherrschende Muster werden kann, werden die Kirchen daher auch um eine stärkere lebensweltliche Positionierung ringen müssen.

Sie werden gewissermaßen mit der in ihrem Markenkern enthaltenen Glücksbotschaft an die Lebenswelt der Menschen anknüpfen, ihre Kommunikation sinnlicher gestalten und dabei auch in einen Wettbewerb mit anderen Glück verheißenden Produkten treten müssen. Ohne dabei einer an bloßen *Marketingmechanismen* ausgerichteten Nivellierung von Religion als einem Produkt unter vielen das Wort zu reden, gibt es kein Zurück mehr hinter die Moderne, in der alles, auch die Religion, sich eindeutig positionieren muss, um im Wettbewerb um *Aufmerksamkeit*, *Interesse* und *Begehren* durchsetzungsfähig zu bleiben.

Hierbei wird es auch darum gehen, mit den eigenen Kommunikationskampagnen näher an die Menschen zu rücken, nicht allein im Sinne der Argumentation, sondern schlicht räumlich. Eine Kampagne muss dort spielen, wo die Menschen sind und ihre lebensweltlichen Bezüge haben, im lokalen Raum. »All communications are local« ist paradoxerweise eine zentrale Erkenntnis der *globalisierten Kommunikation* des digitalen Zeitalters. Aber sie gilt insbesondere für religiöse Brückenschläge. Gerade das Internet bietet jetzt bereits und in Zukunft immer bessere Möglichkeiten, die bekannten klassischen Medien der *Gemeindekommunikation* (Gemeindebriefe etc.) zu digitalisieren und darüber lokale religiöse *Communitys* anzusteuern, in ihnen Themen zu setzen, respektive neue, eigene *Communitys* in lokalen Räumen aufzubauen und mit Leben zu erfüllen. Es ist erkennbar, dass die Kirchen bereits viel tun, um diese *Medienplattform* zu nutzen, aber es ist kaum verifizierbar, ob hier derzeit mehr als *Präsenzerfolge* zu verzeichnen sind.

Der Kampf um den Priester. Die katholische Kirche steht bei *existenzialen Kampagnen* vor einer besonderen Herausforderung, insbesondere wenn man an die Werbung um den Priesternachwuchs denkt. Denn hier entscheidet sich wie an keiner anderen gegenwärtigen Schnittstelle zwischen Lebenswelt und christlichen Kirchen, ob eine Attraktivität individuellen religiösen Lebens vermittelbar ist und die Kirche bei spirituell bereiten Menschen wieder *konversionsfähig* wird.

Dabei könnte gerade die Singularität priesterlichen Lebens ein außergewöhnlicher *Attraktionsfaktor* sein, der durch *Kampagnen* überzeugend als bewegendes menschliches Abenteuer, existenzieller Reichtum und spirituelle Kraft dieser Berufung in einer frühen beruflichen Entscheidungsphase junger Menschen kommunizierbar wäre.[16]

Eine zum Priesterberuf einladende Kommunikation sollte daher gerade nicht mit gestellter Ästhetik werben, sondern die *Ästhetisierung* einer ausschließlichen Verpflichtung für den Dienst am Menschen betreiben. *Rekrutierungskampagnen* dieser Art müssten eine ähnliche, der öffentlichen Erwartungshaltung konträre Diktion wählen, wie sie einst Sir Ernest Shackleton mit seiner, offenbar nie wirklich geschalteten, aber hinsichtlich ihres *Wirkungsmythos* durch die Jahrzehnte geisternden Zeitungsanzeige für die *Werbung* von Mitwirkenden seiner

Antarktisexpedition gewählt haben soll. Der Zauber dieses Textes ist ungebrochen, weil er biblische Kraft hat. Er sei hier zitiert: »Männer für gefährliche Reise gesucht. Geringer Lohn, bittere Kälte, lange Monate kompletter Dunkelheit, ständige Gefahr, sichere Rückkehr ungewiss. Ehre und Anerkennung im Erfolgsfall.«[17]

Die Kommunikation der Politik

Auch in der *politischen Kommunikation* sind Sätze mit biblischer Kraft beliebt. Aber werden sie noch geglaubt? Und wenn ja, für wie lange? Der paradigmatische *Kampagnenslogan* »Yes, We can« des amerikanischen Präsidentschaftswahlkampfs ist schon wenige Monate später im Nichts-geht-mehr der härtesten Interessenkämpfe um die sinnfälligsten Reformen versandet respektive ironisch-*agitatorisch* paraphrasiert worden.

Es ist unübersehbar, dass der zielgerichtete *Lobbyismus* der aufgeklärten *politischen Kommunikation* des liberalen Gemeinwesens den Rang abzulaufen beginnt. Allenthalben wird der massive Zuwachs lobbyistischer Aktivitäten von kritischen Beobachtern der politischen Szene beklagt. Dabei wird das Bild von *Lobbyisten* allerdings oftmals verengt auf in sogenannten Hinterzimmern der Macht aktive *Einflüsterer*, denen man nur eine höhere Transparenz ihres Handelns abringen müsse, um sie demokratiewirksam in den Griff zu bekommen.[18] Vernachlässigt werden bei dieser Betrachtung drei strukturelle Zusammenhänge: Die öffentliche politische Kommunikation Regierender, in welcher Form sie immer daherkommen mag, ist überwiegend nicht wirksam hinsichtlich ihrer zugrunde liegenden *Intentionen*.[19] Eine stabile Mehrheit der Wähler in westlichen Gesellschaften glaubt, dass Politiker ihnen nicht das erzählen, was sie wirklich denken, sondern das, was ihnen zur nächsten Wahl Mehrheiten beschafft. Dieses strukturelle Misstrauen gegenüber Politik minimiert die grundsätzlichen Erfolgsmöglichkeiten von klassischen *Kommunikationskampagnen* beträchtlich, und es dürfte mittelfristig neue Formen des politischen Diskurses im öffentlichen Raum notwendig machen, die die eingefahrenen Rituale und Methoden politischer *Wahlkampagnen* sowie der *Legitimationskampagnen* zu politischen Entscheidungen ebenso überwinden wie die Rituale ihrer Berichterstattung in den Massenmedien.[20]

Das seit den späten 1980er-Jahren als *Politikverdrossenheit* bezeichnete Phänomen, ein nahezu ungebrochener Rückgang der politischen *Engagementbereitschaft*, ist in seinen mittelfristigen Auswirkungen auf die *politische Öffentlichkeit* zwar noch nicht hinreichend abschätzbar, allerdings liegt es auf der Hand, dass ein *Kampagnenmanagement*, wie es in den

USA – trotz der dort ebenso vorhandenen »political disenchantments« – möglich war, die Leistungsgrenzen der deutschen politischen Parteien, und wahrscheinlich auch vieler anderer europäischer, angesichts der mangelnden Ressource politisch motivierter Akteure sowie des unterschiedlichen *kulturellen Settings* bei Weitem überschreitet.[21]

Der moderne *Lobbyismus*, und zwar sowohl derjenige ökonomisch starker Interessenverbände als auch derjenige der NGOs, hat längst einen massenmedial wirksamen *Kampagnenarm* ausgebildet. Mit dessen Hilfe kann die Beschaffung von Zustimmung oder der Aufbau von Druckszenarien vor dem Hintergrund der oben beschriebenen strukturellen Schwäche des politischen Systems einerseits und des massenmedialen *Storyhungers* andererseits als Spiel über die Bande der *Öffentlichkeit* eher gelingen, als wenn lediglich lobbyistische Überzeugungsarbeit als *zwangloser Zwang des besseren Arguments* betrieben würde.[22]

Schädigt dies die Demokratie? Verletzt der Lobbyismus die Normen einer demokratieverpflichteten *politischen Kommunikation*, indem er sie instrumentell einsetzt, den *deliberativen Diskurs* über vitale Fragen der Politik für Klientelinteressen usurpiert, letztlich damit gar stranguliert? Wird der *öffentliche Raum* zum *Kampagnenfeld* für Einzelinteressen, in dem die verfassungsnormativ geforderte *Willensbildung* des Volkes über politische Parteien verloren geht?

Zweifellos gibt es im *Lobbyismus* ein deutliches Machtgefälle zwischen den ökonomisch stärkeren Akteuren, die daher über eine höhere Durchsetzungskraft sowohl im lobbyistischen Einsatz als auch bei einer Kampagnenführung im öffentlichen Raum verfügen, als dies etwa NGOs und soziale Verbände aufweisen. Allerdings kann von einer Okkupation demokratischer Prozesse so lange nicht gesprochen werden, solange die Regulative der Parteiendemokratie, der Judikative und der kritischen Medien funktionieren. Jedoch setzt das Funktionieren dieses Systems voraus, dass die *Trans-*

parenz des *Lobbyismus* massiv erhöht und im Zweifelsfall auch durchgesetzt wird. Nur dann, wenn dies erreicht ist, können die ökonomisch schwächeren politischen Marktteilnehmer ihren aus Ressourcenmangel resultierenden Wettbewerbsnachteil durch die stärkere mediale Unterstützung erfolgreich ausgleichen, die ihnen qua *David-/Goliath-Effekt* in zugespitzten Auseinandersetzungen zuwächst.

Die Politikbereitschaft in der Jugend. Eine weitere Beobachtung neueren Datums lässt Relativierungen des weiter oben skizzierten scheinbar ehernen Trends der Politikverdrossenheit zu und verweist auf Chancen einer Repolitisierung der Öffentlichkeit. Seit Kurzem können empirische Untersuchungen tatsächlich eine Revitalisierung des *politischen Interesses* und der *Aktionsbereitschaft* unter Jugendlichen in Deutschland feststellen. Dies hat die Shell-Studie 2010 ermittelt. Danach liegt das politische Interesse von Jugendlichen zwar weiter deutlich unter dem Niveau der 1970er- und 1980er-Jahre, aber die Zahl der politisch Interessierten hat sich bei den 12- bis 14-Jährigen aus mittleren und gehobenen Schichten in den letzten acht Jahren mehr als verdoppelt, bei den 15- bis 17-Jährigen stieg sie von 20 auf 33 %. Zwar ist das *Vertrauen* in Regierung, Kirche, große Unternehmen und Parteien weiterhin geringer als das in Polizei, Gerichte und NGOs, aber immerhin 77 % aller befragten Jugendlichen würden sich an Unterschriftenaktionen beteiligen und 44 % sind zu weitergehenden politischen *Willensbekundungen* bereit, wie der Teilnahme an Demonstrationen.[23]

Dieser Wiederbelebung politischer *Aktivitätsbereitschaft* unter Jugendlichen steht die weiterhin offenbar gering ausgeprägte Fähigkeit der politischen Parteien gegenüber, dieses möglicherweise neue soziale Potenzial in ein längerfristiges oder auch nur kampagnenbezogenes Engagement für politische Ziele einzubinden. Die *Konversionsfähigkeit* der politischen Parteien ist offenbar ebenso schwach ausgeprägt wie die der Religionsgemeinschaften.

Die Politiker als Follower. Was müssen die Parteien in ihrer *politischen Kommunikation* verändern, um Menschen besser zu erreichen und politische Willensbildung zu betreiben? Zunächst wird es darauf ankommen, die *Diskursfähigkeit* der Organisationen deutlich zu verbessern. Das ist zunächst eine Haltungsfrage. Nur wenn man *Willensbildungs- und Entscheidungsprozesse* offen hält für die Impulse der *heterogenen Öffentlichkeiten* und eine selbstbewusste Sensibilität für die Stimmungen über die eigene Klientel hinaus aufbaut, also schlicht *Lernbereitschaft* als Wert gleichberechtigt zum taktischen Verfahren stellt, wird eine neue *Diskursfähigkeit* innerorganisatorisch ausgeprägt werden können. In der organisatorischen Umsetzung liegt dann allerdings die weitaus größere Herausforderung für die politischen Akteure selbst, weil sie auch von den Modi der Berichterstattung der Massenmedien abhängt. Eine überwiegend auf *Output* getrimmte Politikmaschine und eine da-

Ausblick

mit nahezu wertesymbiotisch verschmolzene und zugleich auf *Personalisierung* und *Skandalisierung* ausgerichtete Medienmaschine werden auf Dauer den Reichtum der politischen Willensbildung, der sich über die neuen *sozialen Plattformen* organisieren und integrieren ließe, nicht mobilisieren können. Ein Mehr an *Diskursfähigkeit* würde also voraussetzen, neue *Kanäle* von den *Netzwerken* und *Communitys* im Internet zu den politischen Organisationen und Institutionen zu bauen und mit Leben zu erfüllen. Hier ist allerdings quer durch Europa erkennbar, dass die institutionalisierten Parteien derzeit eher, um in der Twitter-Sprache zu bleiben, *Follower* sind als Innovatoren.[24] Aber dies ist durchaus im Sinne der sozialen Gemeinschaften im Internet, denn Parteien als Leitwölfe und Orientierungsgrößen sind hier ebenso wenig erwünscht, wie überhaupt alle *Kolonialisierungsversuche*, gleich von welcher Seite, in diesen Kommunikationsplattformen auf harten Widerstand treffen.[25] Parteien, ebenso wie Regierungsinstitutionen, tun daher gut daran, diese Verhaltensmaßregeln ernst zu nehmen und sich im Internet und den sozialen Medien als Lernende und *Informationsgeber* zu bewegen. Erst dann wird auch die auf Informationen und Argumentationen gegründete dezidierte partei- und regierungspolitische Meinung in den *Diskursen* und *Threads* der Internetforen ihre Beachtung finden. Die Vorstellung einer linearen, parteieninduzierten politischen Willensbildung des Volkes also, wie sie dem Artikel 21 des Grundgesetzes zugrunde liegt, wird sich unter den Bedingungen der *Many-to-many-Kommunikation* und des *Community-Building*, die im Internet stattfinden, modifizieren müssen. Künftig werden die Parteien neben ihrer Rolle als *Programmgeber Follower* von Impulsen sein, was sie gerade nicht ihrer Rolle als *Willensbildungskatalysator* beraubt, sondern sehr viel stärker mit den Meinungsbildungen im nunmehr auch medial ungefilterten sozialen Raum verflechten kann. Wären damit die für eine wirksamere *Kampagnenführung* notwendige *Sensorik* und *Dialogfähigkeit* auf Parteienseite erreicht, so fehlen den in politische Aktionsfelder Einzuwerbenden allerdings weiterhin die wesentlichen Antriebsmomente, die erfolgreiche Kampagnen *leitmotivisch* bieten müssen – die Visionen einer besseren Welt. An visionärer Kraft hat die Politik allerdings, seit die Errichtung des Himmelreichs auf Erden selbst dem idealistischsten ihrer Vertreter als Ziel auf einige Zeit unrealistisch erscheinen muss, in den Jahrzehnten nach dem Ende des Kalten Krieges aus globalpolitischen und kulturellen Gründen erheblich eingebüßt. Sie ist noch deutlicher dem Bild vom Bohren dicker Bretter näher gekommen, das Max Weber schon früh von der Politik als Beruf zeichnete. Sie wird das *visionäre Defizit* auch in überschaubarer Zeit nicht ausgleichen können.

Für zukünftige Kampagnen, die politisch motivieren und aktivieren wollen, gilt daher dieselbe kommunikative Herausforderung wie bei den Kirchen: Je authentischer sich die Angebote dieser Institutionen mit der Lebenswelt ihrer Adressaten verbinden, je weniger dabei *Kolonialisierungsängste* ausgelöst, sondern nachvollziehbare Beiträge zu ihrer Verbesserung und dazu Wege der *Inklusion* und Mitwirkung geöffnet werden, umso eher wird sich cine *vitale Öffentlichkeit* mit zukunftsfähiger Funktionalität erhalten und ausbauen lassen.

Anmerkungen

1 Vgl. zur Differenzierung eines als reine Durchsetzung von *Selbstentfaltungswerten* interpretierten *Wertewandels*: http://www.bpb.de/publikationen/OFHC1R,2,0,Brauchen_wir_eine_Rückkehr_zu_traditionellen_Werten.html (18.09.2010).
2 Als Leitsysteme werden hier diejenigen gesellschaftlichen Subsysteme bezeichnet, die eine oder mehrere der *symbolisch generalisierten Kommunikationsmedien* nach R. Münch (Geld, Macht, Reputation, kulturelle Symbole, Werte) resp. N. Luhmann (Geld, Macht, Liebe, Kunst, Wahrheit) definieren, steuern und ausdifferenzieren. Demnach können Religion, Politik, Medien, Wirtschaft und Kultur als gesellschaftliche Leitsysteme begriffen werden, in denen die wesentlichen gesellschaftlich orientierenden und stabilisierenden Kommunikationsprozesse, aber auch deren Konflikte stattfinden. Vgl. zur Theorie *symbolisch generalisierter Kommunikationsmedien*: Münch 2003; Luhmann 1997.
3 Vgl. Bertelsmann Religionsmonitor 2008: http://www.bertelsmann-stiftung.de/cps/rde/xchg/bst/hs.xsl/nachrichten_84470.htm (18.09.2010).
4 Vgl. dazu den MDG-Trendmonitor 2010: http://www.mdg-online.de/uploads/media/Ausgew%C3%A4hlte_Ergebnisse.pdf (18.09.2010).
5 Zu Begriff und sozialer Realität einer *Säkularisierung* gibt es eine umfangreiche religionssoziologische Debatte. Derzeit überwiegt hier eher die Abkehr von einem als eurozentrisch und daher nicht als allgemeingültig betrachteten Säkularisierungstheorem (Davie 2007: 46–65).
6 Die Rede wurde nach dem 11. September 2001 gehalten und reflektiert auch die dadurch ausgelösten Verwerfungen: http://www.glasnost.de/docs01/011014habermas.html (18.09.2010).
7 Ebd.
8 Allerdings gibt es bislang zu Konvertitenzahlen keine umfassenden empirischen Erhebungen. Lediglich zu den Eintritten/Austritten der christlichen Kirchen und der jüdischen Kultusgemeinden sind verlässliche Zahlen verfügbar. Vgl. hierzu http://www.goethe.de/ges/phi/red/de3965227.htm (18.09.2010).
9 Gleichwohl sind hier – noch vereinzelt – modernisierende Versuche erkennbar. Zuletzt ist seitens des Generalsekretärs des Zentralrats der Muslime in Deutschland (ZMD), Aiman Mazyek, eine liberalere Einstellung zur Homosexualität aus einer konsequent religiösen innerislamischen Argumentation angemahnt worden. Der ZMD fordert nun konsequenterweise einen Diskriminierungsschutz für homosexuelle Menschen und hat damit möglicherweise nicht nur die Kultur der Mehrheitsgesellschaft im Blick.

Ausblick

10 Insbesondere der ägyptische Politikwissenschaftler Hamed Abdel-Samad, sicherlich noch ein solitärer innerislamischer Denker, hat auf die defensive Schwäche des modernen Islam hingewiesen und seine daraus resultierende mangelnde Reformfähigkeit kritisiert. Vgl. http://www.tagesspiegel.de/meinung/andere-meinung/der-untergang-des-morgenlandes/1928968.html (19.09.2010) sowie Abdel-Samad 2010.

11 Vgl. http://www.deutsche-islam-konferenz.de (28.10.2010)

12 Allerdings wird hier eine meta-rechtliche Geltung beansprucht, der erstaunlicherweise sogar das britische Parlament applaudierte, als Papst Benedikt XVI. in einer Rede in Westminster Hall darauf hinwies, dass die Demokratie sich nicht nur auf jene Moral verlassen könne, die sie sich selber im Wege des *deliberativen* Ausgleichs erschaffe. Vgl. Leithäuser, Johannes: Momente der Anerkennung, Frankfurter Allgemeine Zeitung, 20.09.2010, Seite 1.

13 Obwohl man gegenwärtig einen Rückgang der Spendenbereitschaft bei einigen Spendenkampagnen beobachten kann, ist die karitative Einstellung in der Bevölkerung seit Jahrzehnten ungebrochen. Ihre Aktivierung ist daher auch weiterhin eine eminente kommunikative Herausforderung an die kreative Modernisierung von Kampagnen. Vgl. dazu den Spendenmonitor von tns infratest, http://www.tns-infratest.com/branchen_und_maerkte/socialmarketing.asp (28.10.2010).

14 Möglicherweise ist ein wesentlicher Grund für die geringe *Positionierungsleistung* funktionaler Kampagnen, dass die meisten Menschen zwar beim Spenden in eine Beziehung zu einer Organisation treten, nicht aber selbst Empfänger von Leistungen dieser Organisation sind. Vgl. dazu http://www.caritas-nrw.de/wai1/showcontent.asp?ThemaID=639 (27.09.2010).

15 Der Verfasser verdankt die Erkenntnis einer gegenwärtig eingeschränkten existenzialen *Kampagnenfähigkeit* der katholischen Kirche einem Expertengespräch mit Matthias Kopp, Pressesprecher der Deutschen Bischofskonferenz, vom 13.09.2010.

16 *Authentizität* zählt jedoch: Eine aktuelle Kampagne der katholischen Kirche in Frankreich arbeitet mit echten Aussagen von Priestern, die aber von Models gesprochen werden, um eine künstliche Attraktivität zu erzeugen. Vgl. http://www.kath.net/detail.php?id=26490 (28.10.2010).

17 Shackleton, Ernest, zitiert nach Watkins, Julian Lewis (1993): The 100 Greatest Advertisements 1852–1958. Who wrote them and what they did, Dover Publications Inc., S. 1.

18 So zum Beispiel der überwiegende Tenor in: Leif/Speth 2006.

19 Zuletzt hat dies schlaglichtartig der Fall um Thilo Sarrazin gezeigt, bei dem offenkundig über Wochen die sogenannte politische Klasse – nahezu geschlossen – intentional eine Kommunikation des herrschenden Werte- und Bewertungs-

[20] gefüges verfolgte, eine vermutete Mehrheit des Wahlvolkes quer durch alle Parteien sich demgegenüber jedoch widerständig bis vollkommen ablehnend zeigte.

[20] Die mittlerweile zum Paradigma verklärte Kampagne des amerikanischen Präsidentschaftskandidaten Barack Obama relativiert diese Aussage nur bedingt. Ihr Erfolg ist der Spezifik des US-amerikanischen politischen Systems und der *Inszenierungskompetenzen* seiner *Akteure* geschuldet, die sich nicht bruchlos unter europäischen Verhältnissen reproduzieren lassen. Zumindest hier scheint also der viel beschriebenen Amerikanisierung der politischen Kommunikation eine adaptive Grenze gesetzt. Zum Begriff der Amerikanisierung: Wenzel 1998.

[21] Die mittlerweile legendäre Kampagne der SPD zum Bundestagswahlkampf 1998 besteht zwar in ihrer Konzeption fort, aber sie hat längst ihre ursprüngliche visionäre Bedeutung und erkennbar auch ihre Erfolgsfähigkeit eingebüßt. Es bleibt abzuwarten, ob eine Revitalisierung in kommenden Wahlkämpfen erfolgt.

[22] Die paraphrasierende Einbindung des Kernverständnisses *kommunikativen Handelns* nach Habermas ist hier zwar ironisch gemeint, soll aber auch auf die Schwierigkeit verweisen, eine distinkte Unterscheidung kommunikativen und strategischen Handelns gerade im Lobbyismus vorzunehmen. Strategisches und kommunikatives, *outcome-getriebenes* und *verständigungsorientiertes Handeln* scheinen hier eng verknüpft.

[23] Vgl. die entsprechende Pressemitteilung der Shell-Stiftung: http://www.shell.de/home/content/deu/aboutshell/media_centre/news_and_media_releases/2010/youth_study_2010.html (28.09.2010).

[24] Dies belegt bereits der Augenschein, aber auch entsprechende Untersuchungen aus Großbritannien. Vgl. http://www.netzpolitik.org/2010/politische-parteien-sind-digitale-follower-und-nicht-leaders/ (29.09.2010).

[25] Diese Erfahrung musste – erstaunlicherweise offenbar unvorbereitet – das Unternehmen Vodafone mit seiner Generation Upload-Kampagne machen. Aber auch die im Internet vorhandene Differenz von Meinungsführern und Masse ist sichtbar geworden: Trotz ihrer katastrophalen Niederlage im *Social Web* wurde die Kampagne zum Erfolg beim *Outcome*.

Literatur

Abdel-Samad, Hamed (2010): Der Untergang der islamischen Welt. Eine Prognose, München.
Bertelsmann Stiftung (2008): Religionsmonitor, Gütersloh.
Davie, Grace (2007): The sociology of religion, London.
Medien Dienstleistungs GmbH (MDG) (2010): MDG-Trendmonitor. Religiöse Kommunikation 2010, München.

Leif, Thomas/Speth, Rudolf (Hrsg.) (2006): Die fünfte Gewalt. Lobbyismus in Deutschland, Wiesbaden.
Luhmann, Niklas (1997): Die Gesellschaft der Gesellschaft (2 Bd.), Frankfurt a. M.
Münch, Richard (2003): Soziologische Theorie (3 Bd.), Frankfurt a. M.
Wenzel, Harald (1998): Die Amerikanisierung des Medienalltags. Frankfurt a. M.

Quellen
Internet
http://www.netzpolitik.org/2010/politische-parteien-sind-digitale-follower-und-nicht-leaders/
http://www.shell.de/home/content/deu/aboutshell/media_centre/news_and_media_releases/2010/youth_study_2010.html
http://www.kath.net/detail.php?id=26490
http://www.caritas-nrw.de/wai1/showcontent.asp?ThemaID=639
http://www.tns-infratest.com/branchen_und_maerkte/socialmarketing.asp
http://www.deutsche-islam-konferenz.de
http://www.tagesspiegel.de/meinung/andere-meinung/der-untergang-des-morgenlandes/1928968.htm
http://www.goethe.de/ges/phi/red/de3965227.htm
http://www.glasnost.de/docs01/011014habermas.html
http://www.mdg-online.de/uploads/media/Ausgew%C3%A4hlte_Ergebnisse.pdf
http://www.bertelsmann-stiftung.de/cps/rde/xchg/bst/hs.xsl/nachrichten_84470.htm
http://www.bpb.de/publikationen/OFHC1R,2,0,Brauchen_wir_eine_Rückkehr_zu_traditionellen_Werten.html

Zeitungen
Leithäuser, Johannes: Momente der Anerkennung, Frankfurter Allgemeine Zeitung, 20.09.2010, S. 1

Interviews
Interview mit Matthias Kopp, Pressesprecher der deutschen Bischofskonferenz, 13.09.2010, undokumentiert

11 PR-Kampagnen und ihre gesellschaftspolitische Relevanz

Thomas Döbler und Anna-Maria Wahl

Einleitung

Kampagnen, oftmals als die höchste Form der Öffentlichkeitsarbeit definiert, sind Teil der Public Relations von Organisationen und kommen üblicherweise zum Einsatz, wenn die »Alltags-PR« nicht mehr ausreicht, um spezifische Botschaften zu transportieren. Für Gewerkschaften und Parteien ebenso wie Non-Profit-Organisationen oder NGOs bilden Kampagnen oft das einzige oder zumindest wichtigste kommunikative Instrument, um das eigene Anliegen einer breiteren Bevölkerung bzw. den für sie relevanten gesellschaftlichen Gruppen überhaupt deutlich machen zu können. Daneben finden sich in Deutschland vor allem Kampagnen mit klar definierten gesellschaftspolitischen Anspruch und Zielsetzung, etwa zur Mobilisierung für Impfungen, zur Gesundheitsvorsorge, zur Beeinflussung des Ernährungs- oder Verkehrsverhaltens. In den vergangenen Jahren haben vermehrt auch Unternehmen sogenannte Sozialkampagnen (z. B. »Kellogg's macht Schule« oder »Schulen ans Netz« der Telekom), insbesondere um das Unternehmensimage zu verbessern, für sich entdeckt, wobei typisch hierfür ist, dass versucht wird, ein Gemeinwohlbezug herzustellen. Sehr populär und kontrovers diskutiert wurde die von führenden Werbeagenturen durchgeführte Kampagne »Du bist Deutschland«, die das vorgegebene Ziel verfolgte, die unterstellte schlechte Stimmung in Deutschland zu verbessern.

In Anlehnung an das in diesem Band zugrunde gelegte Verständnis von Kampagnen als »dramaturgisch angelegte und zeitlich geschlossene Kommunikationsprozesse, die durch eine gemeinsame Idee zu einem bestimmten Ziel beitragen, indem sie […] Resonanz in mindestens definierten Teilöffentlichkeiten« (vgl. in diesem Band Lies, »Definitionen und Merkmale von PR-Kampagnen«, S. 20) herbeiführen und bewirken, soll in diesem Beitrag die Relevanz von Kampagnen für die Gesamtgesellschaft oder für gesellschaftliche Teilgruppen im Mittelpunkt stehen.

Diese Relevanz von Kampagnen wird immer dann besonders augenscheinlich, wenn politisch und gesellschaftspolitisch, aber auch ökonomisch motivierte Vorhaben auf fehlende Akzeptanz bis hin zum Widerstand in Teilen der Bevölkerung führen. Im Jahr 2010 stehen mit »Stuttgart 21«, Münchens Olympiabewerbung oder der Hamburger Schulreform vor allem einzelne Großprojekte für eine verfehlte oder auch fehlende Kampagne seitens der Initiatoren im öffentlichen Fokus, aber auch die vielen kleineren »Widerständigkeiten«, sei es gegen Stromleitungen, Sendemasten oder Straßenbauten belegen die Sinnhaftigkeit, ja die Notwendigkeit von durchdachten und zielgruppenadäquaten Kampagnen, die die relevante gesellschaftliche Teilgruppierung nicht nur umfassend über das Vorhaben informieren, sondern diese auch im Kommunikationsprozess inhaltlich einbindet und berücksichtigt.

Interessant ist, dass die einzelnen Gesellschaftsmitglieder (Individuen), wenn sie sich als Bürger, als Arbeitnehmer oder gelegentlich auch als Verbraucher mit anderen Gesellschaftsmitgliedern in einer Interessengruppierung, etwa in einer Bürgerinitiative, zusammenfinden, um für oder gegen politische, gesellschafts- und sozialpolitische Entscheidungen aktiv einzutreten, dies oftmals selbst in einer kampagnenorientierten Weise unternehmen. Auch um solche Gegenkampagnen mit ihren mitunter kaum zu kalkulierenden Eigendynamiken und ihrer öffentlichen Wirkung zu vermeiden, ist eine systematische und frühzeitige Einbindung der gesellschaftlichen Zielgruppen in die eigene PR-Kampagne notwendig.

Gesellschaftspolitische Bedeutung von Kampagnen

In der Gesellschaft vollzieht sich schon seit Jahrzehnten ein Wandel, der die Beziehung des Einzelnen wie auch der Gesellschaft als Ganzes zu den politischen, gesellschaftspolitischen und wirtschaftlichen Institutionen und Organisationen sowie die Ansprüche an diese verändert (vgl. auch Zühlsdorf 2002). Ohne auf die multikausalen Ursachen dieses Wandels an dieser Stelle eingehen zu können, kann doch konstatiert werden, dass auf der einen Seite etwa die Beteiligung an Wahlen für die Landes-, Bundes- oder Europaparlamente seit Jahren eher sinkt; dieses oft als zunehmende Politikverdrossenheit beklagte Verhalten des Wahlbürgers kontrastiert jedoch auf der anderen Seite mit einer unveränderten oder sogar zunehmenden Beteiligung an Bürgerinitiativen und Zunahme von Bürgerengagement, was letztlich zeigt, dass die gesellschaftlichen Gruppierungen durchaus bereit und willens sind, auch gesellschaftliche Verantwortung zu übernehmen – zumindest dort, wo es wichtig und bedeutsam für deren eigenes Lebensumfeld scheint.

Verkürzt könnte man formulieren, dass die gesellschaftlichen Institutionen sowie die öffentlichen wie auch privaten Organisationen, wollen sie auch in Zukunft politisch und gesellschaftspolitisch handlungsfähig bleiben und wollen sie vermeiden, dass die Gesellschaft in Interessengruppierungen zerfällt, die Bürger konsequenter als in der Vergangenheit in ihre Entscheidungen einzubeziehen haben. Das bedeutet für die von ihnen geführten Kampagnen zur Durchsetzung von gesellschaftsrelevanten und (sozial)politischen Maßnahmen und Initiativen, Formen der Umsetzung und Kommunikation zu finden, die die Bürger nicht als Empfänger einseitig gesetzter Entscheidungen verstehen.

Dies ist grundsätzlich keine sonderlich neue oder originelle Erkenntnis, denn bereits in den 1980er-Jahren wurde unter dem Schlagwort »gesellschaftsorientiertes Marketing« von Raffée und Wiedmann ein Konzept für den privatwirtschaftlich agierenden Bereich des Wirtschaftssystems entwickelt, welches eine verstärkte Partizipation von Konsumenten und Verbrauchern beinhaltete. Diese neue Marketingsichtweise blieb zwar nie unumstritten, konnte aber sowohl in der unternehmerischen Praxis als auch in der wissenschaftlichen Debatte mehr als nur marginale Anerkennung gewinnen. In der Weiterentwicklung klassischer Marketingkonzepte zu einem gesellschaftsorientierten Marketing drückte sich die Erkenntnis aus, »dass über wirtschaftliche Existenz und ökonomischen Erfolg nicht nur auf den Absatz- und Beschaffungsmärkten entschieden wird, sondern zunehmend auch das gesellschaftspolitische Umfeld von Unternehmen an Relevanz gewinnt«. Die Vertreter dieses Ansatzes sahen in der Folge des diagnostizierten gesellschaftlichen Wertewandels (vgl. z. B. Inglehart 1977) zunehmende Partizipationsansprüche von Mitarbeitern (vgl. hierzu auch Macharzina/Wolf/Döbler 1993) und Konsumenten gegenüber den Unternehmen. Sie schlussfolgerten daraus u. a., dass auch Wirtschaftsorganisationen in ihrem ökonomischen Treiben gezielt ökologisches und soziales Bewusstsein an den Tag zu legen haben. Unternehmen werden in dieser Sichtweise zu »quasi-öffentlichen Einrichtungen«, für die die Legitimation des ökonomischen Handelns gegenüber gesellschaftlichen Gruppen – mit durchaus konfliktären und konkurrierenden Ansprüchen – zunehmend wichtiger, ja erfolgsrelevanter werden.

Das Konzept des gesellschaftsorientierten Marketings wird stark geprägt durch die Leitidee der sozialen Verantwortung und einer proaktiven Chancengleichheit, die auch eine neue und erweiterte Umweltperspektive beinhaltet. Diese Sichtweise hatte auch Konsequenzen in Bezug auf die PR-Arbeit in Unternehmen, indem sie die PR gegenüber klassischen Marketingkonzepten aufwertete und als Bestandteil der Unternehmensführung integrierte. Begrifflich wird diese damalige Neuauffassung von PR von Raffée und Wiedmann mit dem Begriff »Public Marketing« umschrieben, womit deutlich gemacht werden sollte, dass »Public Relations« und »Marketing« synthetisiert werden.

Auch wenn das Konzept des gesellschaftsorientierten Marketings sich weder in Wissenschaft noch Praxis nachhaltig und in der Breite etablieren konnte, hat es doch dazu beigetragen, dem gesellschaftspolitischen Aspekt erwerbswirtschaftlichen Handelns mehr Aufmerksamkeit zu schenken, womit letztlich auch Public Relations als Funktion, die die Beziehungen des Unternehmens zur Umwelt und insbesondere zu den für das Unternehmen relevanten Bezugsgruppen ein neues Gewicht bekam. Dies spiegelt sich nicht zuletzt in den organisationstheoretisch angelegten Ansätzen wider, von denen das sogenannte »Vier-Typen-Modell« von Grunig und Hunt Mitte der 1980er-Jahre international die größte Aufmerksamkeit erfahren hat. In diesen Modellen, die primär theoretisch typologisiert wurden, werden die Kommuni-

Ausblick

kationsbeziehungen von Organisationen zu relevanten Bezugsgruppen analytisch in Bezug auf ihre Kommunikationsrichtungen (Einweg- oder Zweiwegkommunikation) sowie im Hinblick auf ihre intendierten kommunikativen Wirkungen (symmetrisch oder asymmetrisch) unterschieden (vgl. nachfolgende Abbildung).

Charakteristik	Publicity	Informations-tätigkeit	asymmetrische Kommunikation	symmetrische Kommunikation
Zweck	Propaganda	Verbreiten von Informationen	Überzeugen auf der Basis wissenschaftlicher Erkenntnis	wechselseitiges Verständnis
Art der Kommunikation	Einweg; vollständige Wahrheit nicht wesentlich	Einweg; Wahrheit ist wesentlich	Zweiweg; un-ausgewogene Wirkungen	Zweiweg; ausgewogene Wirkungen
Kommunikationsmodell	Sender → Empfänger	Sender → Empfänger	Sender ↔ Empfänger	Gruppe ↔ Gruppe
Anwendungsfelder (1984)	Sport, Theater, Verkaufsförderung	Behörden; Non-Profit-Organisationen; Verbände; Unternehmen	freie Wirtschaft	gesellschaftsorientierte Unternehmen; Agenturen

Vier-Typen-Modell von Grunig und Hunt (1984)
Quelle: Grunig und Hunt 1984, in Anlehnung an Dees und Döbler 1997: 26 (eigene Darstellung)

Für die Analyse und Bewertung von PR-Kampagnen hinsichtlich ihrer gesellschaftsbezogenen Wirkungen und deren Akzeptanz liefern diese von Grunig und Hunt mittlerweile zwar teils revidierten, teils weiterentwickelten Modelle weiterhin eine interessante und hilfreiche Heuristik: Insbesondere das vierte Modell, das eine symmetrische, gleichgerichtete Kommunikation zwischen Partnern, also den konsequenten Dialog zwischen Organisationen und ihren Teilöffentlichkeiten erwartet, kann als Idealtypus für gesellschaftlich relevante, ja unter dem Aspekt gesellschaftlicher Akzeptanz und Wirkung erfolgreiche PR-Kampagnen herangezogen werden. In diesem Modell sollen Organisationen auf die Vorstellungen ihrer Anspruchsgruppen aktiv eingehen, denn erst der wechselseitige Austausch zwischen gesellschaftlichen Zielgruppen, oder im Verständnis dieses Modells wohl besser zwischen Publikum und Organisation, führt zu Legitimation, Sozialverantwortung und der in den meisten Kampagnen propagierten Gemeinwohlorientierung.

Ziel, aber gleichzeitig auch die zentrale praktische Herausforderung ist es, jeweils mithilfe verschiedener Konfliktlösungsstrategien und Kommunikationskampagnen (argumentativer personaler und massenmedialer Art) solche Lösungen zu erreichen, in denen die Akteure, also z. B. die Initiatoren und die Betroffenen von spezifischen Vorhaben als »kooperative Antagonisten« sich jeweils wiederfinden können. Insofern bedient das Modell symmetrischer Kommunikation zunächst auch keine Ideologie der Interessenfreiheit, sondern akzeptiert – zumindest theoretisch – durchaus unterschiedliche, ja auch gegensätzliche Interessen.

Die These ist hier, dass die im Jahr 2010 so »überraschend« und gehäuft auftretenden Widerstände gegen politische, gesellschaftspolitische und ökonomische Projekte, wie z. B. »Stuttgart 21«, Hamburger Schulreform oder die Münchner Olympiabewerbung, durch offene, an einem symmetrischen Leitbild orientierte PR-Kampagnen signifikant gemildert verlaufen wären, ja, dass manche Konfrontation womöglich gänzlich hätte vermieden werden können, wenn insbesondere die frühen Kampagnen zu diesen Vorhaben weniger persuasiv, dafür stärker argumentativ und unter offenem und aktiven Aufgreifen der kritischen Meinungen und widerstreitenden Interessen durchgeführt worden wären.

Aber nicht nur zur größeren Akzeptanz stark konfliktträchtiger Entscheidungen bedarf es PR-Kampagnen, die auf Austausch und wechselseitiges Verständnis setzen, sondern auch bei allen anderen Kampagnen, bei denen die Interessenlagen überwiegend neutral oder nur diffus sind – und das ist der bei weitem größere Teil von PR-Kampagnen. Hier handelt es sich um Kampagnen, bei denen im Vordergrund eine Änderung der Einstellung oder stärker noch des Verhaltens in der Gesellschaft oder bei gesellschaftlichen Gruppen erreicht werden soll (Impfungen, Ernährungs-, Verkehrs- und Sexualverhalten etc.).

Nachfolgend sollen drei prominente Kampagnen der letzten Jahre, in denen es um Einstellungs- und Verhaltensänderungen geht, auf ihre gesellschaftliche Wirksamkeit unter dem Aspekt der Kommunikationsform mehr kursorisch als systematisch bewertet werden.

Kampagnenbeispiele

»Du bist Deutschland«. Am 30. Dezember 2003 rief der damalige Bundeskanzler Gerhard Schröder das Jahr 2004 zum »Jahr der Innovationen« aus. Kurz darauf entstand die »Initiative Partner für Innovationen« (vgl. http://www.innovationen-fuer-deutschland.de). Diese Initiative setzte sich zum Ziel, eine neue Innovationskultur zu schaffen. Hintergrund waren Umfrageergebnisse, nach denen rund zwei Drittel der bundesdeutschen Bevölkerung das Gefühl hatten, keinen Einfluss auf den eigenen Lebenserfolg zu haben. Eine solche Sichtweise, zumal in dieser Breite, so wurde unterstellt, führe zu Pessimismus, überhöhtem Risikodenken und lähme die Umsetzung von Ideen. Dies war der Ausgangspunkt für die Kampagne: »Du bist Deutschland«.

Explizites Ziel der Kampagne war es, eine Bewusstseins- und Verhaltensänderung in der Gesellschaft hervorzurufen und »motivierend« zu wirken: Der Staat – mit Unterstützung der Wirtschaft – wollte mittels dieser Kampagne dem diagnostizierten Pessimismus in großen Teilen der Bevölkerung entgegenwirken, die Bürger positiver, zukunftsfroher, optimistischer stimmen und damit letztlich auch die Wirtschaft über eine dann so erwirkte vermehrte Eigeninitiative der Bürger, über den Mut zu Existenzgründungen ankurbeln.

Im Mittelpunkt der Kampagne, die am 26. September 2005 – nun schon unter der Regierung Merkel – startete, sollte eine Bewusstseins»steuerung« stehen. Die Kampagne setzte dabei vor allem auf die Themen Eigeninitiative, Selbstvertrauen und Leistungsfähigkeit, womit das mittelbare Ziel dahinter, nämlich eine Unterstützung der Wirtschaft, mit dieser Themensetzung auch überdeutlich wird. Die Zielgruppe waren neben allen Bundesbürgern, die als Individuen angesprochen werden sollten, auch Unternehmen, Initiativen, Verbände und Organisationen (vgl. Szyszka 2007).

Neben den einseitig kommunizierenden Kampagnenelementen wie TV- und Kinospots und Printanzeigen gab es eine Website, die mit Galerien, Initiativ-Datenbanken, Downloadbereich und Feedback-Möglichkeiten integrierend wirken sollte. Zum Kampagnenende wurden 1.200 Beiträge privater Personen gezählt (vgl. u. a. zur Kampagne Cords/Hoffjann/Schüttler 2006: 287 ff). Neben Kommentaren, in denen die Personen ihre positiven oder negativen Meinungen äußern und veröffentlichen konnten, wurde auch die Fotocommunity Flickr.com intensiv genutzt, auf der eigene Motive hochgeladen werden konnten. Oftmals konterkarierten die dort hochgeladenen Bilder und vor allem deren textliche Aussage jedoch die Kampagnenaussage, wie das nachfolgende Beispiel exemplarisch belegt:

> »Du bist ein Staubkorn. Du denkst, den Leitfiguren unseres Staates würden Deine Sorgen kümmern? Du denkst, es würde den meisten Politikern um etwas anderes gehen als ihnen selbst? Du denkst, das [!] Politiker mit der Verantwortung für die Stimme, die Du ihnen gegeben hast, umzugehen wissen? Dann denkst Du noch mal nach. Denn Du bist nur ein Staubkorn in ihrem Universum. Du bist Deutschland.« (Moellenkamp 2005: o.S.)

Es zeigte sich, dass die Kampagne zwar tatsächlich viel Beachtung fand und in der Öffentlichkeit diskutiert wurde, jedoch sich auch zunehmend kritische Stimmen zu dieser Kampagne und ihren Zielen mehrten. Persiflierendes, satirisches oder auch nur »blödelnd unterhaltendes« Aufgreifen überlagerte und vermischte sich mit der originären Kampagne: So kreierte etwa Stefan Raab einen eigenen »Du bist

Deutschland«-Spot, der durchaus einen erheblichen Beitrag zur Popularität der ursprünglichen Kampagne beitrug; allerdings veränderte er die Aussage der Originalkampagne: Statt Mut zu machen und die schönen und erfolgreichen Seiten Deutschlands aufzuzeigen, zeigte er Szenen, in denen neben der sich versprechenden deutschen Bundeskanzlerin Talkshowgäste gezeigt wurden, die entweder durch Aggressivität oder durch schlechte Ausdrucksweise auffielen. Durch solche und weitere Aktionen rückte die »Du bist Deutschland«-Kampagne und deren Umsetzung mehr und mehr in die Nähe der Comedy.

Zwar wurde von den Kampagnenmachern versucht, in einen direkten und somit auch steuerbaren Dialog mit der Öffentlichkeit zu treten – etwa mit Pressekonferenzen, Interviews, Talkshows und Hörfunkbeiträgen oder auch dem zentralen Kampagnenbüro, welches für die Fragen von Bürgern, Journalisten und Unternehmen zur Verfügung stand (vgl. Hartenstein 2007: 59 ff.); ebenso sollte der gemischte Einsatz von Prominenten und dem sogenannte »Mann auf der Straße« in den TV-Spots »viele Menschen« mit »sehr vielen Menschen« ins Gespräch bringen, doch die bereits eingesetzte »Gegenbewegung«, die von kritisch ironisierender bis hin zu plumper Blödelei reichte, höhlte die Zielsetzungen der Kampagne zunehmend aus. Eine ernsthafte Auseinandersetzung mit den Botschaften der Kampagne wurde in der teils seichten, teils aber auch intellektuell anspruchsvollen Unterhaltung aufgerieben. Die beabsichtigte Wirkung der Kampagne blieb aus.

Bei der Analyse der Kampagne von »Du bist Deutschland« nach den Modellen von Grunig und Hunt wird deutlich, dass hier primär eine asymmetrische Kommunikation erfolgt ist, auch wenn versucht wurde, die heterogenen Argumente und Sichtweisen der Zielgruppe (also der Bevölkerung) in die eigene Kampagne aufzunehmen und damit der symmetrischen Kommunikation Rechnung zu tragen. Allerdings konnten die Bemühungen nicht verhindern, dass rasch eine stark unterhaltende und bespöttelnde Auseinandersetzung mit der Kampagne einsetzte. Die primäre Zielsetzung der Kampagne war die Menschen zu mehr Eigeninitiative, Selbstvertrauen und Leistungsfähigkeit zu »überzeugen« – und so kam es auch bei der Zielgruppe an. Dabei ging man von Befragungsergebnissen aus, die bei den Deutschen eine verbreitete Atmosphäre der Angst und Verzagtheit feststellten. Dass eine so grundlegende Einstellungsänderung, wie mit der »Du bist Deutschland«-Kampagne beabsichtigt – sofern diese denn überhaupt notwendig war und ist –, nicht ohne systematischen Einbezug der Zielgruppe, deren Bedürfnisse, Lebenssituationen und -verhältnisse erfolgen kann, scheint auf der Hand zu liegen. Wenn es sich wie in diesem Fall um die Gesamtbevölkerung als Zielgruppe handelt, bei der die subjektiven und objektiven Lebensziele und -bedingungen derartig heterogen und vielfältig sind, scheint die Annahme einer gesellschaftlich bedeutsamen Erfolgswirksamkeit einer solchen Kampagne fast naiv. Die im besten Fall oberlehrerhaft wirkende Bevormundung, vor allem aber das Verfehlen einer Nähe zum Lebensalltag der Menschen, die auch nicht durch ein paar Prominenten- oder auch Alltagstestimonials hergestellt werden konnte, sind letztlich ursächlich für die weitgehende Wirkungslosigkeit der Kampagne bezüglich der gesetzten Zielsetzungen.

Unbestritten ist, dass die Kampagne eine große Reichweite und eine hohe Popularität erzielen konnte und dass sie auch in den Medien selbst ein hohes Echo auslöste – allerdings auch deshalb, weil die die Kampagne unterstützenden Medienunternehmen und Agenturen ein starkes Eigeninteresse an der Thematisierung der Kampagne hatten und dies auch konsequent zur Eigenwerbung nutzten (vgl. z. B. Stein 2005). Selbst die in der Kampagne auftretenden prominenten Persönlichkeiten konnten diese Auftritte oft stärker für eine Eigenwerbung nutzen als für die Ziele der Kampagne. Nimmt man Bekanntheit der Kampagne und den Popularitätsgewinn von beteiligten Initiatoren und Akteuren als Kriterium für den Erfolg, dann war die Kampagne sicherlich erfolgreich, nicht jedoch, wenn man die Kampagne an den eigenen vorgegeben Zielen misst. Auch die, wie oben vorgestellt, massenmedial vermittelten Dialogkommunikationen konnten die Kampagne diesbezüglich nicht mehr retten. Vornehmlich von den beteiligten Initiatoren selbst publizierte Erfolgsmeldungen, wonach etwa ein damaliger Anstieg des ifo-Geschäftsklimaindex möglicherweise und nach Einschätzung der Boston Consulting Group »auch« auf die Kampagne »Du bist Deutschland« zurückgeführt werden könne (vgl. z. B. Gesamtverband Kommunikationsagenturen 2005), entbehren jeglicher empirischer Grundlage: Eine kausale Wirkung der Kampagne auf Einstellungen und Verhalten ist nicht belegt, ebenso wenig wie beispielsweise ein Anstieg von Unternehmensgründungen statistisch nachweisbar war und ist.

»Weniger Rauch, mehr Leben«. Eine weitere Kampagne, die an dieser Stelle exemplarisch betrachtet wird, dreht sich um das Thema Rauchen. Das Thema Rauchen und damit auch Anti-Rauch(er)-Kampagnen sind nicht erst seit der Kampagne für ein striktes Rauchverbot in öffentlichen Einrichtungen mit anschließender Volksbefragung in Bayern populär; seit Jahren laufen hier international die unterschiedlichsten Kampagnen. Vergleichsweise gut dokumentierte und auch hinsichtlich ihrer Zielerreichung evaluiert ist die Schweizer Kampagne »Weniger Rauch, mehr Leben«, die als letzte Phase dieser mehrstufig angelegten Kampagne das Ziel hatte, »den gesellschaftlichen Wandel ›Nichtrauchen ist selbstverständlich‹ im Alltag [...] zu festigen« (Dichter Research AG 2009: 4). Insgesamt gab es seit Anfang des Jahrzehnts vier Kampagnen zum Rauchen, die jedoch selbst jeweils als integrierte Teile einer langfristig angelegten »Ober«-Kampagne des Bundesamtes für Gesundheit in der Schweiz zu zählen sind (vgl. Bundesamt für Gesundheit 2010):

1. Stufe: 2001 bis 2003 Problemerkennung, umgesetzt durch die Kampagne »Rauchen schadet …«
Im ersten Schritt wurde 2001 die Priorität auf die Problemerkennung gesetzt. Die Bevölkerung sollte die Tragweite des Tabakproblems für die öffentliche Gesundheit erkennen. Die Fakten zu den Gesundheitsrisiken wurden sachlich kommuniziert.
2. Stufe: 2004 bis 2005 »Uns stinkt's!«
Diese Kampagne machte die Meinung der großen Mehrheit der Nichtraucher sichtbar. Die absolute Mehrheit der Nichtraucher fühlt sich durch Tabakrauch belästigt. Dies anzusprechen galt jedoch als Tabu.
3. Stufe: 2006 bis 2007 »BRAVO – weniger Rauch, mehr Leben«
Die Kernbotschaft der Kampagne wurde durch eine positive Aussage ersetzt und erfuhr somit einen markanten Wandel. In TV-Spots, Inseraten und Plakaten wurden rauchfreie, öffentliche Räume gezeigt.
4. Stufe: 2008 »Weniger Rauch, mehr Leben«
Hierbei handelt es sich um eine Weiterentwicklung der Bravo-Kampagne. In ihr wurden auf Plakaten und Inseraten »direkt und überraschend die vielen Facetten des Nichtrauchens« (Bundesamt für Gesundheit, 2010) aufgezeigt.
2009 »Weniger Rauch, mehr Leben – eigentlich logisch«
In einem Aufgreifen und Fortführen der Bravo-Kampagne kommen Menschen zu Wort, die erklären, warum »Weniger Rauch, mehr Leben« sinnvoll ist. »Eigentlich logisch« sollte so zum »populären, umgangssprachlichen Ausdruck eines breiten gesellschaftlichen Konsenses gegenüber der Schweizer Tabakpolitik« (Bundesamt für Gesundheit 2010) werden.[1]

Betrachtet man die Ergebnisse der Evaluation, die von Dichter Research AG durchgeführt wurden, zeichnet sich folgendes Bild: Die Kampagne kann primär als Orientierungs- bzw. Erinnerungskampagne verstanden und bezeichnet werden, denn die »Ziele bezüglich Information und Problembewusstsein sind besser erfüllt als die Ziele bezüglich Einstellungs- und Verhaltensänderung« (Dichter Research AG 2009: 11). So wissen beispielsweise 85 % aller Befragten (n = 500), dass Nichtraucher durch das Passivrauchen stark gefährdet sind, und mehr als 60 % erachten die Zielsetzung, nach der das Nichtrauchen als selbstverständlich empfunden und akzeptiert wird, als erfolgreich umgesetzt.

Von den Rauchern wird die Kampagne dagegen deutlich negativer beurteilt: Mehr als die Hälfte steht dem Stil der Kampagne kritisch gegenüber, und nur eine Minderheit fühlte sich durch die Kampagne motiviert (Einstellungsänderung), mit dem Rauchen aufzuhören. Ob und inwieweit diese Einstellungsänderung tatsäch-

Ausblick

lich dann auch zu einer Verhaltensänderung (nicht mehr rauchen) führt(e), bleibt jedoch zunächst noch offen.

Nun scheint es sicherlich grundsätzlich fraglich, ob ein Verhalten, dass stark durch Suchtcharakteristika gekennzeichnet ist und damit nur partiell durch Einsicht und Wollen beeinflusst wird, durch Kampagnen geändert werden kann. Sicherlich sind in solchen Fällen auch bereits Einstellungsänderungen wie z. B. mehr Rücksicht gegenüber Nichtrauchern oder Akzeptanz, nicht mehr in geschlossen Räumen zu rauchen, als Erfolg zu werten. Um jedoch langfristige und dauerhafte Verhaltensänderungen zu erreichen, sind auch für diese Kampagne sehr viel stärker dialogorientierte Kommunikationsformen und ein Aufnehmen von »Raucherargumenten« (z. B. Genuss des Rauchens) in die Antiraucherkampagnen erfolgversprechender. Nicht zuletzt auch zur Prävention, also um z. B. Jugendliche vom Rauchen abzuhalten, sollte weniger mit dem erhoben Gesundheitszeigefinger argumentiert werden, sondern auch ein Verständnis der Lebenswelt dieser Zielgruppe in die Kampagnen integriert werden.

»Stuttgart 21«. Eine sehr aktuelle Kampagne, welche die symmetrische Kommunikation – wenn auch erst in Reaktion auf den großen öffentlichen Widerstand gegen das Projekt – umsetzt, ist die Kampagne zum Bahnprojekt »Stuttgart 21«. Das Projekt selbst geht auf das Jahr 1985 zurück, als eine Aus- und Neubaustrecke zwischen Plochingen und Günzburg beschlossen wurde. In den darauffolgenden Jahren wurde das Großprojekt geplant, kam jedoch aufgrund von infrastrukturellen und finanziellen Rahmenbedingungen immer wieder ins Stocken. Von Beginn an gab es Gegner und Gegenvorschläge, doch eine aktive Einbeziehung der Projektgegner und deren Argumente in die Kommunikationsstrategie waren nicht vorgesehen. Erst als mit Beginn der ersten Baumaßnahmen und dem immer massiver werdendem Widerstand auch den Projektverantwortlichen (Bahn, Stadt, Land, Bund) deutlich wurde, wie ernst es einem Großteil der Bevölkerung mit der Ablehnung gegenüber diesem Projekt ist, wurde die Kommunikation dahingehend geändert, dass in die Kampagnen für »Stuttgart 21« nun Argumente der Gegenseite aufgegriffen wurden. So lauteten die Plakattexte z. B.:

> »Es stimmt, dass für Stuttgart 21 im Schloßgarten und um den Bahnhof 282 Bäume gefällt werden. Es stimmt aber auch, dass 293 bis zu 12 Meter hohe Bäume gepflanzt werden und der Park erstmals seit 100 Jahren um 20 Hektar wächst. Hinzu kommen 5.000 Bäume im Rosensteingarten« (Bahnprojekt Stuttgart-Ulm e.V. 2010a).

Darüber hinaus wurden die Projektgegner in Schlichtungsgespräche mit dem Schlichter Heiner Geißler eingebunden, welche die Öffentlichkeit in TV-Liveübertragungen und Internet-Livestreams verfolgen konnten. Heiner Geißler äußerte nach dem Schlichterspruch vom 30. November 2010, dass eine Einbeziehung der Gegner schon viel früher hätte stattfinden müssen (ebd.). Nicht nur diese Äußerung Geißlers, sondern auch der Grundgedanke der symmetrischen PR-Kommunikation legen – wie bereits oben ausgeführt – den Schluss nahe, dass eine frühzeitige stärker dialogorientierte Kampagnenkommunikation zumindest die eskalierende Zuspitzung der konfrontativen Auseinandersetzung hätte verhindern können.

Die Kommunikation über die Schlichtungsgespräche und die Aufnahme der Gegenargumente in die Plakatkampagne zeigt eine neue Form der möglichen symmetrischen Kommunikation auf. Sie predigt keine Überzeugungen, sondern diskutiert mit den betroffenen Menschen und macht eine argumentative Auseinandersetzung der Öffentlichkeit zugänglich. Dies ist grundsätzlich nicht nur sinnvoll, um zu informieren und für Akzeptanz zu werben, sondern eben auch, um möglicherweise sich eskalierende Konfrontationen, die sich u. a. auch in zahlreichen Gegenkampagnen der Zielgruppen äußern, wenn nicht zu vermeiden, so doch in Grenzen zu halten. Im Fall von »Stuttgart 21« geschah dies sicherlich zu spät. So konnten die Schlichtungsgespräche nach aktuellem Stand zwar dafür sorgen, dass sich Gegner und Befürworter an einen Tisch setzen, gegen die zahlreichen Gegenkampagnen scheinen sie allerdings nur begrenzt etwas auszurichten: Bei einer Eingabe des Stichworts »Stuttgart 21« in die Suchmaschine Google einen Tag nach Beendigung der Schlichtung erscheint noch vor der offiziellen Website (vgl. www.bahnprojekt-stuttgart-ulm.de) die Website www.kopfbahnhof-21.de, »Kopfbahnhof 21 – die bessere Lösung« (vgl. www.kopfbahnhof-21.de).

Fazit
PR-Kampagnen können als Ausdruck von zunehmenden Bemühungen von Verbänden, Unternehmen und Organisationen gesehen werden, soziale Verantwortung zu demonstrieren. Sind die Absender der PR-Kampagnen privatwirtschaftliche Einrichtungen und Institutionen, so ist kritisch zu hinterfragen, ob und inwieweit der in den PR-Kampagnen propagierte Gemeinwohlbezug letztlich nicht doch nur ein Instrument zur Durchsetzung partikularer, in der Regel ökonomischer Interessen ist. Es soll hier nicht grundsätzlich ausgeschlossen werden, dass nicht auch gewinnorientierte Unternehmen ernsthaft auch (!) gemeinwohlorientierte Interessen verfolgen können, die Skepsis allerdings bleibt.

Aber auch nicht gewinnorientierte Einrichtungen, Kirchen, öffentliche Institutionen, Nichtregierungsorganisationen ebenso wie Organisationen des (gesellschafts)politischen Systems verfolgen mit PR-Kampagnen spezifische Ziele, die oft genug primär den eigenen Interessen, der Legitimation des eigenen Handelns dienen sollen. Insofern ist es, so ist zu vermuten, kein Zufall, sondern Absicht, dass in vielen PR-Kampagnen kein Einbezug von kritischen Gegenargumenten oder gar ein symmetrischer Dialog mit Betroffenen, den Zielgruppen, also mit den Bürgern erfolgt. Damit verlieren diese PR-Kampagnen allerdings an Vertrauenswürdigkeit, sie stoßen auf Akzeptanzschwierigkeiten, was sich von Nichtwahrnehmung über »Lächerlichmachen« bis hin zu Gegenkampagnen äußern kann. Das Ziel von Einstellungs- oder gar Verhaltensänderungen ist so nicht (mehr) erreichbar.

Anmerkungen

[1] Neben Inseraten, TV-Spots und Plakaten wurden 2004 auch Radiospots geschaltet und seit dem Jahr 2009 gibt es das Inline-Game Smoke City auf der Bravo-Website.

Literatur & Links

Avenarius, H. (2000): Public Relations. Die Grundform der gesellschaftlichen Kommunikation. Darmstadt.
Bahnprojekt Stuttgart-Ulm e.V. (2010a): Informationsmaterial. URL: http://www.das-neue-herz-europas.de/informationsmaterial/default.aspx [01.12.2010]
Bahnprojekt Stuttgart-Ulm e.V. (2010b): Schlichterspruch. URL: http://www.das-neue-herz-europas.de/aktuelles_termine/aktuelles/20101130_1/default.aspx [01.12.2010]
Bundesamt für Gesundheit (2010): Kampagnenstrategie. URL: http://www.bravo.ch/topic5423.html [29.11.2010]
Cords, L./Hoffjann, O./Schüttler, K. (2006): »›Du bist Deutschland‹. Vorbild für Regierungskommunikation?«, in: Handbuch Regierungs-PR. Öffentlichkeitsarbeit von Bundesregierungen und deren Beratern, hrsg. on Köhler, M./Schuster C. 1. Aufl. Wiesbaden: VS Verlag für Sozialwissenschaften, 2006, S. 287–298.
Dees, M./Döbler, T. (1997): Public Relations als Aufgabe für Manager? Rollenverständnis, Professionalisierung, Feminisierung. Eine empirische Untersuchung. Stuttgart.
Dichter Research AG (2009): Evaluation der nationalen Kampagne zur Tabakprävention 2008 »Weniger Rauch, mehr Leben«. URL: http://www.bag.admin.ch/evaluation/01759/02064/07064/index.html?lang=de [29.11.2010]
Stein, Carsten (2005): Deutschland: GfK sponsert Kampagne »Du bist Deutschland«. URL: http://www.gfk.com/imperia/md/content/printproducts/magazines/gfk_insite_4_2005_de.pdf [09.12.2010]
Grunig, J./Hunt T. (1984): Managing public relations. New York.
Guery, I. (2007): Bewertungsmethoden und Erfolgsfaktoren von Public Relations als Organisationsfunktion in Unternehmen und deren Einfluss auf den Unternehmenserfolg – in Theorie und Praxis. Freiburg.

Gesamtverband Kommunikationsagenturen (Hrsg.) (2005): Kategorie Gesellschaftliche Projekte. URL: http://www.gwa.de/images/effie_db/2006/260790_300_Deutschland.pdf [09.12.2010]

Haedrich, G. (1987): »Zum Verhältnis von Marketing und Public Relations«, in: Marketing ZFP, 9. Jg., S. 25–31.

Hartenstein, D.-S. (2007): Untersuchungen kultureller Aspekte der Imagekampagne »Du bist Deutschland«. Merseburg.

Inglehart, R. (1977): The Silent Revolution. Princeton.

Kothen, W. (2007): Theorie der Marken-Kommunikation. Tradierte und konstruktivistische Erkenntnisse. Siegen.

Macharzina, K./Wolf, J./Döbler, T. (1993): Werthaltungen in den neuen Bundesländern – Strategien für das Personalmanagement. Wiesbaden.

Möllenkamp, Jörg (2005): Du bist ein Staubkorn. URL: http://www.flickr.com/photos/c0t0d0s0/47218567/in/pool-34368154@N00/[02.12.2010]

Raffée, H./Wiedmann, K.-P. (1987): Dialoge 2: Konsequenzen für das Marketing. Hamburg.

Raffée, H./Wiedmann, K.-P. (1989): Strategisches Marketing. Stuttgart.

Raffée, H./Wiedmann, K.-P. (1993): »Corporate Identity als strategische Basis der Kommunikationspolitik«, in: Berndt, R./Hermanns, A. (Hrsg.): Handbuch der Marketing-Kommunikation, Wiesbaden, S. 43–68.

Rudolf, B./Honegger, J. (2010): Evaluation der nationalen Kampagne zur Tabakprävention 2009 »Eigentlich logisch – Weniger Rauch, mehr Leben«.

Rudolf, B./Honegger, J./Bucher, T. (2009): Evaluation der nationalen Kampagne zur Tabakprävention 2008 »Weniger Rauch, mehr Leben«.

Saxer, U. (1993): »Fortschritt als Rückschritt? Konstruktivismus als Epistemologie einer Medientheorie. Kommentar zu Klaus Krippendorf«, in: Bentele, G./Rühl, M. (Hrsg.): Theorie öffentlicher Kommunikation. Problemfelder, Positionen, Perspektiven. (Schriftenreihe der Deutschen Gesellschaft für Publizistik- und Kommunikationswissenschaft. Bd. 19). München.

Somm, I. (2006): Lokale Zugehörigkeit und Status. Zur Analyse lokaler Statusunsicherheiten bei urbanen Mittelklassemilieus. Köln.

Stein, Carsten (2005): Deutschland: GfK sponsert Kampagne »Du bist Deutschland«. URL: http://www.gfk.com/imperia/md/content/printproducts/magazines/gfk_insite_4_2005_de.pdf [09.12.2010]

Szyszka, P. (2007): Strategische Kommunikationsplanung 2005/2006. Konzeption – Fallstudien-Perspektiven. Konstanz.

Zühlsdorf, A. (2002): Gesellschaftsorientierte Public Relations: eine strukturationstheoretische Analyse der Interaktion von Unternehmen und kritischer Öffentlichkeit. Wiesbaden.

Autoren

Bürker, Michael, Prof. Dr., Studium der Kommunikationswissenschaft, Betriebswirtschaft und Germanistik, Promotion an der Ludwig-Maximilians-Universität München mit einer Studie über Klimawahrnehmung und Koorientierung in der Öffentlichen Kommunikation von Unternehmen. Er ist Geschäftsführender Gesellschafter der ComMenDo Agentur für UnternehmensKommunikation in München. Seit 1998 ist Michael Bürker stellvertretender Vorsitzender der Deutschen Public Relations Gesellschaft (DPRG), Landesgruppe Bayern, und seit 2008 Professor für PR/Kommunikationsmanagement an der MHMK Macromedia Hochschule für Medien und Kommunikation, München. Forschungsschwerpunkte: Strategische Kommunikation, Public Campaigning, Kommunikation von Banken/Versicherungen und Evaluation/Controlling.

Döbler, Thomas, Prof. Dr., nach Studium der Soziologie, Psychologie und Volkswirtschaftslehre an der Ludwig-Maximilians-Universität München Promotion am Fachgebiet Unternehmensführung, Organisation und Personalwesen an der Universität Hohenheim. Am dortigen Fachgebiet zunächst auch wissenschaftlicher Mitarbeiter, später dann wissenschaftlicher Assistent am Fachgebiet Kommunikationswissenschaft und Sozialforschung, 1998 Studienleiter an der Forschungsstelle für Medienwirtschaft und Kommunikationsforschung, ebenfalls an der Universität Hohenheim. 2005 Leiter der IT- und Medienforschung bei der MFG Stiftung Baden-Württemberg. Seit 2007 Professur für Medienmanagement an der MHMK, Stuttgart.

Aktuelle Forschungsschwerpunkte liegen speziell im Einsatz von Social Software in Unternehmen, daneben zur Struktur der Medienwirtschaft sowie zur Nutzung und Akzeptanz von Medientechnologien und -inhalten.

Ehring, Michael, Studium der Sozialwissenschaften an der Ruhr-Universität Bochum und Ausbildung zum PR-Referenten. Als Senior-Berater und Agenturleiter der Kommunikationsagentur Scheben Scheurer & Partner GmbH berät und betreut er seit vielen Jahren Unternehmen und Institutionen aus unterschiedlichen Branchen in der strategischen Kommunikation und der Entwicklung sowie Umsetzung von Kommunikationskonzepten.

Friedlaender, Petra, M.A., Studium der Kommunikationswissenschaft, Wirtschaftspolitik und Politikwissenschaften, war bis 2010 Geschäftsführerin der Kommunikationsberatung Molthan van Loon Communications Consultants GmbH. Heute ist sie selbstständig als Beraterin, Trainerin und Coach tätig. Molthan van Loon berät nationale und internationale Unternehmen in allen Fragen der Kommunikation. Seit 2009 hat Petra Friedlaender einen Lehrauftrag an der Macromedia Hochschule für Medien und Kommunikation im Fachbereich PR und Kommunikationsmanagement am Standort Hamburg.

Handrick, Michael, Redakteur, Dipl.-Dok. (FH), Studium Mediendokumentation an der Fachhochschule Stuttgart und Journalistik/Kommunikationswissenschaft (Aufbaustudium) an der Universität Hohenheim. Volontariat beim Wirtschaftsmagazin »Plus«. Tätigkeit als Verlagsredakteur, Abteilungsleiter einer PR- und Werbeagentur sowie in der Presse- und Öffentlichkeitsarbeit eines Ärzteverbandes. Michael J. Handrick ist seit 2002 Kampagnenmanager des Bundesverbandes des Diakonischen Werkes der Evangelischen Kirche in Deutschland mit Dienstsitz in Berlin und Stuttgart. Seit 2007 nimmt er einen Lehrauftrag an der Macromedia Hochschule für Medien und Kommunikation in Stuttgart im Studiengang Medienmanagement wahr.

Harcks, Christine, Studium der Verwaltungswissenschaft und Betriebswirtschaft sowie Hochschul- und Wissenschaftsmanagement (MBA), ist Projektleiterin der Kampagne »Studieren mit Meerwert« beim Landesmarketing MV. Als Stabsstelle in der Staatskanzlei MV wirbt das Landesmarketing mit dem Versprechen »MV tut gut.« für die Stärken und Potenziale Mecklenburg-Vorpommerns. Die Kampagne bündelt bestehende Aktivitäten und entwickelt neue Ideen für den gemeinsamen Auftritt des Landes.

Kastner, Sonja, Dr., Studium der Gesellschafts- und Wirtschaftskommunikation an der Universität der Künste Berlin. Konzeption und Text im Bereich Content Development für Mittelständler und globale Marken bei Pixelpark Berlin, dann kommunikative Beratung und Textgestaltung für kulturelle Institutionen und Unternehmen. Promotion zum Thema Sound Design und Branding. Wissenschaftliche Expertisen und Projektentwicklung in den Bereichen PR und Kommunikationsmanagement. Seit 1998 Lehre und Forschung in den Bereichen Verbale Kommunikation und Strategische Kommunikationsplanung, u. a. an der Hochschule für Technik und Wirtschaft Berlin.

Kreuter, Wolfgang, Dipl.-Pol., Studium der Politikwissenschaft, Soziologie, Philosophie und des Öffentlichen Rechts, ist Geschäftsführer der Euro RSCG ABC

GmbH. Das Unternehmen berät deutsche und internationale Klienten in allen Fragen der Kommunikation. Wolfgang Kreuter ist seit 2008 Dozent an der Macromedia Hochschule für Medien und Kommunikation, Campus Hamburg, im Studiengang PR/Kommunikationsmanagement für die Fächer Strategische Kommunikation, Kampagnen und Lobbying.

Langendorf, Marc, Dr., Studium der Betriebswirtschaft an der Friedrich-Alexander-Universität Erlangen-Nürnberg und der Université de Bourgogne in Dijon, Promotion über die »IT-Unterstützung in der Produktion und Distribution von Finanzinformationen«, Journalistische Tätigkeit (u. a. Dow Jones, vwd Vereinigte Wirtschaftsdienste, Siegener Zeitung), derzeit VP Business and Financial Press Siemens Corp. in Washington DC. Seit 2008 Dozent für Public Relations/Kommunikationsmanagement an der Macromedia Hochschule für Medien und Kommunikation, München.

Langendorf, Monika, Studium der Germanistik, Kommunikationswissenschaft und Markt- und Werbepsychologie an der LMU München, Executive MBA an der TU München, Journalistische Tätigkeit (u. a. Passauer Neue Presse, Abendzeitung München), derzeit Pressesprecher im Bereich der Finanz- und Wirtschaftspresse der Siemens AG.

Leidman, Mary Beth, Prof. Dr., Abschluss in Organisationskommunikation an der Vanderbilt University. Sie leitet unter anderem Kurse zu Medienkritik und Massenmedien. Ihre Forschungsgebiete sind Politik und Medien sowie Aspekte der Massenmedien und der Gesellschaft. Derzeit arbeitet sie als Medienberaterin im Fernsehen zu den Themen Verleumdung und üble Nachrede. Derzeitige Position: Professor, Communications Media an der Indiana University of Pennsylvania.

Lies, Jan, Prof. Dr., Studium der Volkswirtschaft. Promotion an der wirtschaftswissenschaftlichen Fakultät der Universität Witten/Herdecke über die Frage, was Wandel ist. Er war Mitarbeiter bei Pleon/KohtesKlewes sowie Leipziger & Partner. Er ist Herausgeber des Handbuchs Public Relations (UVK/UTB 2008). Seit 2007 Professor für Public Relations/Kommunikationsmanagement an der Macromedia Hochschule für Medien und Kommunikation, Hamburg.

McKeague, Matthew, Prof. Dr., Promotion im Fachbereich Kommunikation und Medien (Ph.D.). Er entwickelt, produziert und bearbeitet eigene Filme. Mehrere seiner Videoproduktionen wurden bereits auf Filmfestivals in den USA und Kanada gezeigt. Er unterrichtet Film, Public Relations und Kompositionskurse für Fortgeschrittene. Derzeitige Position: außerordentlicher Professor für Kommunikation und Medien an der Indiana University of Pennsylvania.

Remus, Nadine, M.A., Studium der Medien- und Kommunikationswissenschaft, Betriebswirtschaftslehre und Rechtswissenschaften an der Georg-August-Universität Göttingen und der Universidad de La Laguna (Spanien). Mitarbeiterin in der Stabsstelle für Presse- und Öffentlichkeitsarbeit am Universitätsklinikum Göttingen, Pressereferentin für den Malteser Hilfsdienst e.V. Göttingen, Verantwortung der Unternehmenskommunikation und Pressesprecherin der PROKON Unternehmensgruppe, Itzehoe. Seit 2008 wissenschaftliche Mitarbeiterin im Studiengang Medienmanagement, Fachrichtung PR- und Kommunikationsmanagement der Macromedia Hochschule für Medien und Kommunikation, München. Promotionsprojekt »Health Communication Science and Health Communication Management«. Forschungsschwerpunkte: Employer Branding, Internal Communication Management, Health Communication.

Schäfers, Karl-Ernst, M.A., blickt auf eine mehr als 20-jährige PR-Agenturerfahrung zurück. Bei der Bonner Agentur »Kommunikation & Marketing Volker Stoltz GmbH & Co. KG« (heute Weber Shandwick) betreute er überwiegend internationale Kunden und Kampagnen. Als stellvertretender Geschäftsführer der Frankfurter Agentur »Leipziger & Partner« war er u. a. für nationale Marken tätig. 2004 machte Schäfers sich mit »kes-pr – Büro für Presse- und Öffentlichkeitsarbeit« selbstständig. Schwerpunkte von kes-pr sind: Strategische Kommunikationsberatung und Entwicklung von Kommunikationskonzepten, Planung und Realisation von Kommunikationskampagnen und -projekten. Schäfers lehrt an der Macromedia Hochschule für Medien und Kommunikation (Campus Köln) seit 2008 im Studiengang Medienmanagement Strategische Kommunikation sowie PR in der Anwendung. Darüber hinaus leitet der PR-Praktiker Workshops zu PR-/Kommunikations-Konzeptionen und anderen PR-Themen sowie Existenzgründung.

Schallock, Jessica, M.A., studierte Kommunikationswissenschaft mit Schwerpunkt Kommunikationspraxis, Politische Wissenschaft und Amerikanische Kulturgeschichte an der Ludwig-Maximilians-Universität (LMU) München sowie Philosophie und Kunstgeschichte an der Venice International University in Venedig. Sie ist Doktorandin am Amerika-Institut der LMU München. Zwischen 1998 und 2005 studienbegleitende Tätigkeiten als Radio- und TV-Redakteurin, Redaktions- und Produktionsassistentin (Kunden: BR, NDR, Sat1, ZDF) sowie als Senior Assistent bei KohtesKlewes (heute Ketchum Pleon). Seit 2007 ist sie als wissenschaftliche Mitarbeiterin im Studiengang Medienmanagement, Lehrgebiet PR und Kommunikationsmanagement, sowie als Referentin für Hochschulkommunikation an der

MHMK in München tätig. Zwischen 2007 und 2008 übernahm sie an der Akademie der Bayerischen Presse Lehraufträge zum Thema Strategische Kommunikation.

Suchy, Günther, Prof. Dr., Studiengangsleiter Journalismus/PR an der Dualen Hochschule Baden-Württemberg in Ravensburg, Fakultät für Wirtschaft, Studienrichtung Medien- und Kommunikationswirtschaft. Der promovierte Volkswirt arbeitete als Online-Redaktionsleiter für verschiedene automobile Sendeformate (Motorvision) des Deutschen Sportfernsehens DSF. Danach verantwortete er als crossmedialer Content-Dienstleister den Channel Auto&Motor der Sport1.de und betreute die automobilen Themenseiten der verschiedenen Marken der United Internet AG (gmx.de, web.de). Als Geschäftsführer eines Unternehmens der Vogel Medien-Gruppe in Würzburg entwickelte er eine wissensbasierte Internet-Community für die Automobilindustrie. Von 2006 bis 2010 war er als Lehrbeauftragter und Professor für PR und Kommunikationsmanagement an der Macromedia Hochschule für Medien und Kommunikation tätig. Seine Forschungsschwerpunkte liegen in den Bereichen Social Media, Krisen-PR sowie Sport- und Automobilkommunikation.

Wahl, Anna-Maria, Dipl.-Wirtschafts-Ingenieurin (FH), Studium der Medienwirtschaft an der Hochschule der Medien in Stuttgart, ist seit 2009 wissenschaftliche Mitarbeiterin an der Macromedia Hochschule für Medien und Kommunikation, Stuttgart. Davor arbeitete sie in Agenturen, insbesondere im Bereich Kampagnenplanung und Corporate Communications für Transport- und Industrieunternehmen. Forschungsschwerpunkte: Mobile Kommunikation und Medienethik.

Walther, Christine, ausgebildete Redakteurin, Geschäftsführerin der PR!NT Communication Consultants GmbH (Büros in Hamburg, Düsseldorf, Berlin und München). Die Agentur betreut vorrangig in den Feldern Corporate und Marketing Communications, Public Affairs und Events namhafte Kunden angefangen von Wintershall/Wingas, Congstar, Casio, Johnson & Johnson über Ministerien bis hin zu McDonald's Deutschland. Für den langjährigen Kunden McDonald's ist die Agentur u. a. für die gesamte Qualitätskommunikation verantwortlich. Christine Walther ist Mitglied des Board of Directors der Heye Group.

Wiggins, Bradley E., Prof. Dr., Promotion im Fachbereich Kommunikation und Medien (Ph.D.). In seiner Dissertation befasste er sich mit E-Learning-Design und der sprachlichen Vielfalt von Lernenden mit unterschiedlichen kulturellen Wurzeln. Er ist Professor für Medien und Kommunikation an der University of Arkansas – Fort Smith.

Index

A

Above-the-line-Werbung 245
Abschlussveranstaltung 114
Advertorial 172
Agendafunktion 61
Agenda-Setting 30, 185, 192, 209, 220
Aktivierung 244
Alltagstestimonial 262
Anschlusskommunikation 32, 63, 151, 160
Ansteckungseffekt 15
Äquivalenzwert 174
Arena 17
Arena-Modell 32, 43
asymmetrische Kommunikation 244, 258
Aufklärung 181, 182
Authentizität 138, 151
Awareness 94

B

Benchmarking 46
Bezugspunktwechsel 63
Bilderwelt 19
Blog 220
Blogosphäre 125
Botschaft 78, 92, 107, 123, 133, 148, 169, 183, 202
Branded Entertainment 124
Briefing 73
Business Campaigning 14

C

Campaigning 20
cause related marketing 36
CEO-Interview 98
Claim 19, 81
Communication Scorecard 38
Community 246
Community-Building 250
corporate citizenship 36
Corporate Design 169
corporate social responsibility 36
crossmediale Drei-Phasen-Strategie 135
crossmediale Kampagne 136

D

Dachkampagne 107, 115, 119, 165
De-Briefing 73
Dialogfähigkeit 243
Dialogkommunikation 107, 111
dialogorientierte Kampagnenkommunikation 265
dialogorientierte Kommunikation 151
Diffamierungskampagne 25
Diskurs-Modell 32
Doppelstrategie 14
doppeltes Meinungsklima 36
Dramaturgie 17, 18, 23, 80, 188
dramaturgische Integration 26
dramaturgische Zuspitzung 71
Durchdringungsphase 81

Index

E
edukative Kommunikation 244
Einstellungsänderung 61, 64, 149, 261, 263
Einzelaussage 92
Einzelkampagne 107, 115, 119
Elaboration-Likelihood-Modell 41
emotionale Disharmonie 150
Emotionalisierung 59, 62, 81, 183, 205
Emotionalisierungskampagne 22
Episoden-Modell 33
Evaluation 100, 116, 128, 138, 159, 174, 191, 209
Eventkampagne 22
externe Einflussfaktoren 61

F
Facebook 219, 235
Face-time 232
Fernbereich 43
Filmwettbewerb 157
Flashmob 15
formative Evaluation 61, 232
Fotowettbewerb 157
Furchtappell 62, 150

G
Gap (Lücke) 76
Gegenkampagne 265
Gemeinwohlbezug 255, 265
gesellschaftsorientiertes Marketing 257
Glaubwürdigkeit 40, 62, 174
Glokalisierung 238

H
Händlerkampagne 21
Handlungsalternative 149
Hebelwirkung 223

Hochschulmarketingkampagne 163
Humor 62

I
Image 165
Imagekampagne 15, 16, 235
Imagekorrektur 176
Informationskampagne 181, 204
Informationsveranstaltung 181
Inhaltsanalyse 100
Input-Output-Analyse 46
Instruktionsmodell 232
Inszenierung 17, 18, 23
integrierte Kommunikation 16, 19, 20, 23, 82
integrierte PR-Kampagne 163
interkulturelle Differenz 99
interne Kommunikation 114
interpersonale Kommunikation 151
Involvement 41, 145, 182
Involvement-Ansatz 41
Issues Management 36
Ist-Analyse 74

K
Kampagnenarchitektur 161
Kampagnenauftakt 81
Kampagnenbegriff 13, 15, 22
Kampagnenbotschafter 62
Kampagnenbranding 109
Kampagnencontrolling 82
Kampagnendramaturgie 206
Kampagneneffekt 61
Kampagnenerfahrung 115
Kampagnenflyer 109
Kampagnenhomepage 110
Kampagnenidee 19
Kampagnenkonzeption 72
Kampagnennewsletter 113

Kampagnenphase 18
Kampagnenplattform 208
Kampagnenslogan 247
Kampagnentestimonial 170
Kampagnenwebsite 170
Kampagnenwirkung 59
Kernaussage 92
Kernbotschaft 148, 170
Kernbotschaften 18
Key Visual 170, 206
Keyword 170
Kick-off-Veranstaltung 114
kognitive Dissonanz 41
kognitiver Wandel 102
kognitive Unstimmigkeit 150
Kommunikation
    dramaturgisch-integrierte
    Kommunikation 17
Kommunikationsbarriere 59
Kommunikationsinstrument 93
Kommunikationskampagne 13
Kommunikationskanal 170
Kommunikationsmix 87
Kommunikationsziel 77
kommunikative Doppelstrategie 26
kommunikative Klammer 17
Konkretisierungsphase 82
Konzept der virtuellen Öffentlichkeit 34
Koorientierung
    Konzept der ~ 37
    ~smodell 39, 44
Kraftfeldanalyse 231
Kreuzsymbolik 158
kulturelle Globalisierung 238

L
Legitimation 242
Leitidee 233

Leitmedien 91
Lobbyismus 248
Logo 19

M
Makroebene 41
Many-to-many-Kommunikation 250
Marke 167
Markenhandbuch 168
Markenkommunikation 183
Markenkraft 245
Markenpositionierung 165, 245
Markenstrategie 167
Marketingkampagne 165
Marketingmix 87
Markteinführungskampagne 21
Massenmedien 63
Massenmedienkommunikation 33
Medienanalyse 167
Medienarbeit 207
mediendramaturgische Umwertung 36
Medienkooperation 96
Medienmix 158
Medienorientierung 26
Medienresonanz 206, 211
Medientenor 37
Medienübersättigung 238
Medienwirkungsforschung 59
Meinungsklima 36
Mesoebene 41
Metaanalyse 60
Metakommunikation 29
Mikroebene 41
Mitarbeiterkampagne 21
Mobilisierung 26
Mobilisierungskampagne 22, 29, 204
Multiplikator 151, 201, 206
Mund-zu-Mund-Propaganda 27, 29

Index

N
Nachrichtenwert 185
Nahbereich 43
narrative Einbettung 153
negative campaigning 26
negative Stereotype 165
Net-Community 220

O
öffentliche Meinung 33
Öffentlichkeit 17
Onlinekampagne 22
Onlinepetition 209
Outcome 39
Outflow 39
Outgrowth 39
Output 39
Outtake 39

P
Personalisierung 205
politische Kampagne 21
Positionierungskampagne 15
postiterative Evaluation 233
Präventionskampagne 105
Präventionskommunikation 143
Pressure-Group-PR 181
Pretest 99
Produkteinführungskampagne 16
Public Diplomacy 230
Public Marketing 257
Publikumsorientierung 26

Q
Qualitätsscout 133

R
Re-Branding 86, 88
Re-Briefing 74
Recall 61

Reiz-Reaktions-Modell 40
Relaunchkampagne 21
Reputationsanalyse 39
Resonanz 20

S
Schockeffekt 150, 161
schwarze PR 26
Seeding-Strategie 128
Selbstbeobachtung 34
selektive Aufmerksamkeit 59
selektive Informationsverarbeitung 59
Seminar-Modell 33
Siemens 85
Siemens-Answers-Kampagne 94
Situationsanalyse 86, 105, 121, 131, 144, 164, 181, 198
Skandalisierung 181, 192
Skandalkommunikation 36
Social Marketing 145
Social Media 219
Social-Media-Anwendung 221
Social Networking 220, 238
Social Spot 179
Soll-Positionierung 17, 89
Soll-Zustand 76
Sozialkampagne 21, 22
sozial-optische Täuschung 38
Spannungsbogen 18
Spiegel-Modell 32
Stakeholder 91, 106, 123, 132, 147, 167, 183, 201
Stakeholdergesellschaft 22
Stakeholderworkshop 168
Standortmarketing 163, 176
Standort-PR 111
Steigerungsphase 81
Stern des Südens 94, 98
St. Galler Management-Modell 16
Stimulus-Response-Theorie 40

Story 18, 23
- als Hybridinstrument 18
Strategie 16, 79, 93, 107, 124, 133, 149, 170, 185, 204
Strategy Map 44
Suchmaschinenmarketing 170
Suchmaschinenoptimierung 170
summative Evaluation 61, 232
SWOT-Analyse 74, 75, 76, 86, 88, 166
symmetrische Kommunikation 258
Systemtheorie 32

T
Technologiemodell 231
Testimonial 110, 121
Testimonial-Kampagne 148
Themenplacement 111
Theorie der kognitiven Dissonanz 41
Theorie der Schweigespirale 29
Theorie des kommunikativen Handelns 31
Theorie des Meinungsführer 29
Third-Person-Effekt 29, 38
Tonalität 170, 183
Train-the-Trainer-Projekt 115
Transparenzkampagne 131
Twitter 219
Two-Step-Flow 29

U
Überraschungseffekt 125
Umsetzung 81
Unaided-Recall-Methode 102
Unterhaltungswert 124
Unterstützungspotenzial 40

V
Verhaltensänderung 149, 182, 264
Verkehrssicherheitskampagne 143
Verständigungsorientierte Öffentlichkeitsarbeit 31
Vertriebskommunikation 17
Videoblog 121
Vier-Typen-Modell 257
virale Kampagne 121, 123
virale Kommunikation 15, 122
virales Marketing 29
Viruskommunikation 15
Visibilität 102
Vodcastserie 172
Vorher-nachher-Vergleich 46
Vorwissen 64

W
Wahrnehmungsmanagement 17
Werbekampagne 16
Werbemix 109
Wiedererkennungswert 17, 19, 155
Wirkungsebene 77
Wirkungsstufen-Modell 38
Wirkungsverstärker 47
Wissensmanagement 18, 23
Wording 19

Z
Zeitreihenanalyse 46
Zielgruppe 78, 90, 106, 123, 132, 147, 166, 182, 201
Zielorientierung 17
Zielsetzung 88, 106, 122, 132, 146, 165, 181, 199

UVK:Weiterlesen

PR Praxis

Peter Szyszka,
Uta-Micaela Dürig (Hg.)
Strategische Kommunikationsplanung
2008, 256 Seiten
16 s/w Abb. und 52 farb. Abb., broschiert
ISBN 978-3-86764-052-7

Beate Hoffmann, Christina Müller
Public Relations kompakt
Mit journalistischen Zwischenrufen
von Christian Sauer
2008, 320 Seiten
35 farb. Abb., broschiert
ISBN 978-3-86764-035-0

Ralf Spiller, Hans Scheurer (Hg.)
Public Relations Case Studies
Fallbeispiele aus der Praxis
2010, 280 Seiten
75 s/w Abb., broschiert
ISBN 978-3-86764-234-7

Melanie Huber
Kommunikation im Web 2.0
Twitter, Facebook & Co
2., überarbeitete Auflage
2010, 240 Seiten
50 farb. Abb., broschiert
ISBN 978-3-86764-262-0

Florian Ditges, Peter Höbel,
Thorsten Hofmann
Krisenkommunikation
2008, 256 Seiten
10 s/w Abb., broschiert
ISBN 978-3-89669-508-6

Klicken + Blättern

Leseprobe und Inhaltsverzeichnis unter

www.uvk.de

Erhältlich auch in Ihrer Buchhandlung.

UVK Verlagsgesellschaft mbH

UVK:Weiterlesen

PR Praxis

Martina Schäfer
Das schlagfertige Unternehmen
Schnell und offen kommunizieren
2010, 266 Seiten, broschiert
ISBN 978-3-86764-233-0

Daniel Marinkovic
Die Mitarbeiterzeitschrift
2009, 200 Seiten
30 s/w Abb., broschiert
ISBN 978-3-86764-126-5

Kurt Weichler, Stefan Endrös
Die Kundenzeitschrift
2., überarbeitete Auflage
2010, 216 Seiten
55 s/w Abb., broschiert
ISBN 978-3-86764-263-7

Claus Hoffmann, Beatrix Lang
Das Intranet
2., überarbeitete Auflage
2008, 198 Seiten
30 s/w Abb., broschiert
ISBN 978-3-86764-081-7

Wolfgang Lanzenberger, Michael Müller
Unternehmensfilme drehen
Business Movies im digitalen Zeitalter
Mit einem Vorwort von Hans Beller
2010, 302 Seiten, broschiert
ISBN 978-3-86764-191-3

Klicken + Blättern

Leseprobe und Inhaltsverzeichnis unter

www.uvk.de

Erhältlich auch in Ihrer Buchhandlung.

UVK Verlagsgesellschaft mbH